Yves Rocher

100
Pflanzen

1000
Möglichkeiten

Gesund und schön mit Pflanzen

ISBN 3-85012-226-3

© World Copyright by Librairie Hachette, Paris, 1976
100 Plantes − 1000 Usages
© Deutsche Ausgabe: 1982 Andreas & Andreas, Verlagsbuchhandel, Salzburg
Nachdruck von Bildern und Texten − auch auszugsweise −
nur mit ausdrücklicher Genehmigung von Andreas & Andreas,
Verlagsbuchhandel, Salzburg, gestattet.
Herstellung: Wolfgang Haefeli
Redaktion: Franz Swoboda/Inge Wolkerstorfer
Illustrationen: Jacques Taillefer
Einbandgestaltung: Pierre Chapelot
Satzherstellung+Seitenmontage: Filmsatzstudio Raggl, Landeck
Druck und buchbinderische Verarbeitung: Wiener Verlag, Himberg bei Wien
Printed in Austria

100
Pflanzen
1000
Möglichkeiten

100 Pflanzen - Einladung zum Kennenlernen

Die Natur ist herrlich und großzügig. Der Schöpfer hat sie uns geschenkt, damit wir in ihr leben und den besten Gebrauch von ihren Gaben machen – haben wir das nicht schon ein wenig vergessen? Unsere Sehnsucht nach der Natur wird immer größer, aber in einer falschen Art und Weise. Durch unsere himmelwärts strebenden Städte verängstigt und entwurzelt, erwarten wir Hilfe von der Natur, ignorieren aber achtlos vieles, was sie uns schenken kann.

Nicht nur die Ägypter und die Griechen, die an der Wiege unserer Zivilisation standen, sondern auch die Römer, die sie uns gelehrt haben, wußten, wie man sich die nützlichen Kräfte der Pflanzen dienstbar machen kann. Auch unsere Großmütter verstanden es noch, im großen Buch der Natur zu lesen. Durch Generationen hindurch haben sie mit Sorgfalt alle Geheimnisse der Pflanzen, die den menschlichen Körper verschönern, pflegen, beruhigen und selbst heilen können, aufbewahrt. Als gute Beobachterinnen, die praktisch und sparsam veranlagt waren, verstanden sie es, die richtigen Pflanzen unter Tausenden herauszufinden, sie zwischen Morgen- und Abendtau zu pflücken, im Schatten zu trocknen und aufzubewahren. Sie wußten jede Pflanze richtig zu behandeln, zu dosieren und anzuwenden.

Schon in frühester Kindheit entdeckte ich meine Liebe zur Natur. Wenn ich in der Schule saß, schweifte mein Blick oft aus dem Fenster auf die herrliche Landschaft, die auch heute noch mein Heimatdorf umgibt. Während der schönen Jahreszeit hielt ich es manchmal nicht mehr aus. Ich schwänzte die Schule, streifte durch das blühende, wohlriechende Heideland und kam erst nach Anbruch der Dunkelheit nach Hause.

Eines Tages stieß ich in der hintersten Ecke des Dachbodens auf einen Schatz: ich fand eine prachtvolle Pflanzensammlung, die mein Großvater sorgfältig, Pflanze um Pflanze, Jahreszeit um Jahreszeit, angelegt hatte. Dieser unerwartete Fund brachte mich dazu, mit der Anlage eines eigenen botanischen Gartens zu beginnen. Heute, nachdem er seit jener Zeit unablässig vergrößert wurde, zählt dieser Garten mehr als zweihundert verschiedene Pflanzenarten und stellt somit durch seine Vielfalt eines der Prunkstücke von La Gacilly dar. Von diesen Musterexemplaren ausgehend unternehme ich die meisten meiner Forschungen. Diese Pflanzen sind nicht nur ein wertvolles Reservoir für die Universitäten, sondern auch ein Objekt bewundernder Neugier für alle, die während der schönen Jahreszeit die Bretagne durchstreifen. Um das Jahr 1950 herum machte ich meine ersten Experimente aufgrund eines alten Rezeptes, das eine Freundin unserer Familie »für alle, denen sie gerne helfen wollte« zubereitete. Dabei handelte es sich um eine Salbe auf der Basis von Scharbocks-kraut, die sich zur Behandlung von Hämorrhoiden als vorzüglich geeignet erwies.

Überzeugt von den wohltuenden Eigenschaften dieser Salbe, die ein sehr schmerzhaftes Leiden im Nu auf spektakuläre Art und Weise zu lindern vermochte, baute ich, zusammen mit zwei Pharmazeuten, ein eigenes Laboratorium auf, um diese Erkenntnisse wissenschaftlich auswerten zu können.

Mit großem Eifer beschlossen wir, das Feld unserer Forschungen auszuweiten. Dabei nahmen wir die verschiedensten Gebiete der Physiotherapie in Angriff und konzentrierten uns speziell auf dermo-pharmazeutische Aspekte.

Als mich die Pflanzen nach und nach ihre erstaunlichen Geheimnisse entdekken ließen, konnte ich die besten dieser Erkenntnisse auf jene Wissenschaft anwenden, die es schon seit ewigen Zeiten gibt: die Pflege der Schönheit.

Wallwurz, Bockshornklee, Johanniskraut, Engelwurz, Beifuß, Klette, Ampfer, Malve – welch herrliche Namen! Aber Sie wissen sicherlich nicht, daß diese Pflanzen schon seit Jahrhunderten dazu verwendet werden, um die Haut zu schützen, die Augen zu verschönern, das Haar zu pflegen, oder aber auch, um Brandwunden, kleine Schnittwunden, Warzen, Insektenstiche, Hühneraugen, Nagelgeschwüre, rheumatische Schmerzen, Verstopfung, Durchfall, hohen Blutdruck, Hämorrhoiden, Grippe, Bronchitis, Migräne, Schlaflosigkeit und viele andere Beschwerden zu heilen!

Wie die Menschen vergangener Zeiten, wie unsere Großmütter und wie unsere wenigen letzten Kräutersammler habe auch ich mich darum bemüht, hierüber mehr in Erfahrung zu bringen.

Dabei habe ich erkannt, wie unsinnig es ist, jede althergebrachte Überlieferung abzulehnen und nur die moderne Wissenschaft anzuerkennen. Nach der Lektüre dieses Buches werden Sie nicht mehr zu jenen gehören, die blind an Pflanzenzauberei glauben, aber auch nicht mehr zu jenen, die diese Kenntnisse unter dem lächerlichen Vorwand, sie seien althergebracht, rundweg bekämpfen. Nachdem ich Sie in dieses Gebiet eingeweiht habe, werden Sie verstehen, was der Mensch unseres 20. Jahrhunderts mit all seinen neuen technischen Mitteln, vernünftig angewendet, aus der Großzügigkeit der Natur machen kann.

Sie sollen auch wissen, daß die Verwertung dieser positiven Kenntnisse heutzutage keine Hexerei mehr ist, wie verschiedene hierin bewanderte Leute dies noch immer glauben machen möchten. Die Verwendung von Pflanzen zum Wohle des Menschen steht uns heute allen offen, und die Entdeckung der unzähligen Wirkungsweisen der Pflanzen hat kaum erst begonnen.

Wir wollen nicht von den über die ganze Erde verteilten 320 000 – bekannten – Pflanzenarten sprechen, weil wir sonst kein Ende finden würden. Aber wissen Sie, daß es allein in Mitteleuropa über viertausend wildwachsende Arten gibt? Sicherlich, sie sind nicht alle grün wie das Gras unserer Wiesen, sie haben nicht alle Blätter wie unsere Eichen, sie haben nicht alle Blüten wie unsere Rosenstöcke, aber sie alle haben bestimmte Reize, alle haben ihre Geschichte und einige davon ihre Geheimnisse.

Wenn Sie mich begleiten wollen, schlage ich Ihnen einen großen Spaziergang durch die Welt meiner Pflanzen, meiner Freunde vor ... Dabei wollen wir nicht vergessen, daß die Pflanzen wie Menschen sind: die wildesten, die reinsten und die reizvollsten unter ihnen sind oft am besten versteckt.

Ich habe für Sie eine ganz präzise Route vorgesehen, auf der wir genau hundertmal stehenbleiben werden.

Wieso genau hundert Pflanzen? Die Antwort hierauf ist zwar zugegebenermaßen seltsam, aber sie beruht auf der Wissenschaft und auf der Tradition. Seit alters her haben unsere vorsorglichen Großmütter – geradeso wie die Wissenschaftler – die Heilwirkungen von genau hundert Pflanzen von Generation zu Generation überliefert. Nicht eine einzige mehr und nicht eine einzige weniger! Allerdings handelte es sich dabei nicht immer um die gleichen hundert Pflanzen. Aus Respekt vor der Weisheit und den Kenntnissen all meiner Vorgänger wollte ich daran nichts ändern und habe mich auf diesen bereits recht eindrucksvollen und wertvollen Strauß Pflanzen beschränkt.

Bevor wir auf den folgenden Seiten unseren Spaziergang beginnen wollen, will ich Sie in einigen kurzen Abschnitten mit der wissenschaftlichen, botanischen Betrachtungsweise bekanntmachen. Auch möchte ich damit allen, die die Liebe zur Natur mit mir teilen, nützliche und praktische Tips geben, die Ihnen bei Ihren eigenen Nachforschungen in der Pflanzenwelt helfen werden. Um die Natur zu entdecken, sich mit Freude für sie zu interessieren, ihre Botschaft zu verstehen, sie zu lieben, um sich auf die Pflanzen einzulassen – und sie zu pflücken, sollten Sie auf meinen Rat hören und niemals ohne Korb losziehen.

Im ganzen Buch werde ich wissenschaftliche Fachausdrücke verwenden, die Ihnen vielleicht manchmal ein bißchen unverständlich sein werden, aber es ist wichtig, daß Sie sich mit der Sprache der Botaniker und aller Wissenschaftler, die sich dem Pflanzenstudium gewidmet haben, vertraut machen. So wird es Ihnen möglich werden, die Pflanzen besser kennenzulernen und besser zu beobachten. Um Ihre eigenen Nachforschungen zu erleichtern, habe ich am Ende dieses Buches die hierbei am häufigsten verwendeten Ausdrücke zusammengestellt und ihre Bedeutung genau erklärt.

#	Pflanze	abführend	anregend	appetitanregend	auflösend	bandwurmtreibend	beruhigend	blutdrucksenkend	blutdrucksteigernd	blutreinigend	blutstillend	blutzuckersenkend	bruststärkend	brustreinigend	einschläfernd	emmenagog	erweichend	fiebertreibend	galletreibend	harntreibend	hustenstillend	krampfstillend	magenstärkend	rheumalindernd	schmerzstillend	stärkend	verdauungsfördernd	vernarbungfördernd	windtreibend	wundenheilend	wurmtreibend	zusammenziehend
1	Anis			●																	●		●						●			
2	Apfelbaum									●									●	●						●						●
3	Aprikose																															●
4	Arnika		●	●	●					●			●						●				●	●		●			●			
5	Artischocke																	●	●				●			●						●
6	Avocadobaum				●																											
7	Basilie				●											●						●	●									
8	Beifuß	●		●										●	●																●	
9	Benediktenkraut												●			●		●						●				●				
10	Bibernelle												●							●						●						
11	Birke							●												●				●								
12	Blutwurz																								●							●
13	Bockshornklee											●					●															
14	Borretsch					●			●											●		●										
15	Brennessel							●												●												
16	Brombeere																															●
17	Dost												●																			●
18	Efeu			●	●																											
19	Ehrenpreis									●																●			●	●		
20	Eibisch				●									●			●															
21	Eisenkraut																		●					●			●					
22	Engelwurz		●	●									●										●		●		●		●			
23	Enzian			●																			●		●							
24	Erdbeere	●																		●					●							●
25	Essigrose	●				●																			●							●
26	Föhre																			●									●			
27	Gänseblümchen					●																										
28	Gundelrebe			●									●							●												
29	Gurke				●													●														
30	Haselstrauch								●																							●
31	Hauswurz					●																										●
32	Heidekraut							●												●												●
33	Heidelbeere											●																				●
34	Himbeere																			●					●							●
35	Holunder	●			●															●												
36	Hopfen				●																		●		●	●						
37	Huflattich												●																			
38	Immergrün							●												●					●							●
39	Johannisbeere																			●					●				●			●
40	Johanniskraut		●																									●		●	●	
41	Judenkirsche	●						●												●			●	●								
42	Kamille		●	●												●		●					●						●			
43	Kapuzinerkresse							●				●								●												
44	Kirschenbaum	●																		●												●
45	Klatschmohn					●						●	●																			●
46	Klette			●						●															●							
47	Knoblauch		●	●	●		●						●																●		●	
48	Knöterich																															●
49	Königskerze			●										●												●						
50	Kornblume																															●

IHRE SCHÖNHEIT   Monat um Monat ...

#	abhärtend	anregend	aufhellend	beruhigend	desinfizierend	erfrischend	erschlaffend	erweichend	feuchtigkeitsspendend	filtrierend	geschmeidigmachend	gleichgewichtherstellend	kräftigend	mildernd	nährend	regulierend	schuppenbekämpfend	spannungslösend	stärkend	wohlriechend	zusammenziehend	empfindliche Haut	fettige Haut	normale Haut	trockene Haut
1				★																					
2				★																					
3		↘													★								☆	☆	
4															★	★									
5	★				★																				
6								★	★				★											☆	
7																									
8			★							★			★												
9																									
10																									
11											★			★											
12																					★		☆		
13			★		★						★														
14					★									★								☆		☆	
15	★				★							★										☆		☆	
16																	★		★						
17																	★								
18																					★				
19	★																					☆		☆	
20	★				★												★					☆			
21														★								☆			
22																									
23																	★		★				☆		
24			★														★					☆			
25		★																	★				☆	☆	
26	★															★					★		☆		
27																		★							
28																									
29		★				★								★									☆		
30																									
31																									
32		★			★													★				☆		☆	
33																		★				☆			
34		★				★															★	☆			
35		★			★																★	☆	☆		
36									★								★						☆		
37			★						★							★						☆	☆		
38																									
39			★																	★		☆			
40																				★		☆			
41				★																					
42			★											★								☆		☆	
43											★		★	★											
44		★													★							☆			
45			★		★								★								★	☆			
46	★		★												★		★					☆		☆	
47			★																						
48																									
49											★													☆	
50											★					★		★							

	abführend	anregend	appetitanregend	auflösend	bandwurmtreibend	beruhigend	blutdrucksenkend	blutdrucksteigernd	blutreinigend	blutstillend	blutzuckersenkend	bruststärkend	brustreinigend	einschläfernd	emmenagog	erweichend	fiebertreibend	galletreibend	harntreibend	hustenstillend	krampfstillend	magenstärkend	rheumalindernd	schmerzstillend	stärkend	verdauungsfördernd	vernarbungfördernd	windtreibend	wundenheilend	wurmtreibend	zusammenziehend
51 Lavendel		•				•												•						•	•						
52 Lilie						•										•															
53 Linde						•																									•
54 Mädesüß																			•				•	•							
55 Mais						•													•												
56 Malve						•						•	•			•				•											
57 Märzveilchen						•						•				•				•											
58 Mäusedorn																			•												•
59 Melisse																			•		•	•									
60 Minzen		•	•																•		•	•									
61 Mohrrübe											•								•			•									
62 Ölbaum							•				•						•		•												•
63 Orangenbaum																	•				•	•				•		•			
64 Petersilie				•					•						•		•	•	•												
65 Pfirsichbaum	•																•		•												
66 Quitte						•													•												
67 Ringelblume		•				•																							•		
68 Rosmarin		•																	•			•		•	•			•		•	
69 Salbei		•																	•						•						
70 Schachtelhalm						•													•												•
71 Schafgarbe					•														•									•	•	•	•
72 Scharbockskraut						•																									•
73 Schlüsselblume			•			•							•							•											
74 Schöllkraut	•					•	•		•										•												
75 Schwertlilie	•												•						•												
76 Seerose																							•	•							
77 Sesam																															
78 Sonnenblume						•											•				•										
79 Speierling																									•						•
80 Stechginster																															
81 Steinklee						•													•									•	•		•
82 Steinsame																			•												
83 Stiefmütterchen	•																		•	•											
84 Stockrose																•				•											
85 Tausendgüldenkraut	•		•														•					•									
86 Thymian		•																	•		•			•						•	
87 Wacholder		•																	•												
88 Waldgeißblatt																			•		•								•		
89 Wallwurz																		•			•			•							
90 Walnußbaum									•			•										•		•						•	•
91 Wegerich																											•				•
92 Weinrebe						•						•																			
93 Weißdorn						•	•														•			•							•
94 Weizen				•												•															
95 Wermut												•					•	•	•							•					
96 Wundklee																										•		•	•		
97 Ysop					•		•		•													•									
98 Zaubernuß						•				•																					•
99 Zitronenbaum																					•	•			•					•	
100 Zwiebel			•																•			•									•

Merkmale (Spalten links nach rechts):

1. abhärtend
2. anregend
3. aufhellend
4. beruhigend
5. desinfizierend
6. erfrischend
7. erschlaffend
8. erweichend
9. feuchtigkeitsspendend
10. filtrierend
11. geschmeidigmachend
12. gleichgewichtherstellend
13. kräftigend
14. mildernd
15. nährend
16. regulierend
17. schuppenbekämpfend
18. spannungslösend
19. stärkend
20. wohlriechend
21. zusammenziehend

Hauttyp:

- empfindliche Haut
- fettige Haut
- normale Haut
- trockene Haut

Blütezeit (Monat):

- Blütezeit im Januar
- Februar
- März
- April
- Mai
- Juni
- Juli
- August
- September
- Oktober
- November
- Dezember

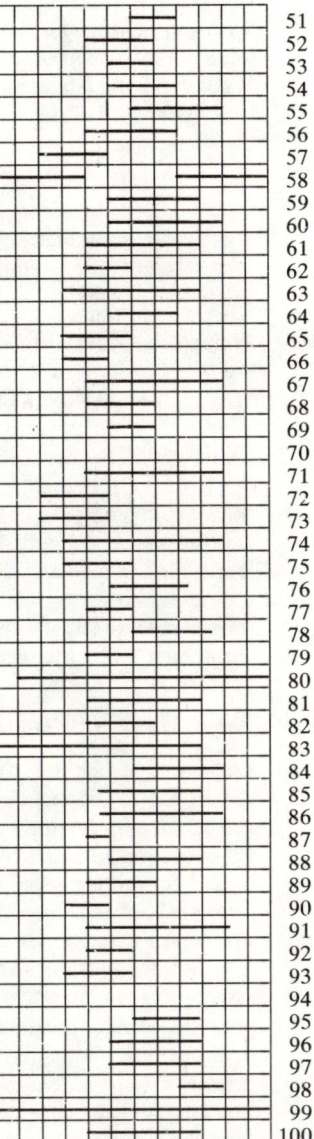

Zeilennummern: 51 – 100

51
52
53
54
55
56
57
58
59
60
61
62
63
64
65
66
67
68
69
70
71
72
73
74
75
76
77
78
79
80
81
82
83
84
85
86
87
88
89
90
91
92
93
94
95
96
97
98
99
100

Einführung

Einführung in die Botanik

Bei dieser Einführung wollen wir die wild am Straßenrand wachsenden Pflanzen ihrem traurigen Schicksal überlassen; waren sie früher dadurch privilegiert, daß ihre Umgebung durch vorbeikommende Pferdegespanne natürlich gedüngt wurde, so werden sie heute durch die Abgase und Schadstoffe unserer motorisierten Pferdestärken verpestet. Eine Blüte wird oft mittels eines Schemas dargestellt, das die folgenden Teile hervortreten läßt:

1. den Blütenkelch, der sich aus Kelchblättern zusammensetzt;
2. die Blütenkrone, die aus Kronblättern besteht;
3. die Staubblätter oder die männlichen Pflanzenteile;
4. den Blütenstempel oder die weiblichen Pflanzenteile (vgl. das Schema).

Aber es gibt natürlich auch Pflanzen ohne Blüten oder ohne Blätter, Pflanzen, deren Wurzeln im Wasser stehen, aber an der Luft atmen, fleischfressende Pflanzen, die sich um ihre Beute herum zusammenrollen, usw.

Mitteleuropa, dessen Klima sowohl skandinavischen als auch mediterranen Einflüssen offensteht und das hierdurch das Beispiel schlechthin für ein Gebiet mit gemäßigtem Klima abgibt, beherbergt eine äußerst reiche Pflanzenwelt. Als übriggebliebene Zeugen der Eiszeit findet man hier sowohl den Ahornbaum, die Erle und die Heidelbeere als auch den Feigenbaum und die Palme, die beide aus Afrika stammen; selbst die Kamelie, vom Missionar Camelli aus Ostasien eingeführt, gedeiht hier.

Diese Vielfalt geht auf die Evolutionsprozesse und auf die ihnen zugrundeliegende Variation der Arten zurück. Auf die so komplexen Phänomene der Mutation und der Selektion möchte ich aber nicht näher eingehen. Ich habe mir nämlich vorgenommen, Sie auf keinen Fall zu langweilen.

Eine Welt der Biochemie

Lieber möchte ich Ihnen für den Fall, daß Sie so manches davon seit Ihrer Schulzeit vergessen haben sollten, einige Kenntnisse über die wissenschaftliche Klassifikation der verschiedenen Vertreter des Pflanzenreiches vermitteln. Seit jeher haben die Botaniker versucht, ähnliche und verwandte Pflanzen in Gruppen zusammenzufassen. Diese Wissenschaft von der systematischen Klassifikation nennt man Taxonomie. Seit jener berühmten Klassifikation, die Carl von Linné im 18. Jahrhundert vorgenommen hat, besitzt jede Pflanze einen (bis auf wenige Ausnahmen: lateinischen) Namen. Das erste Element dieses Namens bezeichnet die entsprechende Pflanzengattung, das zweite die Art der Pflanze. Das dritte Element bildet der erste Buchstabe (oder die ersten Buchstaben) des Namens desjenigen Botanikers, der sich als erster dem Studium dieser Pflanze gewidmet und sie detailliert beschrieben hat. So heißt der Gartenampfer, jene weitverbreitete Pflanze mit antiskorbutischen Eigenschaften, beispielsweise »Rumex patienta L.«. Hierbei bezeichnet »Rumex« den Gattungsnamen (aus der Familie der Knöterichgewächse), »patienta« die Art, während »L.« als Initiale für Linné steht.

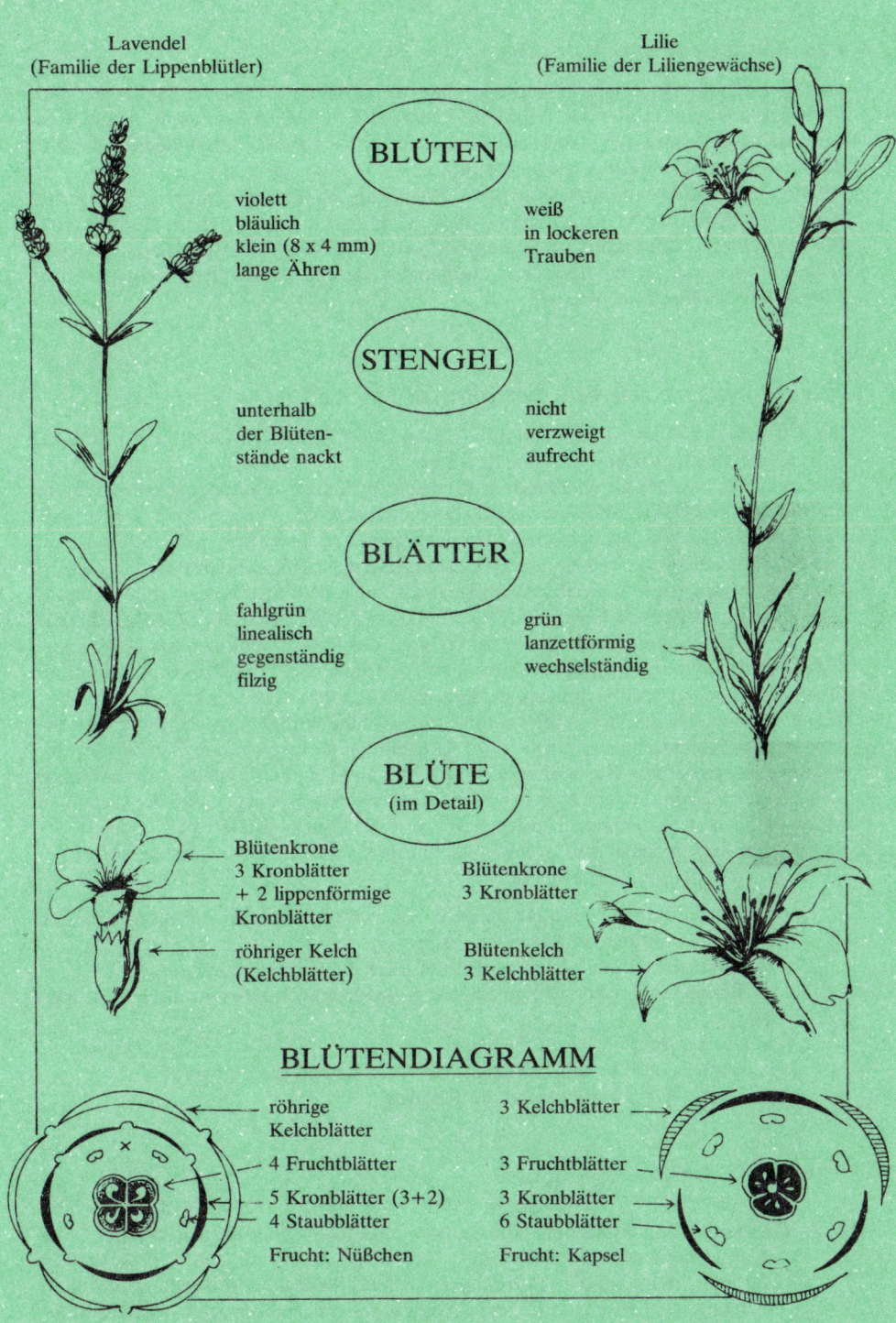

Lavendel
(Familie der Lippenblütler)

Lilie
(Familie der Liliengewächse)

BLÜTEN

violett
bläulich
klein (8 x 4 mm)
lange Ähren

weiß
in lockeren
Trauben

STENGEL

unterhalb
der Blüten-
stände nackt

nicht
verzweigt
aufrecht

BLÄTTER

fahlgrün
linealisch
gegenständig
filzig

grün
lanzettförmig
wechselständig

BLÜTE
(im Detail)

Blütenkrone
3 Kronblätter
+ 2 lippenförmige
Kronblätter

Blütenkrone
3 Kronblätter

röhriger Kelch
(Kelchblätter)

Blütenkelch
3 Kelchblätter

BLÜTENDIAGRAMM

röhrige
Kelchblätter

3 Kelchblätter

4 Fruchtblätter

3 Fruchtblätter

5 Kronblätter (3+2)
4 Staubblätter

3 Kronblätter
6 Staubblätter

Frucht: Nüßchen

Frucht: Kapsel

Ein Minimum an Ordnung

Die Bestandteile der Pflanzen sind von einer unendlichen Vielfalt; einige davon sind hochwirksame Gifte (oder doch zumindest gefährlich in ihrer Anwendung), weshalb es denn auch interessant ist, sie zu kennen. Andere wiederum wirken beruhigend oder lindernd, noch andere sind wertvolle Heilmittel.

Zu den am häufigsten vorkommenden Pflanzenbestandteilen gehören: Farbstoffe (Chlorophyll, Karotin u. a.), Vitamine (A, B, C, D usw.), Tannine (d. h. Gerbsäuren), Pflanzenschleim, ätherische Öle, Säuren (Zitronen-, Ameisen-, Essigsäure u. a.), Alkaloide und wirksame Bestandteile (z. B. Azulen der Kamille, Allantoin der Schwarzwurz, Trigonellin des Bockshornklees).

Für diejenigen, die sich berufen fühlen

Die Qualität der Pflanze hängt von ihrem Alter, ihrer Rasse, der Qualität des Bodens, vom Klima und vom Zeitpunkt der Ernte ab.

Für alle jene, die sich die wirksamsten Pflanzensubstanzen zunutze machen möchten, besteht das oberste Gebot darin, die Pflanzen unter solchen Klima- und Bodenverhältnissen anzubauen, die ihrer natürlichen Umgebung am nächsten kommen. Es herrscht in der Tat allgemeine Übereinstimmung darüber, daß diese Pflanzen größere Wirkungen zeigen als solche, die von Hobbypflanzern gezogen werden. Mit dieser Art des Anbaus erreicht man oft bessere Ergebnisse, als die Natur selbst sie erzielt; allerdings bedarf diese Methode der konstanten Pflege durch gutinformierte Praktiker, eines großen und sachgerechten Arbeitsaufwands sowie einer auf jede einzelne Pflanzenart abgestimmten Düngung und eines entsprechenden Bodens. Wir können es ebenfalls kaum eindringlich genug betonen, daß der Hobbypflanzer künstliche Düngemittel möglichst nicht verwenden sollte: diese können nämlich unter Umständen die wirksamen Substanzen der Pflanzen neutralisieren. Ein wichtiger Faktor, den man ebenfalls nicht vernachlässigen sollte, ist der Zeitpunkt der Ernte bzw. des Pflückens. Allgemein gilt, daß der Gehalt an wirksamen Substanzen dann am größten ist, wenn die Pflanze sich in voller Aktivität befindet. Man wird sie daher, entsprechend dem Pflanzenteil, den man verwenden will, zu verschiedenen Zeitpunkten ernten:

- vor der Blütezeit, wenn die Pflanze sich voll im Wachstumsstadium befindet, wenn man an den Blättern interessiert ist;
- zur Blütezeit, wenn es um die Blüten oder die Blütenspitzen geht;
- zu Wintersende oder Frühlingsanfang, wenn man Interesse an den Knospen hat;
- zu Beginn ihrer Reife die Früchte;
- zu Winter- oder Frühlingsbeginn die Wurzeln und die Stengel;
- im Herbst die Zwiebeln und die Knollen.

Wichtige Hinweise:

- Vermeiden Sie es, bei feuchtem Wetter zu ernten! Hierfür sollte man sich einen trockenen Tag aussuchen, eine Stunde, zu der die Sonne scheint und der Morgentau bereits verschwunden ist.
- Darauf achten, daß die Pflanzen gesund sind! Sie sollten weder durch Insekten noch durch chemische Mittel oder Abgase, seien sie aus der Stadt oder aus Industrieanlagen herrührend, verseucht sein.

- Fremde und nicht erwünschte Kräuter, die man eventuell mitgeerntet hat, gleich aussortieren!
- Die verschiedenen Pflanzenarten nicht in ein und demselben Säckchen oder Korb durcheinanderbringen!
- Die Pflanzenteile so schnell wie möglich trocknen lassen, um hierdurch den Gärungsprozeß zu verhindern!

Die ganze Kunst des Trocknens

Die Austrocknung der betreffenden Pflanzenteile sollte nach Möglichkeit im Schatten und in einem staubfreien Raum erfolgen. Hierzu verwendet man Siebgitter (z. B. Jutestoff, Drahtgeflecht), die luftdurchlässig sind und auf denen die Pflanzen ausgebreitet werden; dabei sollte man darauf achten, daß diese nicht übereinander zu liegen kommen.
Man kann die Pflanzen zum Trocknen auch auf eine Wäscheleine hängen, sei es rittlings oder in Girlanden. Die Wurzeln müssen, bevor sie getrocknet werden, gewaschen und in dünne Scheiben geschnitten werden. Danach kann man sie an der Sonne trocknen lassen. Bei den Blättern und den Blüten ist es ratsam, sie vorher vom Stengel zu entfernen.
Es ist wichtig, daß man den Prozeß der Austrocknung genau überwacht und jede Pflanze, die Anzeichen dafür bietet, daß sie schlecht wird, wegwirft.
Nach dem Austrocknen lassen sich die Pflanzen in sehr trockenen, sauberen und geruchlosen Behältern aufbewahren. Die Bauern benützen hierzu oft Gebäckdosen aus Weißblech oder einfache Säcke. Plastikbehälter sind hier fehl am Platz.

Althergebrachte Zubereitungen ...

Dies ist nicht der richtige Ort, um schwierige, den Spezialisten vorbehaltene Zubereitungen zu erörtern. Wir möchten hier nur einfach ihre wichtigsten Grundlagen, von denen auch heute noch auf dem Land Gebrauch gemacht wird, in Erinnerung rufen.

Das Infus (auch: Aufguß):
Die gewünschte Menge Wasser zum Kochen bringen, die gewählten Blätter oder Blüten dazugeben, den Topf vom Herd nehmen, zudecken und fünf bis zehn Minuten ziehen lassen. Man kann auch eine Dosis Pflanzen in eine Tasse geben, diese mit kochendem Wasser aufgießen und dann ziehen lassen.

Das Dekokt (auch: Absud, Sud):
Im Unterschied zum Infus wird hierbei die Pflanze selbst zum Kochen gebracht. Man füllt Wasser in einen Topf, gibt die nötige Menge Pflanzen dazu, deckt den Topf zu und bringt das Ganze zum Sieden; danach zehn bis fünfzehn Minuten auf kleiner Flamme weiterkochen lassen.

Das Mazerat (auch: Pflanzenauszug):
Die Pflanze wird in die kalte Flüssigkeit gelegt und bleibt die ganze Zeit über eingeweicht. Das Einweichen einer frischen Pflanze im gleichen Gewicht 60%igen Alkohols ergibt eine sogenannte Alkoholatur, während das einer getrockneten Pflanze in ihrem fünffachen Gewicht 90%igen Alkohols als Tinktur bezeichnet wird.

Das Kataplasma (auch: Umschlag):
In vielen ländlichen Gebieten wird der Umschlag zumeist kalt verwendet. Dabei hält man die Kräuter mittels eines Verbandes in direktem Hautkontakt.

... und neue Techniken

Auch wenn die traditionellen Methoden (Alkoholatur, Dekokt, Infus, Mazerat) noch immer gebräuchlich sind, so sollte man doch auch auf viel perfektioniertere Techniken hinweisen, wie es unter anderem die Extraktion oder die Gefriertrocknung sind.

Derzeit ist die Extraktion, insbesondere was die Kosmetologie anbelangt, das am häufigsten verwendete Verfahren. Das in einem Ballon enthaltene Lösungsmittel wird auf eine bestimmte Temperatur erhitzt und dann in einem geschlossenen Kreislauf mit der Pflanze, aus der man die wirksamen Substanzen herauslösen will, in Kontakt gebracht. Hierdurch erhält man ein konzentriertes Extrakt, das flüssig, schleimig oder auch pulverartig sein kann.

Die Technik der Gefriertrocknung besteht darin, die Pflanze einzufrieren und ihr anschließend unter Vakuum das Wasser zu entziehen. Dies ist die beste Methode, um alle Eigenschaften der Pflanze unversehrt zu erhalten. Aus demselben Grunde ist beispielsweise auch der Kaffee, den Sie tagtäglich trinken, gefriergetrocknet worden.

Angesichts der vielen alltäglichen Angriffe, denen sich der Mensch ausgesetzt sieht, wird er nur dann überleben, wenn er sich wieder mit der Natur, von der viele positive Auswirkungen auf den Menschen noch nicht bekannt sind, aussöhnt und in Einklang bringt; in der Nähe zu ihr wird er diejenigen Lebensprinzipien wiederfinden, ohne die er nicht leben kann.

Angesichts ihrer bevorzugten Verwendung in der Volksmedizin und ihrer überragenden Rolle auch in der modernen Pharmazie verdienen es die Pflanzen, von uns allen verteidigt und geschützt zu werden.

Die Pflanzenwelt ist geheimnisvoll, aber großzügig. Morgen schon wird ihr unbeschreiblicher Reichtum, der erst vor kurzem aufgedeckt worden ist, in Reichweite all jener Wissenschaftler sein, die ihr mit Liebe zu begegnen verstehen werden.

Ich habe das große Glück, einer von diesen zu sein.

Y. R.

*Alle Dosierungen, die im folgenden bei
der Zubereitung der verschiedenen
Mittel angegeben sind, beziehen sich auf
erwachsene Personen, auch wenn dies
im Text nicht ausdrücklich erwähnt wird.*

Anis

PIMPINELLA ANISUM L. –
FAMILIE DER DOLDENGEWÄCHSE

Pimpinelle
Süßer Kümmel

Der Anis, der ursprünglich vermutlich aus dem Orient stammt, ist eine einjäh-
rige Pflanze, die man nur in kultiviertem Zustand findet.
Der gerade, zylindrische Stengel ist geriefelt und haarig. Er kann 50–60 Zen-
timeter hoch werden.
Die unteren Blätter haben eine rundliche Form und sind gezähnt. Die oberen
Blätter sind in feine, spitze Streifen geteilt.
Die weißen und sehr kleinen Blüten stehen in Dolden zusammen. Blütezeit ist
im Juli und August.
Verwendet werden die (Samen-)Körner und die Blätter.

Zusammensetzung

ätherisches Öl (vor
  allem Anethol)
Öl
Pektinstoffe
Stärke
Pflanzenschleim
verschiedene Zuckerarten
Harze

Eigenschaften

krampfstillend
magenstärkend
schmerzstillend
leicht harntreibend

Anwendungen

Darmstörungen
schlechte Verdauung
Koliken bei Kindern
leichte Nervenleiden

Ein Blick in die Geschichte

Der Name »Anis« geht auf das griechische Wort »anièmi« (»hervorkommen lassen«) zurück. Dies deutet darauf hin, daß man schon damals die windtreibende Wirkung des Anis kannte, mittels der auf krankhaftes Luftschlucken zurückzuführende Koliken behandelt werden konnten.

Es gibt Hinweise, daß der Anis als Heilpflanze bereits sowohl von den griechischen und römischen Ärzten als auch von den Chinesen verwendet worden ist. Auch wird er schon in den ersten Gesetzen und Anordnungen der fränkischen Könige erwähnt.

Der Anis ist ein Doldengewächs, das man auf keinen Fall mit dem Gartenschierling (auch Hundspetersilie genannt) verwechseln sollte. Sein besonderer Geruch und sein spezieller Geschmack erlauben es glücklicherweise, eine solche Verwechslung zu vermeiden.

Der Anis, der sowohl in der Fein- und Zuckerbäckerei als auch in der Likörherstellung Verwendung findet (Anisette), wird aufgrund seines Wohlgeruchs und seiner verdauungsfördernden Wirkung hochgeschätzt.

Besonders empfehlen kann man Anis zur Anregung des Verdauungsapparates, und zwar vor allem dann, wenn Verdauungsstörungen aufgrund nervlicher Belastungen zustande kommen. Daneben besitzt der Anis eine beruhigende Wirkung bei Migräne, Husten und Asthma.

Anis wirkt außerdem milchtreibend, das heißt, er regt bei stillenden Frauen die Milchabsonderung an.

In der Volksmedizin hat man lange Zeit die Schwerhörigkeit durch Beräucherungen mit Anissamen behandelt.

Innerliche Anwendung

Aufguß:

20 Anissamenkörner während 10 Minuten in einem Liter kochendem Wasser ziehen lassen. Um die Verdauung zu erleichtern oder Darmstörungen mit ner-

vösem Hintergrund sowie Aufgetriebenheit zu bekämpfen, trinkt man eine Tasse hievon nach den Hauptmahlzeiten.

Sirup:

Zu dem oben beschriebenen Aufguß gibt man die Hälfte seines Gewichts an Zucker hinzu. Auf kleiner Flamme zergehen lassen. Umrühren, bis man eine sirupartige Masse erhält. Kindern, die an Koliken leiden, sollte man täglich zwei oder mehrere Eßlöffel von diesem Sirup geben.

Schönheitspflege

Um das Zahnfleisch zu stärken und einen frischen Atem zu behalten, kann man sich den Mund mit dem folgendermaßen hergestellten Präparat spülen: 15 Gramm Anissamen während zwei Wochen in einem halben Liter 40%igem Alkohol oder dem gleichen Volumen Schnaps weichen lassen.

Apfelbaum

MALUS DOMESTICA L. –
FAMILIE DER ROSENGEWÄCHSE

Der Apfelbaum kann manchmal eine Höhe von zehn Metern und einen Stamm-umfang von zwei Metern erreichen. Mit Ausnahme des äußersten Nordens läßt sich der Apfelbaum in ganz Europa kultivieren. Wildwachsend findet man ihn zuweilen an Hecken, im Gestrüpp und am Waldesrand.
Die ovalen Blätter laufen spitz zu und sind gezähnt. An ihrer Oberseite sind sie glänzend grün, an der Unterseite eher wollig.
Die weißen oder rosafarbenen Blüten stehen in Dolden zusammen. Sie setzen sich aus je fünf Kelch- und Kronblättern sowie zahlreichen Staubblättern zu-sammen. Der Apfelbaum blüht im Mai.
Verwendet werden die Frucht und die Rinde.

Zusammensetzung

Pektin
Enzyme
verschiedene Zuckerarten
Apfelsäure
Tannin
ätherisches Öl
Vitamine A, B und C

Asche:
Kalk
Eisen
Phosphorsäure
Magnesia
Natron

Rinde:
Heterosid (Phlorizin)

Eigenschaften

blutreinigend
harntreibend
stopfend
stärkend
fiebertreibend
kräftigend
abführend

Anwendungen

Verdauungsschwäche
Verstopfung
Überanstrengung

Ein Blick in die Geschichte

Nach dem Bericht der Bibel über den Baum der Erkenntnis geht der Apfel wohl auf den Ursprung der Zeiten zurück. Heute steht allerdings fest, daß es ein Fehler war, das lateinische Wort »pomum«, das ganz einfach jedwede Frucht bedeutet, mit »Apfel« zu übersetzen. Wie dem auch sei: der Apfelbaum war schon den Griechen und Römern bekannt. Später wird die hl. Hildegard (12. Jahrhundert) die Blätter des Apfelbaumes zur Behandlung von Augenleiden empfehlen. Und weiters: »Die Edelreiser zur Bekämpfung der Gicht, die Knospen zur Behandlung der Migräne sowie der Leber-, Milz- und Darmkrankheiten.«

Die Ärzteschule von Salerno sah den Apfel als Abführmittel an, und man pflegte zu sagen: »Post Pirum da potum, post pomum vade cacatum.« Übersetzt bedeutet dies mehr oder weniger: wenn die Birne harntreibend wirkt, dann wirkt der Apfel als Abführmittel.

Ich bin kein geistiges Kind von Nicolas Chauvin, und ich möchte nicht beschuldigt werden, chauvinistischen Lokalpatriotismus zu betreiben, wenn ich die Eigenschaften des Apfels rühme. Aber jeder weiß, daß es in der Bretagne sehr viele Apfelbäume gibt und daß wir versucht haben, trotz der Feldzusammenlegungen die meisten dieser Obstbäume zu erhalten. Warum? Sicher wegen des bekannten Apfelweins (»Cidre«), den man aus ihnen gewinnen kann, aber vielleicht auch deswegen, weil der Apfel eines der besten Heilmittel ist, die es gibt.

Vor kurzem berichtete in einer Rundfunksendung ein Chirurg, er könne sich nicht erinnern, jemals einen Menschen an der Gallenblase operiert zu haben, der regelmäßig natürlichen Apfelwein getrunken hatte. Dies hängt damit zusammen, daß der Apfelwein vorbeugend gegen Steinbildung und eine zu hohe Harnsäurekonzentration wirkt. In diesem letzteren Fall ist allerdings ein harntreibender Aufguß aus getrockneten und zerkleinerten Apfelschalen dem Wein noch vorzuziehen. Was den Blütenaufguß angeht, so ist er bekannt dafür, gute Dienste bei Husten und Entzündungen der Atemwege zu leisten.

Zur Behandlung ihrer Wunden verwendeten die Leute früher eine lindernde Salbe aus Marmelade und Öl, die sie »Pomade« nannten. Zweifelsohne leitet sich dieses auch heute noch geläufige Wort von der Frucht des Apfelbaumes (lat. »pomum«) ab. Bei Augenentzündungen gebraucht man auch heute noch Umschläge mit gekochtem Fruchtfleisch.

Die Wirksubstanzen des Apfels (insbesondere das Pektin und die Vitamine) ermöglichen seinen wirkungsvollen Einsatz bei Verdauungsschwäche, Verstopfung und Überanstrengung. Der Apfel gilt außerdem als blutreinigendes und gutes harntreibendes Mittel. Auch sollte man nicht vergessen, daß er einen beachtlichen Nährwert besitzt.

Innerliche Anwendung

Aufguß:

40 Gramm getrocknete oder frische Blüten in einem Liter kochendem Wasser ziehen lassen. Bei Husten und Entzündungen der Atemwege trinkt man täglich 3−4 Tassen von diesem Aufguß.

Absud:

Die Schalen von 3 oder 4 Äpfeln trocknen lassen und zerkleinern. In einem halben Liter Wasser kochen lassen. Vor jeder Mahlzeit ein Täßchen hiervon trinken. Dieses Mittel wirkt harntreibend und leicht abführend.

Sirup:

Ein Kilo Äpfel vierteln (nicht schälen!) und in einem Liter Wasser kochen lassen. Das Ganze durch einen Leinenstoff passieren, dabei fest drücken. Zu der so erhaltenen Flüssigkeit etwa zehn Zuckerwürfel hinzugeben. Auf kleiner Flamme einkochen lassen, bis man eine sirupartige Masse erhält. Bei Husten, Schnupfen, Heiserkeit oder Fieber nimmt man täglich 3−4 Löffel Sirup zu sich.

Wein:

Einen geschälten Apfel in einem Viertelliter gutem Wein kochen lassen. Zwei Zuckerwürfel und etwas Zitronenschale hinzugeben. Durch einen Leinenstoff passieren und die Hälfte dieses Präparats nach dem Essen trinken. Dieser Wein ist bei Verstopfung zu empfehlen.

Schönheitspflege

Die Eigenschaften des Apfels werden in der Schönheitspflege genutzt. Vor allem der Apfelsaft wird hochgeschätzt, da er das Entstehen von Hautfältchen bekämpft. Man kann sich morgens und abends den Hals und das Gesicht damit leicht einreiben. Natürlich muß man darauf achten, den Saft immer erst dann auszupressen, wenn man ihn braucht. Läßt man ihn einige Zeit stehen, so kommt es zu chemischen Veränderungen (Oxydation). Um diese Behandlung zu vervollkommnen, kann man sich einmal pro Woche eine Apfelmaske anfertigen: Äpfel in Milch kochen, zerdrücken und lau auf das Gesicht auflegen.

Aprikose

PRUNUS ARMENIACA L. –
FAMILIE DER ROSENGEWÄCHSE

Marille

Der Aprikosenbaum ist ein kleiner Baum, der zwischen drei und sechs Meter hoch wird. Er stammt zweifelsohne aus Mittelasien, wo man ihn auch heute noch wildwachsend finden kann.
Die Blätter sind oval, abfallend und an ihrem unteren Ende herzförmig; sie sind gezähnt und glänzend.
Die Blüten erscheinen vor den Blättern und sind einzeln oder in Paaren angeordnet; ihre fünf weißen Kronblätter sind mit zahlreichen Staubblättern versehen. Der Aprikosenbaum blüht im März und im April.
Die sehr schmackhafte Frucht ist kugelig, samtig und entweder rein orangegelb oder mit Purpurflecken übersät.
Verwendet wird die Frucht des Aprikosenbaums.

Ein Blick in die Geschichte

Auch wenn der Aprikosenbaum bereits seit der Zeitenwende in Südeuropa angebaut wird, so scheinen seine ursprünglichen Wurzeln doch in Asien zu liegen. In der Umgebung von Peking kann man ihn immer noch wildwachsend finden; allerdings sind die Früchte dieser Bäume kleiner und weniger köstlich als diejenigen, die wir kennen. Die arabischen Ärzte, die das Kernöl der Aprikose gegen Mittelohrentzündung und Hämorrhoiden empfahlen, sind anscheinend auch schuld daran, daß der Aprikosenbaum jahrhundertelang bei vielen Praktikern im Rufe stand, ein »Fieberüberträger« zu sein.

Zusammensetzung

Zucker
Öl
Zitronen- und Apfelsäure
Farbstoff
Mineralsalze
Pflanzenschleim
Vitamine A und C

Eigenschaften

leicht zusammenziehend
mildernd
blutreinigend

Anwendungen

Rheuma
Reizungen der Atemwege
Blutarmut
Schnupfen
Ohrensausen

Die Aprikose sollte nur als gut ausgereifte Frucht gegessen werden; dann wird sie von jedem Magen gut vertragen. Für Leberkranke ist es ratsam, sie als Marmelade zu sich zu nehmen; diese ist übrigens leicht verdaulich und schmackhaft. Da die Aprikose reich an den Vitaminen A und C ist, ist sie die Frucht für Kinder schlechthin. Denn gerade das Vitamin A wird für das Wachstum benötigt und sorgt für einen robusten und festen Knochenbau.

Innerliche Anwendung

Absud:

Einige Kerne zerstoßen und diese in Milch aufkochen. Filtrieren. Bei Schnupfen und Bronchitis einnehmen.

Äußerliche Anwendung

Kernöl:

Einige Aprikosenkerne zerdrücken, um ein wenig Öl zu erhalten. Bei Ohrenschmerzen gibt man einige Tropfen hiervon in das betroffene Ohr; das Kernöl ist sehr wirksam bei Ohrensausen. Man kann es auch bei Leiden der Atemwege anwenden.

Schönheitspflege

In Verbindung mit der Malve halten die mildernden Eigenschaften der Aprikose das kostbare Gleichgewicht einer normalen Haut aufrecht.
Im Sommer werden Leute mit einer trockenen Haut eine Behandlung mit dem frischen Fruchtfleisch einer gut ausgereiften Aprikose sehr zu schätzen wissen. Diese ist besonders wirksam, wenn man anschließend eine stärkende und feuchtigkeitsspendende Hautlotion aufträgt.

Arnika

ARNICA MONTANA L. –
FAMILIE DER KORBBLÜTLER

Bergwohlverleih

Die Arnika ist eine krautige, ausdauernde Pflanze. Sie ist auf mageren Wiesen und Weiden anzutreffen; ab 600 Meter über dem Meeresspiegel findet man sie im alpinen Gelände auch auf Matten und in austrocknenden Hochmooren. Beschränkte Sammelerlaubnis!
Der Stengel ist aufrecht und wird zwischen 50 und 60 Zentimeter hoch.
Die rosettenartig angeordneten Blätter setzen an der Wurzel an. Sie sind haarig und lanzettförmig. Zehn bis fünfzehn Zentimeter oberhalb befinden sich zwei kleinere blaßgrüne Blätter.
Die Blütenköpfchen, die am Ende des Stengels 7 Zentimeter breit sein können, haben eine schöne, leuchtende, orangegelbe Farbe. Blütezeit ist von Mai bis Juli/August.
Verwendet werden die Blütenköpfchen und die Wurzeln.

Zusammensetzung	*Eigenschaften*	*Anwendungen*
ätherisches Öl	appetitanregend	Verstauchungen
pflanzliche Sterine	wundenheilend	flächenhafte Blutergüsse
Wachs	auflösend	Quetschungen
Gallus- und Apfelsäure	krampfstillend	Halsweh
Fettsäuren	fiebertreibend	
Traubenzucker	brustreinigend	
Inulin	stärkend	
gelblicher Farbstoff	gichtlindernd	

Hinweis

Da die Arnika bei starker Dosierung giftig ist, sollte sie nur mit größter Vorsicht und unter ärztlicher Aufsicht innerlich angewendet werden. Deshalb geben wir hier nur an, wie diese Pflanze äußerlich zu verwenden ist.

Äußerliche Anwendung

Tinktur:
100−120 Gramm Blüten oder Blätter während 10 Tagen in einem halben Liter Alkohol weichen lassen. Stark mit Wasser verdünnen (wenigstens das gleiche Volumen an Wasser nehmen!) und als Kompresse bei Verrenkungen, Verstauchungen, Blutergüssen und Quetschungen verwenden.

Umschlag:
Mittels einer Handvoll Blüten, die man in ihr fünffaches Gewicht an Wasser gibt, einen Absud zubereiten. Auf Quetschungen und Schwellungen auftragen.

Gurgeln:
20−25 Tropfen Arnikatinktur in ein Glas lauwarmes Wasser geben. Dies wirkt bei Angina und Heiserkeit.

Schönheitspflege

Aufgrund einiger ihrer Eigenschaften wird die Arnika zur Herstellung von Hautschutzcremes (vor allem für die Hände) verwendet.

Artischocke

**CYNARA SCOLYMUS L. –
FAMILIE DER KORBBLÜTLER**

Die Artischocke ist eine ausdauernde Gemüsepflanze, die zwischen 80 Zentimeter und anderthalb Meter hoch werden kann. Ihr Stengel ist aufrecht, robust und gerippt. Die großen, gelappten Blätter sind, vor allem an der Unterseite, gräulichgrün.

Bei den Blütenständen handelt es sich um fleischige Blütenköpfe, die einzeln stehen und veilchenblau sind. Die Blütezeit der Artischocke erstreckt sich von Juni bis September.

Verwendet werden die Blätter, die Stengel und die Wurzeln.

Ein Blick in die Geschichte

Der Name der Artischocke leitet sich von dem lombardischen Wort »articloc« ab, das sich seinerseits vom italienischen »carciofo« herleitet; dieses wiederum geht auf das arabische Wort »al-kardoûf« zurück. Ihr wissenschaftlicher Name ist auf das griechische »kyhara« zurückzuführen, mit dem seinerzeit mehrere Arten von dorntragenden Pflanzen bezeichnet wurden.

Bei der Artischocke, die wir heute kennen, handelt es sich wahrscheinlich um eine verbesserte wilde Distel. Obwohl die Artischocke seit dem Altertum bekannt ist, ist sie in kultivierter Form erst zu Beginn des 16. Jahrhunderts auf den Tischen einiger wohlhabender Gourmets aufgetaucht.

27

Zusammensetzung	Eigenschaften	Anwendungen
Bitterstoff	magenstärkend	Leberleiden
Inulin	blutarmutbekämpfend	Rheuma
Tannin	appetitanregend	Gicht
Eisen	stärkend	Fieber
Kohlenhydrate	galletreibend	
	harntreibend ·	

Die Artischocke, die man am besten roh ißt, wirkt in hohem Maße appetitanregend (man stellt sogar einen Aperitif daraus her). Der untere, fleischige Teil der Hüllblätter (»Schuppen«) und besonders der Boden des Blütenköpfchens werden gegessen. Die Artischocke wirkt wohltuend auf Leber und Darm.
Im Gegensatz zu dem, was die meisten Leute denken, sind es nicht die Kopfhüllblätter (unrichtigerweise als »Blätter« bezeichnet), die Heilwirkungen besitzen, sondern die großen, gezackten Blätter der Pflanze. Die Artischocke trägt dazu bei, die Konzentration von Harnstoff und Cholesterin im Blut zu senken; sie wirkt somit blutreinigend. Mit Erfolg verwenden kann man sie bei Gelbsucht, Leberkoliken, Blähungen, Gallensteinen, Arterienverkalkung sowie bei Störungen, die beim Eintritt in die Wechseljahre auftauchen. Da die Artischocke überdies harntreibend und fiebersenkend wirkt, kann sie auch bei Nierenleiden, Gicht, Hautkrankheiten und Infektionskrankheiten empfohlen werden.
Ein Absud aus einer frischen Wurzel mit Weißwein oder der ausgepreßte Saft der Blätter wirken ebenfalls harntreibend. Wurzelpulver hat eine fiebersenkende Wirkung.

Innerliche Anwendung

Aufguß:
40−50 Gramm Artischockenblätter (!) während 20 Minuten in einem Liter kochendem Wasser ziehen lassen. Mit Honig süßen. Vor jeder Mahlzeit eine Tasse hiervon einnehmen. Besonders zu empfehlen bei Leberinsuffizienz oder auch als harntreibendes und rheumalinderndes Mittel.

Absud:
15−20 Gramm Wurzeln 15 Minuten lang in einem Liter Wasser kochen lassen. Mit Honig süßen. Hiervon eine Tasse nach jeder Mahlzeit trinken. Empfohlen als harntreibendes Mittel bei Wassersucht, Steinen und Gicht.

Saft:
Artischockenblätter zerstoßen, um ihnen den Saft zu entziehen. Ein Teelöffel hiervon, nach den Mahlzeiten genommen, wirkt harntreibend und stärkend.

Pulver:
1−5 Gramm Wurzelpulver einen Tag lang in einem Viertelliter Weißwein weichen lassen. Auf zwei Male verteilt, morgens und abends, einnehmen. Dies wirkt fiebersenkend.

Avocadobaum

**PERSEA GRATISSIMA –
FAMILIE DER LORBEERGEWÄCHSE**

Siehe Farbtafel Seite 33

Dieser Baum stammt aller Wahrscheinlichkeit nach aus Mexiko. Zurzeit wird er in Zentralamerika und in vielen anderen tropischen Ländern angebaut. Die ovalen Blätter sind filzig, fiedernervig und ausdauernd.
Bei der Frucht handelt es sich um eine birnenförmige Beere, die eher oval oder fast kugelig ist. Sie hat eine grünliche oder manchmal, wenn die Frucht reif ist, auch eine veilchenblaue Farbe.
Verwendet wird die Frucht, deren gelbes, wohlriechendes Fleisch an Mandeln oder Pistazien erinnert.

Zusammensetzung

20 % Fettsubstanzen
Vitamine A, B und C

Eigenschaften

vernarbungsfördernd
leicht schmerzstillend
leicht auflösend

Ein Blick in die Geschichte

Die Frucht des Avocadobaumes heißt Avocado. Seinen Namen verdankt dieser Baum einer Verballhornung seines ursprünglichen mexikanischen Namens »ahuacate«.

Die Frauen einiger Volksstämme pflegten ihre Haut mit Avocadoöl, dem sie eine stark verjüngende Wirkung zuschrieben.

Die Avocado, die im westlichen Europa nur schlecht akklimatisiert ist, wird kaum für heilende Zwecke verwendet. Gefragt und beliebt ist sie vor allem aufgrund ihres schmackhaften und köstlichen Fruchtfleisches.

Schönheitspflege

Avocadoöl, das reich an Vitaminen und Fettstoffen ist, wird bei der Herstellung zahlreicher Schönheitscremes, insbesondere bei solchen für trockene Haut, verwendet. Es wird entweder allein oder zusammen mit anderen Ölen wie z. B. dem Sesamöl gebraucht.

Nach einer sorgfältigen Gesichtsreinigung können Sie sich auf sehr simple Art und Weise eine Avocadomaske herstellen, und zwar indem Sie einfach das zerstampfte Fruchtfleisch einer voll ausgereiften Avocado auf das Gesicht auftragen. Während 15 – 20 Minuten einwirken lassen. Dabei sollten Sie sich in völliger Ruhe entspannen.

Basilie

OCIMUM BASILICUM L. –
FAMILIE DER LIPPENBLÜTLER

Basilienkraut
Basilikum
Persilgenkraut
Nelkenbasilie
Königskraut
Königsbisam

Die Basilie ist eine büschelweise wachsende Pflanze, die 20–45 Zentimeter hoch wird. Ursprünglich aus Indien stammend, ist sie heute über die ganze Welt verbreitet. Im Süden Frankreichs wird sie an sehr vielen Stellen angebaut. Es gibt von ihr zahlreiche Spielarten, bei uns oft in Töpfen gezogen.
Die Stengel sind haarig.
Die sehr wohlduftenden Blätter sind lanzettförmig, gegenständig und gezähnt. Sie haben eine hübsche grüne Farbe. Die Blüten, die weiß oder rosafarben sind, stehen in Ähren zusammen. Blütezeit ist im Juni und im Juli.
Verwendet werden die Blütenspitzen sowie die frischen oder getrockneten Blätter.

Zusammensetzung

ätherisches Öl (Linalol,
 Estragol, Ocimen)
Saponine
Glykoside

Eigenschaften

stärkend (vor allem
 die Nerven)
magenstärkend
krampfstillend
erweichend
mildernd
entzündungshemmend

Anwendungen

schlechte Verdauung
Müdigkeit
Beklemmungen
Migräne
Koliken
Reizungen der Atemwege
Wespenstiche

Ein Blick in die Geschichte

Der wissenschaftliche Name der Basilie, »Ocimum«, leitet sich vom griechischen Wort »oza« her, das »Geruch« bedeutet. Geschichtlich betrachtet hat die Basilie einen langen Weg hinter sich, der sie aus Ostindien über Ägypten nach Griechenland geführt hat.

In Europa wurde sie bereits im Mittelalter angebaut und als Küchengewürz verwendet.

Das Ernten der Basilie lief früher nach einem geheiligten Ritual ab. Dabei reinigte der hierzu Auserwählte, der in makelloses Weiß gekleidet war, seine rechte Hand, indem er sie in das Wasser aus drei verschiedenen Quellen tauchte. Danach hatte er jeden Kontakt mit »unreinen« Menschen oder Sachen zu meiden; zu diesen gehörten – zu gewissen Zeiten – seine Frau und alle Eisenwerkzeuge. Letztere wurden als für die Ernte der Basilie unwürdig angesehen.

Innerliche Anwendung

Aufguß:

10 – 15 Gramm Blätter in einem Liter kochendem Wasser ziehen lassen. Filtrieren und zuckern. Je nach Geschmack eine Zitronenscheibe dazugeben. Nimmt man nach jeder Mahlzeit eine Tasse hiervon ein, so erleichtert dies die Verdauung und hilft bei Brechreiz und Schwindelanfällen.

Äußerliche Anwendung

Gurgeln und Mundspülung:

25 Gramm getrocknete oder 50 Gramm frische Blätter während etwa 10 Minuten in einem Viertelliter Wasser kochen lassen.
Als Gurgelwasser hilft dieses Mittel gegen Angina; als Mundspülung wirkt es bei Mundfäule und anderen Entzündungen der Mundhöhle.

Pulver:

Getrocknete Blätter zu Pulver zerstoßen. Um die Atemwege freizumachen und einen hartnäckigen Schnupfen zu bekämpfen, gibt man mehrmals am Tag eine Prise von diesem Pulver in die Nasenlöcher.

Avocadobaum

PERSEA GRATISSIMA

33

Borretsch

BORAGO OFFICINALIS L.

Große
Brennessel
URTICA DIOICA

35

Brombeere

RUBUS FRUTICOSUS L.

Beifuß

ARTEMISIA VULGARIS L. –
FAMILIE DER KORBBLÜTLER

Fliegenkraut

Diese krautige Pflanze ist fast in ganz Europa anzutreffen: man kann sie auf Schutthalden, am Straßenrand und auf nicht bebauten Böden finden.
Der Stengel ist rötlichbraun und geriefelt; er erreicht gewöhnlich eine Höhe von einem Meter.
Die Blätter sind tief geteilt, oben dunkelgrün und unten weißlich.
Die gelbgrünlichen Blüten sind röhrig und stehen in kleinen, haarigen Köpfchen an den Spitzen der Ästchen zusammen. Blütezeit ist von Juli bis Oktober.
Verwendet werden die Blütenspitzen und die Blätter.

Ein Blick in die Geschichte

Die Göttin Artemis aus der griechischen Mythologie (bei den Römern hieß sie Diana) hat der Pflanze ihren wissenschaftlichen Namen »Artemisia« gegeben. Diese Göttin war die Beschützerin der Frauen und für deren Gesundheit zuständig. Selbstverständlich ist dies aber nicht der Grund, weshalb der Beifuß bei der Behandlung von Regelstörungen angewendet wird; allerdings ist seine regulierende Wirkung in diesem Zusammenhang unbestritten.

37

Zusammensetzung	Eigenschaften	Anwendungen
ätherisches Öl	stärkend	Fieberzustände
Harz	fiebertreibend	Neuralgien
Wachs	krampfstillend	Rheuma
Pflanzenschleim	anregend	Gicht
Zucker	magenstärkend	unregelmäßige
Inulin	wurmtreibend	Monatsblutungen
Tannin		
Bitterstoff		
Vitamine A, B und C		

* Bei zu starker Dosierung kann der Beifuß zu Vergiftungserscheinungen führen. Bei verschiedenen Arten von Entzündungen sind beifußhaltige Präparate auf jeden Fall zu meiden!

Innerliche Anwendung

Aufguß:

20 Gramm Blätter und Blüten in einem Liter kochendem Wasser ziehen lassen. Eine Tasse hiervon, die man jeweils vor einer Mahlzeit einnehmen sollte, regt den Appetit an, fördert die Verdauung und wirkt bei Fieber.

Äußerliche Anwendung

Bad:

Zwei gute Handvoll getrocknete Pflanzen in das laue Badewasser geben. Das Beifußbad erzielt bemerkenswerte Erfolge bei der Behandlung der schmerzhaften Rheumasymptome.

Schönheitspflege

Verschiedene Bestandteile des Beifuß werden zusammen mit bestimmten Eibischstoffen bei der Herstellung einer flüssigen, tiefenwirksamen und lindernden Hautcreme verwendet.
Um die Haut Ihrer Hände geschmeidiger und widerstandsfähiger zu machen, gibt es zwei einfache und natürliche Mittel:
- 30 Gramm Blätter und Blüten des Beifuß während zehn Minuten in einem Liter Wasser kochen.
- 15 Gramm Beifußblätter und -blüten zusammen mit 15 Gramm Eibischblättern und -blüten in der gleichen Menge Wasser wie oben ebenfalls zehn Minuten lang kochen lassen.

In beiden Fällen kann der dadurch gewonnene Absud dazu verwendet werden, ein Bad zuzubereiten; man kann diese Flüssigkeit aber auch mit leichter Hand auf die Haut auftragen und langsam einreiben.

Benediktenkraut

CNICUS BENEDICTUS L. –
FAMILIE DER KORBBLÜTLER

Benediktenwurz
Spinnenwurz
Heilwurz
Magendistel
Bitterdistel
Bernhardinerwurzel

Das Benediktenkraut ist eine einjährige, krautige Pflanze; sie ist behaart und wird 10–60 Zentimeter hoch. Man trifft sie vor allem in der Mittelmeergegend, sonst meist kultiviert.
Der blütentragende Stengel ist aufrecht und kantig; die Seitenachsen, die er treibt, liegen auseinander.
Die großen Blätter, die keine Nebenblätter besitzen, sind gelappt und dornenbesetzt; sie sind blaßgrün und haben weiße Adern.
Die Blütenstände setzen sich aus einzelstehenden, glockenförmigen Köpfchen zusammen, die behaart und von großen Blättern umgeben sind. Die Blüten sind gelb. Das Benediktenkraut blüht von Mai bis Juli.
Verwendet wird die ganze Pflanze in ihrem Blütestadium.

Aufgrund seiner Eigenschaften wird das Benediktenkraut dazu herangezogen, die Verdauungsfunktionen zu regulieren sowie Fieber und Darmwürmer zu bekämpfen. Weiterhin empfiehlt es sich, um den Appetit anzuregen und die Harnabsonderung zu fördern. Bei zu starker Dosierung kann das Benediktenkraut zum Erbrechen führen.

Zusammensetzung

Wasser (77%)
Asche (12−18%)
flüchtiges ätherisches Öl
Tannin
Phlobaphen
Fettsäuren
Bitterstoff
Sterin

Eigenschaften

rheumalindernd
harntreibend
fiebertreibend
verdauungsfördernd
antibiotisch
reinigend

Anwendungen

Geschwüre
Wunden
Frostbeulen
Hämorrhoiden
Rheuma
Verdauungsbeschwerden

Ein Blick in die Geschichte

Die Heilwirkungen, die man dem Benediktenkraut im 16. Jahrhundert zuschrieb, haben ihm seinen französischen Namen »chardon béni« (»gesegnete Distel«) eingetragen.

Bei den Italienern galt diese Pflanze als das Universalheilmittel schlechthin.

Es ist noch nicht so lange her, daß das Benediktenkraut auf dem Land als Absud bei Frostbeulen oder als Sitzbad bei Hämorrhoiden verwendet wurde.

Es ist interessant zu wissen, daß nach dem Ersten Weltkrieg, als es an Hopfen mangelte, die deutschen Bierbrauer mit Erfolg das Benediktenkraut zur Herstellung ihres Nationalgetränks verwendeten.

Innerliche Anwendung

Aufguß oder Absud:

30−40 Gramm Blätter (oder Blätter des Benediktenkrauts, des Tausendgüldenkrauts und des Wermuts zusammen) in einem Liter kochendem Wasser ziehen lassen. Filtrieren. Vor jeder Mahlzeit eine Tasse hiervon trinken. Dieser Aufguß ist ein hervorragendes Mittel bei Magenschmerzen.

Tinktur:

Blätter des Benediktenkrauts zerstoßen und in einem Gemisch aus Wasser und Alkohol (ein Volumen Blätter : acht Volumen Wasser : einem Volumen Alkohol) weichen lassen. Ein Weinglas hiervon, vor dem Mittagessen genommen, wirkt verdauungsfördernd.

Äußerliche Anwendung

Absud:

Der Blätterabsud kann als Kompresse auf Wunden und Erfrierungen aufgelegt werden. Als Sitzbad kann man ihn auch gegen Hämorrhoiden empfehlen.

Bibernelle

SANGUISORBA MINOR L. –
FAMILIE DER ROSENGEWÄCHSE

Pimpernell
Kleiner Wiesenknopf
Nagelkraut
Becherblume

Die Bibernelle ist eine ausdauernde Pflanze, die 30–60 Zentimeter hoch wird. Fast in ganz Europa ist sie recht stark verbreitet: man trifft sie auf Trockenrasen, Halbtrockenrasen, an Wegrändern, in trockenen Gebüschen und lichten Trockenwäldern.

Der kantige, aufrechte Stengel ist rötlich und weit ausladend. Manchmal liegt er auch am Boden.

Die hellgrünen Blätter sind oval, unpaarig gefiedert und abgerundet. Sie sind gezähnt und bestehen aus Blättchen.

Die blaßgrünen Blüten haben keine Blütenkrone. Sie bestehen aus vier an ihrem unteren Ende zusammengewachsenen Kelchblättern, die auf der sonnenzugewandten Seite rötlich sind. Die Blüten stehen am Ende der Seitenachsen in kurzen, dichten Ähren zusammen. Die Blütezeit der Bibernelle reicht von Mai bis Juli.

Verwendet werden die Wurzeln sowie die ganze Pflanze.

Zusammensetzung

Tanninstoffe
ätherisches Öl
Zucker
Fettsubstanzen
Saponin
Vitamin C
stickstoffhaltige
    Substanzen

Eigenschaften

zusammenziehend
appetitanregend
harntreibend
magenstärkend
stopfend
ruhrlindernd
blutstillend

Anwendungen

Durchfall
Bronchitis
Entzündungen
    (Augen, Hals)
Wunden und Geschwüre

Ein Blick in die Geschichte

Die Bibernelle ist heute meistens nur noch als Salatzutat oder als Viehfutter bekannt. Dennoch hat diese Pflanze in der Vergangenheit großen Ruhm genossen: der Legende zufolge war es die Bibernelle, mit deren Hilfe der junge Attila seine im Kampf gefallenen Krieger wieder zum Leben erweckte.

Der wissenschaftliche Name der Bibernelle, »Sanguisorba«, stammt vom lateinischen Wort »sanguisorbere« (»Blut absorbieren«) ab.

Der große Wiesenknopf (Sanguisorba officinalis) besitzt ganz ähnliche Eigenschaften wie die Bibernelle (Poterium sanguisorba, neubenannt: Sanguisorba minor), die ja auch als »kleiner Wiesenknopf« bezeichnet wird. Botanisch unterscheidet er sich von der Bibernelle durch seine braun-purpurfarbenen Blüten sowie dadurch, daß er größer ist als diese und in höhergelegenen Gegenden sowie auf feuchten Böden wachsen kann.

Die Entdeckung der blutstillenden Wirkung der Bibernelle ist zweifelsohne durch die Theorie des Paracelsus ermöglicht worden: ihre Blüten sind ja blutfarben (zumindest trifft dies für »Sanguisorba officinalis« zu).
Der Name »Bibernelle« stammt vom Wort »piper« ab, das an Pfeffer und somit an die Verwendung der Blätter dieser Pflanze als Soßen- und Pastetenzutat erinnert.
Früher wurde die Bibernelle bei Blutungen unterschiedlichster Natur (Blutspucken, Metrorrhagie usw.) sowie bei Hämorrhoiden eingesetzt.
Zu allen Zeiten hat man der Pflanze appetitanregende und harntreibende Eigenschaften nachgesagt. Sie wurde dazu benutzt, um Gallensteine aus dem Körper zu entfernen und die Verdauungsorgane (angeblich auch die Geschlechtsorgane) zu aktivieren.
Besonders aufgrund der in ihr enthaltenen Tanninstoffe und ihres ätherischen Öls ist die Bibernelle bei Durchfall und Ruhr zu empfehlen. Sie kann auch wegen ihrer harntreibenden und anregenden Wirkung verwendet werden.

Innerliche Anwendung

Aufguß:
30 Gramm frische Pflanzen 10 Minuten lang in einem Liter kochendem Wasser ziehen lassen. Drei Tassen Aufguß pro Tag wirken magenstärkend und verdauungsfördernd; sie helfen auch bei Durchfall.

Absud:
40 Gramm Wurzeln in einem Liter Wasser kochen. Bei Bronchitis sollte man täglich drei Tassen von diesem Präparat trinken.

Äußerliche Anwendung

Umschlag:
Bibernelleblätter zerstoßen und auf Verbrennungen, Wunden oder Geschwüre auflegen.

Lotion:
Etwa 50 Gramm getrocknete Pflanzen ungefähr 20 Minuten lang in einem Liter kochendem Wasser ziehen lassen. Bei Entzündungen der Mundhöhle verwendet man dieses Mittel zur Mundspülung, bei Augenentzündungen als Kompresse.

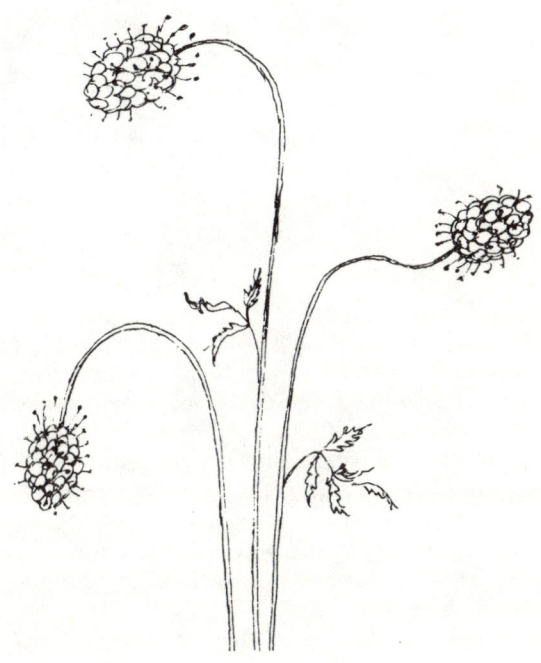

Birke

BETULA PENDULA L. –
FAMILIE DER BIRKENGEWÄCHSE

Weißbirke
Hängebirke
Harzbirke
Rauhbirke

Die Birke, die bis zu 25 Meter hoch werden kann, ist in Europa sehr stark verbreitet. Bei den jungen Bäumen ist die Rinde silberweiß.
Die Blätter sind wechselständig, dreieckig, unbehaart und besitzen einen langen Stiel. Während sie auf der Oberseite leuchtend dunkelgrün sind, ist ihre Unterseite etwas matter. Sie sind sehr fein gezähnt.
Die Blüten sind grünlichgelb und stehen in eingeschlechtigen Kätzchen zusammen.
Die Rinde kann das ganze Jahr über abgenommen werden. Die Blätter sollte man während der Wachstumsperiode pflücken; mit jungen Schößlingen und Saft versorgt man sich im Frühling.
Verwendet werden die Rinde, die Blätter, die jungen Triebe und der Saft.

44

Zusammensetzung

Rinde:
Betulin
Tannin
Traubenzucker

Triebe:
ätherisches Öl

Blatt:
ätherisches Öl

Eigenschaften

harntreibend
blutreinigend
wurmtreibend
desinfizierend
vernarbungfördernd

Anwendungen

Rheuma
Hautausschläge
Nierensteine

Ein Blick in die Geschichte

Wenn man Plinius Glauben schenkt, so bedienten sich die Lehrer im alten Gallien der Birke, um ihre Schüler zu bestrafen. Später entdeckten die Ärzte, daß Birkenwasser Nierensteine auflösen und zum Verschwinden bringen kann. Hierauf wurde die Birke zum »Nierenbaum« schlechthin.

Zahlreiche Ärzte erkennen die harntreibende Wirkung eines Blätteraufgusses oder eines Triebeabsuds an.

Der Birkensaft, den man im Frühling am eingeschnittenen Stamm oder am Ende der eingeschnittenen Äste sammeln kann, beschleunigt das Vernarben von Wunden. Man verwendet auch Birkenteerpulver (Wurzeln) bei der Behandlung von Ruhr.

Innerliche Anwendung

Aufguß:
30 Gramm Blätter in einen Liter kochendes Wasser geben. Ziehen lassen und filtrieren. 3–4 Tassen hiervon am Tag, zwischen den Mahlzeiten eingenommen, wirken harntreibend.

Absud:
Einen Teelöffel Birkensaft in ein Glas warmen, gezuckerten Wein geben und vermischen. Bei Nierenkoliken sollte man dieses Glas auf mehrere kleine, regelmäßig über den Tag verteilte Schlucke aufteilen.

Äußerliche Anwendung

Fußbad:
Aus Birkenrinde einen Absud zubereiten und in das Wasser für ein Fußbad einrühren. Dies reguliert die Schweißproduktion und lindert rheumatische Schmerzen.

Schönheitspflege

Seit sehr langer Zeit schon findet die Birke Verwendung in der Kosmetik. Dabei wird sie vor allem zur Komposition solcher Mittel herangezogen, die die Kopfhaut stärken sollen.

Blutwurz

POTENTILLA ERECTA L.
POTENTILLA TORMENTILLA NECK. –
FAMILIE DER ROSENGEWÄCHSE

Tormentill
Aufrechtes Fingerkraut

Die Blutwurz ist eine ausdauernde Pflanze mit braunem Wurzelstock. Man trifft sie verbreitet auf Magerrasen und auch am Straßenrand (auf feuchten Böden), in Heidelandschaften (zwischen Heidekräutern) sowie in den Wäldern (unter Farnkräutern).

Die zahlreichen, dünnen Stengel werden 10–40 Zentimeter hoch; sie sind entweder aufrecht oder am Boden liegend.

Die wechselständigen Blätter bestehen aus je drei bis fünf Blättchen; sie sind oval und gezähnt.

Die kleinen Blüten besitzen vier goldgelbe Kronblätter und sind langgestielt. Blütezeit der Blutwurz ist von Mai bis Juli/August.

Verwendet wird der Wurzelstock.

Zusammensetzung

Tannin
Stärke
roter Farbstoff
Harz
gummöse Substanzen
Chinovasäure

Eigenschaften

zusammenziehend
stopfend
ruhrlindernd
magenstärkend
stärkend

Anwendungen

Durchfall
Leberleiden
Blähungen

Ein Blick in die Geschichte

Der botanische Name der Blutwurz, »Potentilla tormentilla«, leitet sich von den zwei lateinischen Wörtern »potens« (»mächtig«, »stark«) und »tormentum« (»Kolik«) ab.

Die Heilwirkungen dieser Pflanze sind seit dem Mittelalter bekannt. Seit jener Zeit hat man den Wurzelstock als zusammenziehendes und durchfallbekämpfendes Mittel eingesetzt. Man hat ihn auch bei inneren Blutungen, Blutspucken, Hämorrhoiden sowie bei Verdauungsstörungen und Blähungen verwendet.

Die hauptsächlichsten heilenden Eigenschaften der Blutwurz beruhen unter ihren Wirksubstanzen vor allem auf dem Tannin, wovon sie sehr viel enthält. Die Blutwurz wird tatsächlich als eine der am stärksten zusammenziehenden Pflanzen unserer Flora angesehen. Dies erklärt ihre Verwendung bei Durchfall und Ruhr. Man schreibt der Blutwurz auch stärkende Eigenschaften zu.

Äußerlich wird ein mit dieser Pflanze bereitetes Gurgelwasser angewendet, und zwar bei Entzündungen der Mandeln oder des Zahnfleischs, bei Angina und bei Entzündungen der Rachenschleimhaut. Man verwendet die Blutwurz auch zu Kompressen bei Rheuma- und Gichtschmerzen sowie bei Geschwüren und Quetschungen.

Innerliche Anwendung

Absud:
20 Gramm vom Wurzelstock eine Viertelstunde lang in einem Liter Wasser kochen lassen. Bei Blähungen und Leberleiden trinkt man täglich drei Tassen von diesem Absud.

Wein:
60 Gramm feinzerschnittene Wurzelstöcke eine Woche lang in einem Liter gutem Wein weichen lassen und filtrieren. Ein Weinglas hiervon nach jeder Mahlzeit trinken. Dies wirkt stärkend und hilft bei Durchfall!

Äußerliche Anwendung

Kompresse:
Den oben beschriebenen Absud als Kompresse zur Behandlung von Wunden, Geschwüren und Verbrennungen verwenden.

Gurgelwasser und Mundspülung:
Aus 5 Gramm getrockneten Blättern und einem halben Liter kochendem Wasser einen Aufguß zubereiten. Bei Entzündungen der Mandeln oder des Zahnfleischs verwendet man diesen Aufguß als Gurgelwasser oder zur Mundspülung.

Schönheitspflege

Die zusammenziehenden Eigenschaften der Blutwurz können zur Pflege der Haut genutzt werden. Einer fettigen Haut wird folgende Lotion guttun: Aus etwa 10 Gramm Wurzeln pro halbem Liter Wasser einen Absud zubereiten. Diese Lotion morgens und abends auf Gesicht und Hals auftragen.

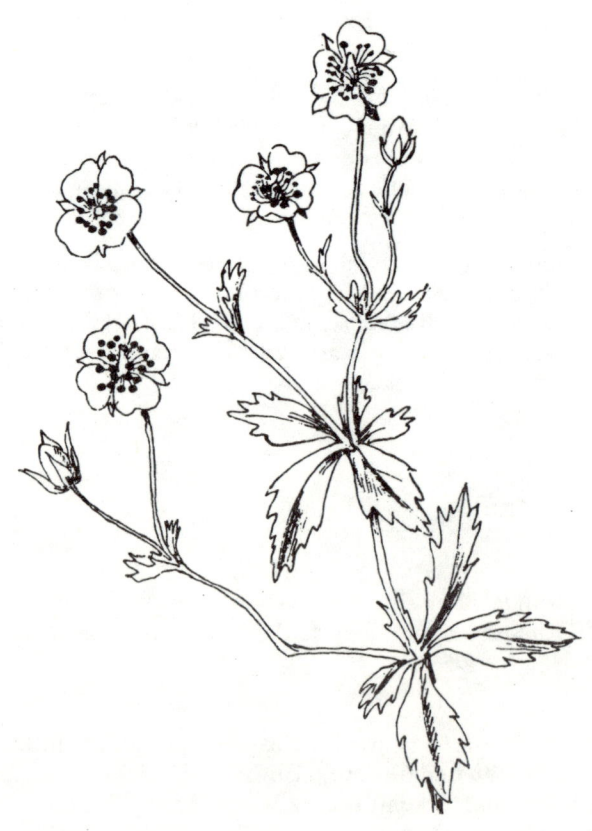

Bockshornklee

TRIGONELLA FAENUM GRAECUM L. –
FAMILIE DER HÜLSENFRÜCHTLER

Kuhkornklee
Griechisch-Heu
Bisamklee

Der Bockshornklee ist eine krautige, einjährige Pflanze, die seit der frühesten Antike bekannt ist. In Europa wird sie wegen ihrer Heilwirkung angebaut. In Frankreich trifft man sie vor allem in der Mittelmeergegend, in Mittelfrankreich im Département Charante-Maritime.

Die geraden Stengel können 40–60 Zentimeter hoch werden. Die wechselständigen Blätter, die aus jeweils drei ovalen und gezähnten Blättchen bestehen, besitzen einen langen Stiel und Nebenblätter.

Die gelblichweißen Blüten sind recht groß; sie stehen entweder einzeln oder zu zweit zusammen. Die Blütezeit des Bockshornklees erstreckt sich von April bis Juni.

Bei der Frucht handelt es sich um eine charakteristische Hülse mit harten, grob eiförmigen Körnern.

Verwendet werden die Körner und die Blütenspitzen.

49

Zusammensetzung

Fettsubstanzen
Lezithine
Cholin
Trigonellin
Saponin
Tanninstoffe
harzige Substanzen
Diastasen
ätherisches Öl
Pflanzenschleim

Eigenschaften

antirachitisch
blutarmutlindernd
diabeteslindernd
mildernd
erweichend

Anwendungen

Darmentzündungen
Halsweh
Mundfäule
Reizungen der Atemwege
Blutarmut

Ein Blick in die Geschichte

Der wissenschaftliche Name des Bockshornklees, »Faenum Graecum« (»griechisches Heu«), ist in verschiedenen Gegenden vom Volksmund übernommen worden (vgl. Griechisch-Heu). Die alten Ägypter verwendeten es in ihren Tempeln, um ihre Gottheiten zu ehren. Der Bockshornklee ist eine derjenigen Pflanzen, deren Heilwirkungen mit am längsten bekannt sind.

Spuren von seiner Verwendung hat man sowohl in Indien als auch in China, Griechenland, Italien und bei den Arabern gefunden. Die Benediktinermönche waren es, die zu Beginn des 9. Jahrhunderts diese Pflanze in Mitteleuropa einführten.

Bevor die Ärzte im 19. Jahrhundert damit aufhörten, wurde der Bockshornklee bei zahlreichen Leiden eingesetzt. Die Volksmedizin hat diese Tradition aufrechterhalten, und die Spezialisten unseres 20. Jahrhunderts sind sich über die nützlichen Eigenschaften des Bockshornklees als allgemein stärkendes Mittel einig.

In verschiedenen Gegenden wissen die Viehhändler sehr gut darüber Bescheid, welche erstaunlichen Masterfolge sich mit diesem Futter erzielen lassen: ehe sie ihr Vieh an das Schlachthaus verkaufen, füttern sie es noch mit Bockshornklee . . . Es stimmt, daß orientalischen Frauen, die ein bißchen molliger zu werden versuchten, die Wirkung des Bockshornklees wohlvertraut war.

Aufgrund seiner stärkenden, appetitanregenden und kräftigenden Eigenschaften leistet der Bockshornklee gute Dienste bei der Behandlung von Magerkeit, Rachitis und bestimmten Formen des Diabetes.

Daneben lassen seine mildernden und brustreinigenden Eigenschaften ihn als hustenstillendes Mittel bei Reizungen der Atemwege angeraten erscheinen. Manche Leute rühmen auch seine fiebertreibenden und aphrodisischen Wirkungen.

Es wäre noch darauf hinzuweisen, daß man den wenig angenehmen Geschmack der Wurzel oder der Samenkörner mit Marmelade, einer Zitrone oder einer Orange aufbessern kann.

Innerliche Anwendung

Mehl:
Gegen Magerkeit nimmt man vor oder nach den Mahlzeiten einen Teelöffel Pulver mit Marmelade vermischt zu sich.

Absud:
45−50 Gramm Pulver aus Samenkörnern auf kleiner Flamme eine halbe Stunde lang in einem Liter Wasser kochen lassen. Dieses Präparat hilft bei Darmentzündung und verschiedenen Formen von Diabetes.

Äußerliche Anwendung

Umschlag:
Samenkornmehl mit sehr wenig Wasser vermischen. Auf Furunkel, Nagelgeschwüre oder die von rheumatischen Schmerzen betroffenen Körperpartien auftragen.

Kompresse:
Bei einer Augen- oder Augenlidentzündung oder auch, um eine Wunde zu reinigen, legt man eine Kompresse des Absuds auf (siehe oben).

Gurgelwasser:
Bei Halsweh oder Mandelentzündung verwendet man den Absud als Gurgelwasser.

Borretsch

BORAGO OFFICINALIS L. –
FAMILIE DER RAUHBLATTGEWÄCHSE

Siehe Farbtafel Seite 34

Burres
Borgelkraut
Gurkenkraut
Wohlgemutkraut

Ursprünglich wahrscheinlich aus Syrien stammend, ist diese Pflanze sehr oft am Straßenrand, auf unbebauten Böden oder manchmal auch in der Nähe von Wohnsiedlungen zu finden.

Der dicke, rauhe Stengel wird 40–50 Zentimeter hoch.

Die wechselständigen Blätter fühlen sich rauh an; die unteren sind ziemlich groß, oval und gestielt.

Die sternförmigen Blüten haben eine hübsche blaue Farbe (nur sehr selten sind sie weiß oder rosa) und besitzen fünfzählige Blütenkreise (fünf Kron-, fünf Kelch- und fünf Staubblätter). Die ganze Pflanze ist mit rauhen Haaren bewachsen. Die Blütezeit des Borretsch erstreckt sich von April bis September. Verwendet werden die Blätter und die Blütenspitzen.

Zusammensetzung

Pflanzenschleim
(sehr viel)
Harz
Saponin
Kaliumsalpeter
Tannin
Allantoin (sehr wenig)

Eigenschaften

schweißtreibend
harntreibend
beruhigend
hustenstillend
blutreinigend
mildernd
erweichend

Anwendungen

Reizungen der Atemwege
Rheuma
Verbrennungen
Nagelgeschwüre

Ein Blick in die Geschichte

Der französische Name des Borretsch, »bourrache«, leitet sich von den arabischen Wörtern »abu« (»Vater«) und »rach« (»Schweiß«) ab. Dieser Name scheint aufgrund der unbestreitbar schweißtreibenden Wirkung des Borretsch mehr als gerechtfertigt zu sein. Im Mittelalter hielt Albertus Magnus diese Pflanze für eine »Erzeugerin guten Blutes«. Im 16. Jahrhundert hat Mattiolo dem Borretsch herzstärkende Wirkungen zugeschrieben. Seine Landsleute aus der Ärzteschule von Salerno haben auch tatsächlich den botanischen Namen des Borretsch, »borago«, von »cor ago« (auf das Herz wirken) hergeleitet. Die Blüten des Borretsch wurden damals zu den »vier Herzblüten« gezählt. Zu Beginn unseres Jahrhunderts kochte man in Frankreich auf dem Lande Schnecken in einem Liter Wasser, dem man 20–30 Gramm Borretschblätter beimengte. Der so gewonnene Saft stand im Ruf, bei Schnupfen und Erkältungen unfehlbar zu sein.

Innerliche Anwendung

Aufguß:
30–40 Gramm Blüten oder Blätter in einen Liter kochendes Wasser geben. Einige Minuten ziehen lassen. Da dieses Getränk eine verstärkte Schweißabsonderung bewirkt, erzielt es beachtenswerte Erfolge im Kampf gegen Schnupfen, Bronchitis und Grippe. Zwei Tassen hiervon warm zwischen den Mahlzeiten und eine vor dem Schlafengehen trinken. Sehr wohltuend bei Bronchialleiden.
25 Gramm Saft in einer Tasse Milch wirken beruhigend und harntreibend. Zwei Tassen pro Tag trinken.

Äußerliche Anwendung

Umschläge:
Frische Blätter zerstoßen, in ein feines, feuchtes Leinen geben und auf Furunkel und Abszesse auflegen.

Frische Blätter in sehr wenig Wasser kochen lassen und in einen Gazestoff geben. So angewandt, erzielt der Borretsch gute Erfolge bei rheumatischen Schmerzen und Gicht.

Schönheitspflege

Für eine trockene und spröde Haut läßt sich folgendermaßen eine wirkungsvolle Lotion herstellen:

20 Gramm Borretschblätter während einer Viertelstunde in einem halben Liter kochendem Wasser ziehen lassen. Dieses Präparat kann entweder – als Lotion – direkt auf das Gesicht aufgetragen werden oder, was noch besser ist, in Form von lauwarmen Kompressen aufgelegt werden; letztere kann man 10 Minuten lang einwirken lassen. Wird diese Lotion vorsorglich in den Kühlschrank gestellt, so kann man sie zwei oder drei Tage später neuerlich verwenden.

Es bleibt noch anzumerken, daß die frischen Borretschblätter als Salat gegessen werden können. Man kann sie auch kochen, sie werden dann genauso wie Spinat zubereitet. So oder so, sie schmecken auf jeden Fall köstlich.

Große Brennessel

URTICA DIOICA –
FAMILIE DER BRENNESSELGEWÄCHSE

Siehe Farbtafel Seite 35

Die große Brennessel ist eine ausdauernde Pflanze, die weitverbreitet und in ganz Europa heimisch ist. Der aufrechte Stengel, der einem unterirdischen Sproß entspringt, erreicht eine Höhe von einem Meter und mehr.
Die ovalen, dunkelgrünen Blätter sind gegenständig. Sie sind gesägt und laufen an ihrem Ende spitz zu.
Die grünlichen Blüten sitzen, je nachdem, ob es sich um männliche oder weibliche Blüten handelt, auf verschiedenen Individuen; die Pflanze ist also eingeschlechtig (bzw. getrenntgeschlechtig). Die Blüten stehen in langen, zweigigen Trauben kätzchenartig zusammen.
Wenn man die Blätter in frischem Zustand verwenden will, kann man sie den ganzen Sommer über ernten. Man kann sie auch trocknen lassen; die Spitzen ihrer Brennhaare werden dadurch unschädlich.
Verwendet werden die Blätter.

Zusammensetzung

Lezithin
Karotin
Heterosid (Urticosid)
roter Farbstoff
Eisen
Tannin
Sekretin
Pflanzenschleim

Eigenschaften

auflösend
harntreibend
blutstillend
galletreibend
stopfend
blutreinigend
stärkend
diabeteslindernd

Anwendungen

Verdauungsstörungen
Durchfall
Blutungen
Niedergeschlagenheit
Diabetes

Ein Blick in die Geschichte

Von klein auf lernen es die Kinder, sich mit ihren kurzen Hosen vor den Brennhaaren dieser Pflanze in acht zu nehmen: die große Brennessel genießt einen schlechten Ruf wegen der brennenden Blasen, die sie auf der Haut hinterläßt. »Wer sich an ihr reibt, sticht sich an ihr«, sagt der Volksmund dazu.

Bald aber bringt man den Kindern bei, die Brennessel an ihrem unteren Ende zu pflücken, um sich nicht weh zu tun. Eines Tages, wenn sie groß sind, werden sie diese Pflanze vielleicht ernten, um sie sich gut schmecken zu lassen ... Denn die große Brennessel ist eßbar: ihre zarten, frischen Blätter lassen sich als Salat roh verspeisen, obwohl man es im allgemeinen vorzieht, sie zuerst zu kochen; sie werden dann genauso wie Spinatblätter zubereitet, sei es mit oder ohne Sahne.

Die große Brennessel ist ein äußerst wertvolles Stärkungsmittel, das man wegen seiner Vitamine sowie wegen seines hohen Gehalts an Chlorophyll, Eisen und Mineralsalzen sowohl an Blutarmut Leidenden als auch Genesenden empfehlen kann. Im Gegensatz zum Spinat enthält die Brennessel keinerlei Oxalate, weshalb sie denn auch ohne Schwierigkeiten von Gicht-, Arthritis- oder Rheumakranken verzehrt werden kann – dies um so mehr, als sie auch harntreibend wirkt und als blutreinigend angesehen wird.

Im Süden der Bretagne wird an der Küste ein Blätteraufguß zubereitet, den die Matrosen dazu verwenden, ihren Blutzuckerspiegel zu senken. Der großen Brennessel wird auch nachgesagt, daß sie ein unfehlbares Mittel zur Behandlung von Ekzemen und Hautkrankheiten sei (schließlich wirkt sie ja blutreinigend); auch soll sie dazu gut sein, einen nach dem Verzehr von Schalentieren unter Umständen auftretenden Nesselausschlag zu bekämpfen. Angesichts all dieser Eigenschaften muß man es wohl bedauern, daß sich die große Brennessel nicht öfter (genauso wie der Spinat) auf unseren Eßtischen findet.

In äußerlicher Anwendung wurde die Brennessel von der Volksmedizin oft zur sogenannten »Urtikation« herangezogen. Dabei brachte man einen Teil des Körpers oder auch den ganzen Körper mit Brennesseln in Kontakt, um dadurch Hautbläschen entstehen zu lassen. Dieser Methode wurde nachgesagt,

sie stärke den Kreislauf, sei heftig ableitend und helfe bei rheumatischen Schmerzen (insbesondere bei Arthrose).
Den Brennesselabsud verwendet man als Gurgelwasser bei Mundfäule sowie bei Entzündungen des Zahnfleischs und der Mandeln.

Innerliche Anwendung

Aufguß oder Absud:
50–60 Gramm Brennesselblätter in einen Liter Wasser geben. Von diesem Aufguß oder diesem Absud trinkt man 3–4 Tassen pro Tag. Dieses Mittel hilft bei Entzündungen der Harnwege, Leberleiden und Diabetes. Bei Blutarmut läßt man eine Handvoll junger Triebe in zwei Liter kochendem Wasser ziehen. Jeweils eine Tasse hiervon vor den Hauptmahlzeiten trinken.

Sirup:
70 Gramm frischen Saft mit gleich viel Zucker vermischen. Einkochen lassen, bis man eine sirupartige Masse erhält. Drei Eßlöffel Sirup pro Tag sind ein gutes Stärkungsmittel.

Äußerliche Anwendung

Gurgelwasser:
Ein bißchen frischen Saft in ein Glas Wasser geben. Als Gurgelwasser oder als Mundspülung hilft dieses Mittel bei Angina und bei Entzündungen des Zahnfleischs.

Schönheitspflege

Die folgende Lotion läßt sich zur Kräftigung und Stärkung der Kopfhaut bestens verwenden: 2–3 gute Handvoll Brennesseln zerstoßen und den so erhaltenen Saft mit gleich viel Wasser verdünnen. Dieses Präparat trägt man mit leichten Massierbewegungen auf die Kopfhaut auf.
Einer trockenen oder empfindlichen Haut wird folgende Behandlung wohltun: Eine Handvoll frische Brennesseln zerstoßen und eine Viertelstunde lang in einem Viertelliter kochendem Wasser ziehen lassen. Als Kompresse auf das Gesicht auftragen.

Brombeere

RUBUS FRUTICOSUS L. –
FAMILIE DER ROSENGEWÄCHSE

Siehe Farbtafel Seite 36

Die Brombeere ist ein ausdauernder Halbstrauch. Er wächst als Hecke, auf Brachland, in den Wäldern und – im allgemeinen – auf unbebauten Böden fast in ganz Europa. Die Brombeere gehört zu einer Pflanzengruppe (»Rubus«), die eine Vielzahl von Arten umfaßt.

Der lange rötliche Stengel ist verwinkelt und mit kräftigen, gebogenen Stacheln besetzt.

Die wechselständigen, runzeligen Blätter, die sich aus 3–5 Blättchen zusammensetzen, sind oval und gezähnt. Sie besitzen einen stacheligen Stiel. Während sie auf der Oberseite dunkelgrün sind, ist ihre Unterseite flaumig und weißlich.

Die fünfzähligen Blüten sind weiß oder rosafarben und bilden endständige Trauben. Blütezeit der Brombeere ist von Juni bis August.

Die Früchte bestehen aus Ansammlungen von kleinen schwarzen Scheinfrüchten (Sammelfrucht). Man pflückt sie im September.

Verwendet werden die Blätter, die jungen Triebe und die Früchte.

Zusammensetzung

Tanninstoffe
verschiedene Zuckerarten
gummöse Substanzen
Pektinstoffe
Apfel-, Zitronen-
  und Sukzinylsäure
Fettstoffe

Eigenschaften

zusammenziehend
stopfend
ruhrlindernd
harntreibend

Anwendungen

Halsweh
Entzündungen des
  Dickdarms

Ein Blick in die Geschichte

Der Name »Brombeere« leitet sich von dem mittelhochdeutschen Wort »bräme« (»Dornenstrauch«) her. Er erinnert somit an die krummen Stacheln, die die nackten Beine der Buben aufreißen und an denen die Röcke der Mädchen hängenbleiben.
Lange bevor die Brombeere zum Lieblingsgericht der auf dem Lande lebenden Kinder geworden ist, war sie ein wichtiger Bestandteil der Ernährung bei den Menschen der Vorgeschichte.
Theophrastos und Dioskurides haben die zusammenziehenden Eigenschaften dieser Pflanze bereits erkannt. Viel später dann hat sie die hl. Hildegard zur Behandlung von Husten sowie bei Hals- und Zahnweh empfohlen.

Innerliche Anwendung

Sirup:

Aus den Früchten den Saft auspressen. Das gleiche Gewicht an Zucker hinzugeben. Kochen lassen, bis man eine sirupartige Masse erhält. Bei Angina oder Halsweh nimmt man drei Gläschen Sirup am Tag zu sich. Dieser Sirup ist bei Durchfall auch Kindern zu empfehlen.

Absud:

50–60 Gramm Blütenspitzen, Blätter und Rinde in einem Liter Wasser kochen. Bei Darmentzündungen oder bei Durchfall trinkt man hiervon täglich 4–5 Tassen.

Äußerliche Anwendung

Gurgelwasser und Mundspülung:

Bei Entzündungen des Halses, der Mundschleimhaut und des Zahnfleischs sollte man den Absud als Gurgelwasser oder zur Mundspülung verwenden.

Schönheitspflege

Personen mit fettiger Haut wird die folgende zusammenziehende Lotion guttun: 20–25 Gramm Brombeerblätter 10 Minuten lang kochen lassen. Dieser Absud wird morgens und abends als Lotion auf das Gesicht aufgetragen.

Gemeiner Dost

ORIGANUM VULGARE L. –
FAMILIE DER LIPPENBLÜTLER

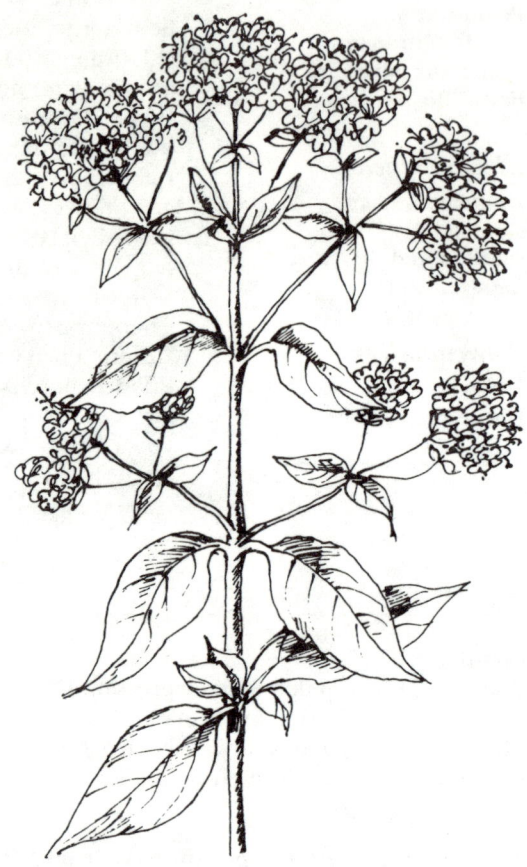

Wilder Majoran
Wohlgemut

Der gemeine Dost ist eine ausdauernde, aromatische Pflanze, die besonders trockene Böden und stark von der Sonne beschienene Hügel liebt. Sie ist in fast ganz Europa heimisch.
Der aufrechte Stengel wird 20–60 Zentimeter hoch; er ist mehr oder weniger haarig und manchmal rötlich.
Die zahlreichen rosafarbenen Blüten stehen an den Spitzen der Seitenachsen in einer Art kleiner, dicht gedrängter Krone zusammen. In manchen Gegenden ist der gemeine Dost der einzige Vertreter der Familie der Lippenblütler, der diese ausgefallene Anordnung der Blüten aufweist. Die Blütezeit reicht von Juli bis Oktober.
Verwendet wird zwar auch die ganze Pflanze, vor allem aber die Blütenspitzen.

Zusammensetzung

ätherisches Öl
Tannin
gummöse Substanzen
Harz
Bitterstoff
Glykosid
Saponinderivat

Eigenschaften

stärkend
emmenagog
harntreibend
brustreinigend
magenstärkend
antiseptisch (in bezug
    auf die Atemwege)
schmerzstillend

Anwendungen

Verdauungsstörungen
Leiden der Atemwege
Furunkel oder Abszesse

Ein Blick in die Geschichte

Über den gemeinen Dost hat der französische Chirurg Ambroise Paré (16. Jahrhundert) folgendes geschrieben: »Wenn die Schildkröte Schlangenfleisch verspeist hat, dann frißt sie gemeinen Dost beziehungsweise wilden Majoran.«

Es wird empfohlen, keinen Mißbrauch mit dem gemeinen Dost zu treiben, da er bei zu starker Dosierung zu Herzstörungen führen kann!

Der gemeine Dost besitzt annähernd die gleichen Eigenschaften wie der Majoran. Vor allem erleichtert er die Verdauung, indem die Funktionen des Verdauungsapparates von ihm angeregt werden. Er ist zu empfehlen bei Völlegefühl, Luftschlucken und bei Leberleiden.
Ein Aufguß hilft bei Husten, Keuchhusten und Leiden der Atemwege.
Einige Autoren schreiben dem gemeinen Dost auch eine emmenagoge Wirkung zu.
Äußerlich wird diese Pflanze als Absud bei schmerzhaften Entzündungen verwendet.

Innerliche Anwendung

Aufguß:

10−20 Gramm Blütenspitzen 10 Minuten lang in einem Liter kochendem Wasser ziehen lassen. Filtrieren und mit Honig süßen. Drei Tassen hiervon pro Tag helfen bei Leiden der Atemwege. Sie wirken auch blutreinigend, fördern die Verdauung und dämpfen die Monatsschmerzen.

Absud:

25−30 Gramm Blütenspitzen in einem Liter Wasser kochen. Mit Honig süßen. Von diesem Präparat nimmt man 3−4 Tassen täglich (zwischen den Mahlzeiten) zu sich. Vor allem bei Asthma empfohlen.

Wein:

50 Gramm Blütenspitzen 10 Tage lang in einem Liter gutem Wein weichen lassen. Ein Glas hiervon nach den Hauptmahlzeiten trinken: dies wirkt stärkend und verdauungsfördernd.

Äußerliche Anwendung

Umschlag:

Gekochte Blätter auf Furunkel und Abszesse auflegen.

Schönheitspflege

Die stärkenden Eigenschaften des gemeinen Dosts kann man sich folgendermaßen wirkungsvoll zunutze machen: Zwei Prisen Blütenspitzen 10 Minuten lang in einem halben Liter kochendem Wasser ziehen lassen. Filtrieren und abkühlen lassen. Mit kalten Kompressen auf das Gesicht aufgetragen, wirkt diese Lotion förmlich wie ein »Peitschenhieb«, den besonders eine abgespannte Haut zu schätzen wissen wird.

Efeu

HEDERA HELIX L. –
FAMILIE DER EFEUGEWÄCHSE

Der Efeu ist eine schöne, immergrüne, mit Haftwurzeln kletternde Holzpflan-
ze, die an Bäumen und Mauern wächst. Dabei hält sie sich mit einer Art
»Krampen« an diesen fest (Liane).
Den Efeu findet man häufig; mancher wird mehrere hundert Jahre alt.
Die ausdauernden Blätter sind wechselständig, 3- bis 5eckig und gelappt. Sie
sind lederhart, glänzend und dunkelgrün, besitzen einen langen Stiel und ver-
strömen einen angenehmen Geruch.
Die kleinen, gelblichen Blüten stehen in halbkugeligen Dolden beisammen.
Der Efeu blüht im September und im Oktober.
Verwendet werden die Blätter und die Samenkörner.

Zusammensetzung

Hederin
Flavonderivat
Apfel- und Ameisensäure
Karotin (in kleinen
    Mengen)
Fettsubstanzen
Tannin

Eigenschaften

analgetisch
beruhigend
blutandrangstillend
auflösend

Anwendungen

Brandwunden
Furunkel
Abszesse
Schwielen

Ein Blick in die Geschichte

Der Efeu war schon in der Antike wohlbekannt: er diente als Attribut des Bacchus, wurde in der Dichtung manchmal zur Bezeichnung des Weins gebraucht und galt als Symbol der Unsterblichkeit. Schon im 1. Jahrhundert verschrieb Dioskurides den Efeu zur Behandlung von verschiedenen Krankheiten; auch war ihm dessen Giftigkeit bereits bekannt. Im Mittelalter hat man den Efeu bei sehr vielen verschiedenen Leiden eingesetzt.

Wegen der damit verbundenen Gefahren wird der Efeu heute kaum mehr innerlich angewandt.
Trotzdem hat man früher die Blätter dazu verwendet, den Monatszyklus der Frau anzuregen und zu regulieren.
Die Beeren, der gefährlichste Teil der Pflanze, stehen im Ruf, schweißtreibend und leicht fiebertreibend zu sein.
Äußerlich angewendet hingegen kann der Efeu als Heilpflanze große Dienste leisten.

Hinweis

Wegen der Gefahren, die bei innerlicher Anwendung von einem Dosierungsfehler ausgehen können, erscheint es angebracht, den Efeu als ableitendes und wundenheilendes Mittel anzusehen.

Äußerliche Anwendung

Einen Absud aus zwei Handvoll frischen Blättern in einem Liter Wasser zubereiten. Die gekochten Blätter in einen Gazestoff geben und als Umschlag auf die schmerzende Körperpartie auflegen. Warme Umschläge helfen bei Nervenschmerzen oder Schmerzen im Zusammenhang mit Zellulitis.
Einen Absud aus 4–5 Blättern (nicht mehr!) in einem Liter Wasser zubereiten. Die gekochten Blätter in einen Gazestoff geben und auf Brandwunden, Furunkel und Abszesse auflegen.

Ein Efeublatt 1−2 Tage lang in einem kleinen Glas Essig weichen lassen. Nachdem man das Hühnerauge oder die Schwiele gut abgerieben hat, legt man einen Teil des Blattes auf und hält es mit Klebeband an dieser Stelle fest. Die Behandlung sollte man am Abend durchführen. Am Morgen danach nimmt man den Verband ab und schabt die betreffende Stelle so lange, bis die Schwiele verschwunden ist.

Schönheitspflege

Mit Efeu läßt sich ein entspannendes, stärkendes und lösendes Bad zubereiten. Dazu läßt man 4−5 Handvoll Efeublätter 2−3 Stunden lang in einem Liter Wasser auf kleiner Flamme kochen und fügt dieses dann dem Badewasser zu. Gibt man eine kleine Handvoll Blätter in einen Liter kochendes Wasser und läßt dieses – unter kräftigem Umrühren – 15−20 Minuten lang weiterkochen, so erhält man einen Absud, der ein vorzügliches Shampoo darstellt.

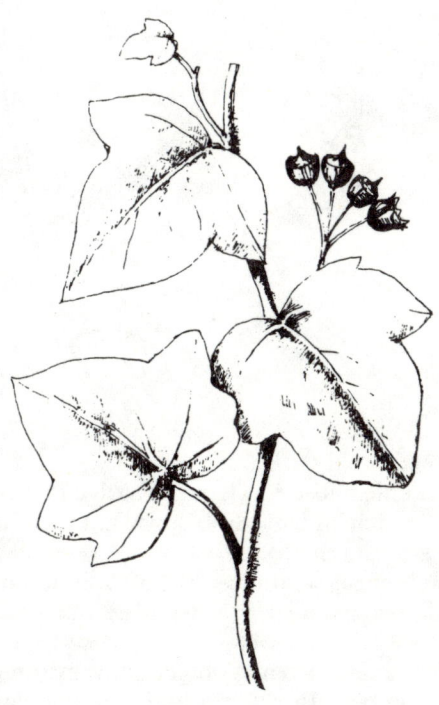

Wald-Ehrenpreis

VERONICA OFFICINALIS L. –
FAMILIE DER RACHENBLÜTLER

Echter Ehrenpreis

Der Waldehrenpreis ist eine hübsche, kleine, krautige Pflanze, die ausdauernd ist. Man trifft sie vornehmlich im Unterholz sowie auf Lichtungen, auf Weiden, an Waldrändern und auf sauren Böden an.
Der harte, kriechende Stengel wird ungefähr 30 Zentimeter lang.
Die gegenständigen Blätter sind oval, haarig und gezähnt. Sie sind dunkelgrün-grau.
Die kleinen Blüten, die einen zarten Wohlgeruch verströmen, stehen in end-ständigen Trauben zusammen. Ihre Grundfarbe ist hellblau; darüber hinaus aber sind sie noch von einer dunkleren blauen Farbe durchzogen. Der Wald-ehrenpreis blüht von Mai bis Juli/August.
Verwendet werden die Blütenspitzen und die ätherischen Substanzen.

Zusammensetzung

Bitterstoff
Schleimsaft
Wachs
Saponin
Tannin
Öl
ätherisches Öl
organische Säuren
Mannit

Eigenschaften

leicht appetitanregend
stärkend
magenstärkend
blutreinigend
verdauungsfördernd
zusammenziehend
beruhigend
wundenheilend

Anwendungen

Bronchitis
Verdauungsbeschwerden
Wunden

Ein Blick in die Geschichte

Der Waldehrenpreis, »Veronica officinalis«, trägt den Namen jener Frau, die Christus auf dem Weg nach Golgotha ein Schweißtuch darreichte. Die Gesichtszüge, die sich in diesem Tuch abbildeten, ergaben angeblich ein Muster, das an die Form dieser Pflanze erinnerte. Aus diesem Grund soll man ihr daraufhin den Namen »Veronica« gegeben haben.

Wenn auch die Kräuterspezialisten des Mittelalters diese Pflanze ignorierten, so haben die deutschen Pflanzenheilpraktiker des 16. und 17. Jahrhunderts sich doch sehr eingehend mit dem Waldehrenpreis beschäftigt. Im Jahre 1690 etwa hat der Botaniker Johann Franke dieser Pflanze ein ganzes, nicht weniger als 300 Seiten starkes Buch gewidmet. Dieses Werk mit dem Titel »Polchresta verba veronica« ist in mehrere Sprachen übersetzt worden und hat einige Neuauflagen erlebt.

Im Mittelalter verwendete man den Ehrenpreisaufguß bei sämtlichen Erkrankungen der Atemwege. Die harntreibende Wirkung dieser Pflanze nützt gicht- und rheumakranken Personen. Daneben wirkt sie auch anregend auf die Verdauungsfunktionen. Äußerlich wird der Waldehrenpreis heute als Gurgelwasser (bei Reizungen der Mundhöhle oder des Halses) und zur Zubereitung von Kompressen (bei Verbrennungen und heiklen Wunden) eingesetzt.

Diese Pflanze, die im französischen Volksmund auch »Thé d'Europe« (»europäischer Tee«) genannt wird, ergibt einen Aufguß, der jedem schmeckt.

Hinweis

Da der Waldehrenpreis leicht stärkend, blutreinigend, magenstärkend und verdauungsfördernd wirkt, kann diese Pflanze während des Genesungsprozesses nutzbringend angewendet werden. Sie hilft ebenfalls bei Bronchitis und Verdauungsbeschwerden.

Innerliche Anwendung

Aufguß:
35 Gramm Blütenspitzen 10 Minuten lang in einem Liter kochendem Wasser ziehen lassen. Täglich drei Tassen hiervon, und zwar zwischen den Mahlzeiten, trinken. Dieses Mittel wirkt harntreibend und fördert die Ausscheidung von Harnsäure.

Absud:
25 Gramm Blütenspitzen in einem Liter Wasser kochen lassen. Täglich drei Tassen von diesem Präparat zwischen den Mahlzeiten einnehmen. Ein Mittel, das zur Blutreinigung, bei Bronchialleiden oder zur Verdauungsförderung zu empfehlen ist.

Frischer Saft:
Die Pflanze zerdrücken und damit den Saft auspressen. Zwei Eßlöffel von diesem Saft mit Milch verdünnen und am besten auf nüchternen Magen einnehmen. Das wirkt harntreibend.

Äußerliche Anwendung

Kompresse:
Frische Blätter und Blüten in möglichst wenig Wasser kochen lassen. In einen Gazestoff geben und als Kompresse auf Brandwunden auflegen.

Gurgelwasser und Mundspülung:
Bei Reizungen des Mund- oder des Halsbereiches verwendet man den obigen Absud zur Mundspülung bzw. als Gurgelwasser.

Wald-Erdbeere

FRAGARIA VESCA L.

Essigrose

ROSA GALLICA L.

Föhre

PINUS SYLVESTRIS L.

Gundelrebe

GLECHOMA HEDERACEA L.

72

Eibisch

ALTHAEA OFFICINALIS L. –
FAMILIE DER MALVENGEWÄCHSE

Heilwurz
Sammetpappel
Attichkraut

Der Eibisch ist eine ausdauernde Pflanze, die mehr als einen Meter hoch wird. Sie bevorzugt salzhaltige Böden; deshalb kann man sie vor allem im französischen Küstengebiet, in Lothringen, an der Ostseeküste, aber auch auf Salzwiesen des Binnenlandes antreffen. Man kann den Eibisch wildwachsend, öfter jedoch angebaut vorfinden.
Der robuste Stengel ist aufrecht.
Die Blätter sind länglich-oval und weißlich; sie sind haarig und gelappt und nur wenig gezähnt.
Die großen, rosafarbenen Blüten werden 3—8 Zentimeter breit; sie sitzen oft zu dritt oder zu mehreren in den Blattachseln zusammen.
Verwendet werden die Blüten, die Blätter (sie werden genau gleich wie die der Malve geerntet) sowie die Wurzel. Letztere ist eine fleischige Pfahlwurzel, die man im September erntet.

73

Zusammensetzung

Pflanzenschleim
 (sehr viel)
Tannin
Stärke
Asparagin
Betain
ätherisches Öl
Zucker

Eigenschaften

erweichend
bruststärkend
mildernd
entzündungshemmend
abführend
auflösend
harntreibend
beruhigend

Anwendungen

Entzündungen der
 Atemwege
Verstopfung
Zahnfleischentzündung

Ein Blick in die Geschichte

Als kleiner Bruder der Stockrose und Verwandter der Malve verspricht der Eibisch für sich allein ein ganzes Programm. In der Tat leitet sich sein lateinischer Name »Althaea officinalis L.« von dem griechischen Wort »althainô« her, was soviel bedeutet wie »ich heile«. Schon den Griechen war die erweichende und mildernde Wirkung dieser Pflanze wohlbekannt. Man wird also nicht verwundert sein, daß schon die ersten Erlässe der fränkischen Könige anordneten, in den königlichen Gärten Eibisch anzubauen. Damals hieß der Eibisch noch »mismalva«, woraus später die heutige französische Bezeichnung »guimauve« entstand.
Selbstverständlich haben sich frühere Botaniker zahlreiche Anwendungsmöglichkeiten des Eibischs ausgedacht; die meisten davon gelten heute als in ihren Wirkungen bestätigt.

Weil der Eibisch so reich an Pflanzenschleim ist, eignet er sich gut zur Behandlung zahlreicher Entzündungen.
Der Eibisch gehört zusammen mit Königskerze, Klatschmohn, Märzveilchen, Malve, Katzenpfötchen und Huflattich zu den »sieben bruststärkenden Blüten«.
Seine Blüten und seine Blätter gebraucht man gegen Schnupfen, hartnäckigen Husten, Halsweh und Brustleiden. Die Wurzeln, denen die gleichen Eigenschaften zukommen wie der restlichen Pflanze, werden bei allen Arten von Reizungen und Entzündungen empfohlen (Magen, Darm, Harnwege, Atemwege, Zahnfleisch, Mandeln, Furunkel etc.).
Abschließend sei daran erinnert, daß sehr viele Kinder Eibischwurzel kauend ihre Zähne bekommen haben.

Innerliche Anwendung

Aufguß:

25 Gramm Blüten in einem Liter kochendem Wasser ziehen lassen (evtl. Königskerzen dazugeben). Filtrieren und mit Honig süßen. Von diesem beruhigenden und brustreinigenden Aufguß trinkt man bei Entzündungen der Atemwege 4–5 Tassen am Tag.

Absud:

30 Gramm Wurzeln in kleine Stücke schneiden und diese eine Viertelstunde lang in einem Liter Wasser kochen lassen. Zwei oder drei Tassen hiervon vor dem Schlafengehen trinken. Empfohlen bei Verstopfung.

Sirup:

50 Gramm Wurzeln in kleine Stücke schneiden und diese vier Stunden lang in einem Liter Wasser, dem man ein kleines Glas Alkohol beigibt, weichen lassen. Filtrieren. Danach 250 Gramm Zucker hinzufügen und das Ganze zum Kochen bringen. Umrühren, bis man eine sirupartige Masse erhält. Dieser Sirup hilft bei Husten, Schnupfen, Angina, Bronchitis und Halsweh.

Äußerliche Anwendung

Gurgelwasser:

Den oben beschriebenen Absud abkühlen lassen und als Gurgelwasser verwenden. Zu empfehlen bei Angina, Heiserkeit und Kehlkopfentzündung.

Mundspülung:

Mit dem gleichen Absud lassen sich auch Mundspülungen machen. Diese wirken bei Zahnfleischentzündung.

Wurzeln:

Frische Wurzeln nehmen und sie in unmittelbaren Kontakt zum Entzündungsherd bringen. Hilfreich bei Abszessen und Furunkeln.

Fußbad:

30 Gramm Blüten und Blätter in einem Liter Wasser kochen lassen. Hilft bei Entzündungen der Füße und Schwielen.

Schönheitspflege

Leute mit empfindlicher Haut können sich die mildernden Eigenschaften des Eibischs zunutze machen. Hierzu genügt es, einen Absud zuzubereiten, indem man 1–2 Prisen Eibischblüten oder -blätter 10 Minuten lang in einem halben Liter Wasser kochen läßt. Dieses Präparat kann bei spröder Haut als Lotion mit mildernder Wirkung verwendet werden.

Eisenkraut

VERBENA OFFICINALIS L. –
FAMILIE DER EISENKRAUTGEWÄCHSE

Eisenbart
Katzenblutkraut
Heiligkraut
Sagenkraut

Das Eisenkraut ist eine einjährige, krautige Pflanze, die man in ganz Europa an Wegrändern, in Hecken und auf unbebauten Böden antreffen kann.
Der aufrechte Stengel ist vierkantig und geriefelt. Er kann 60−80 Zentimeter hoch werden. Die gegenständigen Blätter fühlen sich rauh an. Sie sind grob gekerbt bis fiederspaltig.
Die kleinen Blüten stehen in endständigen, langgezogenen Ähren dicht beisammen. Sie sind blaßlila. Die Blütezeit des Eisenkrauts erstreckt sich von Juli bis Oktober.
Verwendet werden die Blätter, die Wurzeln und die Blütenspitzen.

Ein Blick in die Geschichte

Der wissenschaftliche Name des Eisenkrauts, »Verbena«, stammt aus dem Lateinischen: mit diesem Wort wurden früher die »geheiligten Pflanzen« bezeichnet. Die volkstümlichen Namen dieser Pflanze (z. B. »Heiligkraut« und »Sagenkraut«) sind ein Beleg dafür, daß das Eisenkraut in vergangenen Zeiten hochgeschätzt worden ist. Zu Zeiten der Gallier benutzten die Druiden einen Eisenkrautaufguß, um damit die Opferaltäre abzuwaschen. Vielleicht ist dies der Grund dafür, daß dieser Pflanze im Laufe der Zeiten so viele Heilwirkungen nachgesagt worden sind. Im Mittelalter fand das Eisenkraut Verwendung bei der Zusammenstellung von Zaubertränken und magischen Salben, die angeblich alle Krankheiten zu heilen vermochten.

Zusammensetzung	*Eigenschaften*	*Anwendungen*
Glykosid (Verbenalin)	rheumalindernd	Fieberzustände
Ascorbinsäure	antineuralgisch	Verdauungsbeschwerden
	fiebertreibend	Leberleiden
	vernarbungfördernd	Nierenleiden
		Halsentzündungen
		Wunden

Vor nicht allzu langer Zeit verwendete man noch einen Umschlag aus Eisenkrautaufguß und Essig zur Behandlung von Seitenstechen und bei Verrenkungen. Dieses Mittel wurde auch bei Erkrankungen der Leber und der Harnblase empfohlen.

Heute wird der Eisenkrautaufguß immer noch verwendet. Allerdings wird er nicht mehr als »Schönheitstee« angesehen, sondern vielmehr zur Bekämpfung von Schlaflosigkeit, Beklemmung, Rheuma, Husten, Fieber und Nervenschmerzen eingesetzt. Unsere Vorfahren haben dem Eisenkraut zahlreiche verschiedene Heilwirkungen zugeschrieben; dies ist heute weniger der Fall. Dennoch rechtfertigen die in dieser Pflanze enthaltenen Wirksubstanzen ihre Verwendung als fiebertreibendes Mittel, als Antineuralgikum sowie zur Behandlung von bestimmten Leberleiden.

Innerliche Anwendung

Aufguß:

20 Gramm Eisenkraut in einem Liter kochendem Wasser ziehen lassen. Filtrieren und mit Honig süßen. Von diesem verdauungsfördernden und fiebertreibenden Aufguß sollte man 3−4 Tassen am Tag trinken.

Absud:

50 Gramm Eisenkraut 20 Minuten lang in einem halben Liter Wasser kochen lassen. Filtrieren und mit Honig süßen. Auf drei Schlucke verteilt im Laufe des Tages trinken. Dieses Mittel wird empfohlen bei Leber- und Nierenbeschwerden sowie bei Leiden der Gallenblase.

Äußerliche Anwendung

Kompresse:

Kompressen mit obigem Absud auf Wunden und Verletzungen auflegen.

Gurgelwasser:

Bei Angina oder bei Heiserkeit verwendet man den Absud als Gurgelwasser.

Umschlag:

50 Gramm Blätter und Blüten in Essig kochen lassen. In einen Leinenstoff geben und als Umschlag bei Rheuma, Neuralgien, Seitenstechen, Erkältungen oder Verstauchungen verwenden.

Engelwurz

ANGELICA ARCHANGELICA –
FAMILIE DER DOLDENGEWÄCHSE

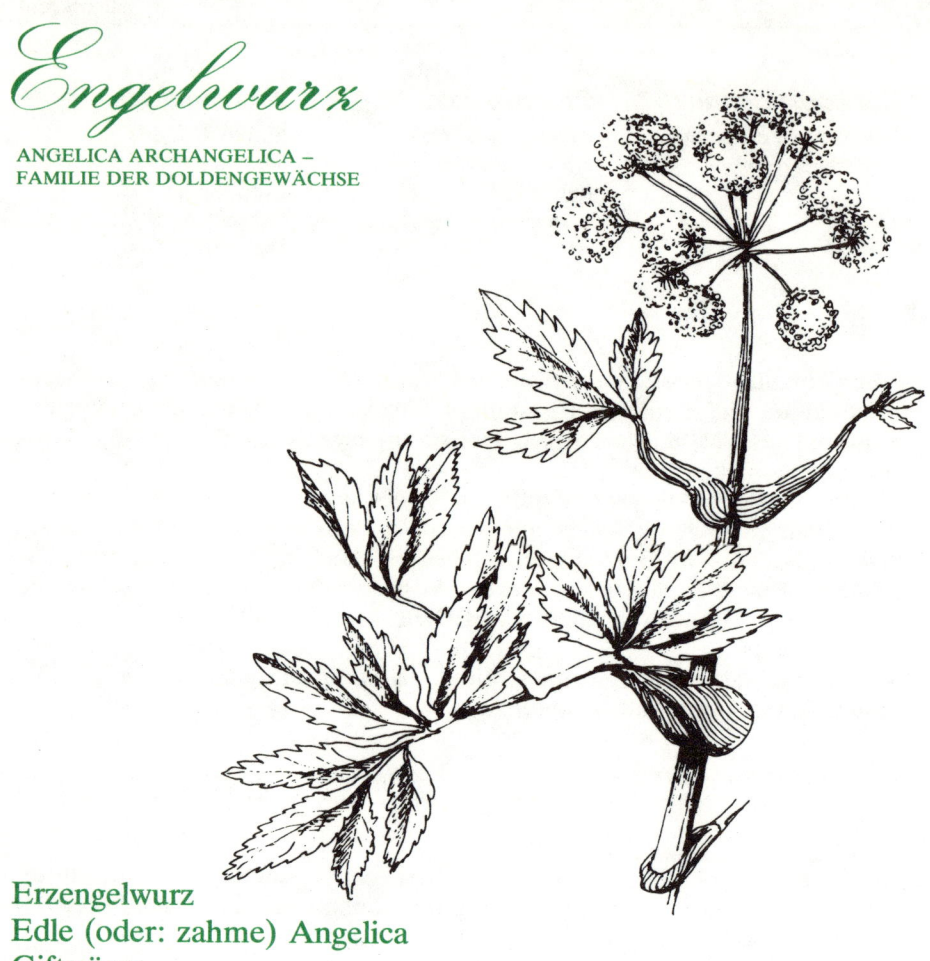

Erzengelwurz
Edle (oder: zahme) Angelica
Giftwürze
Heiliggeistwurz

Die Engelwurz stammt aus Nordeuropa; dementsprechend wächst sie vor allem an feuchtkühlen Plätzen. Man findet sie nur selten als wildwachsende
Pflanze (in den Pyrenäen und in den Alpen). Diese schöne zweijährige Pflanze,
die etwa zwei Meter hoch wird, besitzt einen spezifischen, angenehm wohlduftenden Geruch.
Der Stengel ist leicht rillig und rötlich.
Die Blätter stecken in einer länglichen Hülle; sie sind an ihrem unteren Ende
seegrün und stark geteilt.
Die gelblichgrünen Blüten sind in großen zusammengesetzten Dolden angeordnet, von denen die oberste einen Durchmesser von bis zu 40 Zentimetern
erreichen kann. Blütezeit ist von Juni bis August.
Verwendet wird die ganze Pflanze, vor allem aber die Blätter und der Wurzelstock.

Zusammensetzung
Stärke
Pektinstoff
Harz
Wachs
Tannin
Rohrzucker

Eigenschaften
stärkend
anregend
magenstärkend
brustreinigend
schmerzlindernd
krampfstillend
hustenstillend

Anwendungen
Bronchitis
Völlegefühl
schlechte Verdauung

Ein Blick in die Geschichte

Ihren Namen »Engelwurz« oder »Heilig-geistwurz« hat diese Pflanze aufgrund ihrer besonderen Heilwirkungen bereits im 10. Jahrhundert erhalten.

Einer alten Legende zufolge hätte der Erzengel Gabriel (daher der botanische Name »Archangelica«) einem weisen Einsiedler die Engelwurz gebracht, auf daß er hiermit die Pest bekämpfe.

Früher wurde die Engelwurz bei der Herstellung von Melissenheilwasser sowie bei bestimmten Arten von Balsam verwendet. Heute noch wird sie von den Lappen und den Eskimos als Nahrung hochgeschätzt. Diese Pflanze ist eine der wichtigsten Zutaten bei der Herstellung von verschiedenen Likören (z. B. Chartreuse, Bénédictine).

Innerliche Anwendung

Aufguß:
20 Gramm Wurzeln und junge Schößlinge mit einem Liter kochendem Wasser aufgießen und ziehen lassen. Gegen Luftschlucken und zur Verdauungsförderung sollte man ein Glas hiervon nach jeder Mahlzeit einnehmen.

Wein:
50 Gramm Wurzeln und junge Schößlinge während zwei bis drei Tagen in einem Liter Wein weichen lassen. Ein Schnapsgläschen hiervon nach jeder Mahlzeit hilft bei Magenbeklemmung und depressiven Zuständen.

Likör:
Nach Roques braucht man zur Herstellung von Engelwurzlikör folgende Zutaten: 12 Gramm Engelwurzsamen, 8 Gramm Anissamen, 8 Gramm Fenchelsamen, zwei Deziliter Schnaps und einen Viertelliter destilliertes Wasser. Das Ganze während 8–10 Tagen weichen lassen. 500 Gramm Zucker dazugeben. Sich setzen lassen und filtrieren. Dieser Likör wirkt stärkend, appetitanregend und verdauungsfördernd.

Äußerliche Anwendung

Bad:
Ein Engelwurzbad empfiehlt sich bei depressiven Zuständen.

Gelber Enzian

GENTIANA LUTEA L. –
FAMILIE DER ENZIANGEWÄCHSE

Der gelbe Enzian ist eine hübsche Bergpflanze, die einer ganzen Pflanzenfamilie ihren Namen gegeben hat. Der sehr robuste, hohle Stengel wird bis zu anderthalb Meter hoch.

Die einfachen, gegenständigen Blätter sind im unteren Teil der Pflanze umhüllend; sie sind bläulichgrün und besitzen 5–7 Adern, die nach oben hin zusammenlaufen.

Die grellgelben Blüten stehen in den Blattachseln von übereinander angeordneten schalenförmigen Hochblättern. Sie besitzen einen langen Stiel. Der gelbe Enzian blüht von Juni bis August.

Verwendet wird die Wurzel.

Die Enzianwurzel stellt einen der besten Bitterstoffe dar. Da sie den Speichelfluß aktiviert, wirkt sie appetitanregend und verdauungsfördernd, je nachdem, ob man sie vor oder nach dem Essen zu sich nimmt.

Übrigens wird der Enzian zur Herstellung zahlreicher Aperitifs und Digestifs verwendet. Hinzuzufügen bleibt noch, daß der in gewissen Berggegenden aus Enzian hergestellte Branntwein weniger wirksam ist als die Wurzel, da bei seiner Herstellung der Bitterstoff des Enzians teilweise verlorengeht.

Zusammensetzung

mehrere Glykoside
Enzyme
Pektinstoff
Öl
Tannin (sehr wenig)
verschiedene Zuckerarten
Farbpigment
Bitterstoff
ätherisches Öl

Eigenschaften

stärkend (bitter)
appetitanregend
fiebertreibend
magenstärkend
wurmtreibend
kräftigend
entzündungshemmend

Anwendungen

Blutarmut
Niedergeschlagenheit
Fieberzustände
Appetitmangel
Verdauungsbeschwerden

Ein Blick in die Geschichte

Den wissenschaftlichen Namen des Enzians, »Gentiana«, führen einige Autoren auf den illyrischen König Gentianus zurück, der von den Römern besiegt wurde und im 2. Jahrhundert v. Chr. starb. Es spricht aber mehr dafür, daß die Pflanze den Namen eines Arztes aus der Antike trägt; dieser soll den Enzian empfohlen haben, um damit eine Epidemie zu bekämpfen.

Wie dem auch sei, seit Beginn unserer Zeitrechnung (und selbst nach der Einführung der Chinarinde, die im 17. Jahrhundert nach Europa kam) haben unsere Vorfahren den gelben Enzian als Heilpflanze verwendet. Zuerst gebrauchte man ihn gegen Schlangenbisse, dann bei Leber- und Magenleiden, später noch verwendete man ihn gegen Darmwürmer. Erst nach all diesem entdeckte man seine fiebertreibende Wirkung (wichtig: Sumpffieber) sowie seine harntreibenden und verdauungsanregenden Eigenschaften. Von Pfarrer Kneipp stammt der Satz: »Jeder, der auch nur einen kleinen Garten besitzt, sollte darin Salbei, Wermut und Enzian anbauen, dann besitzt er eine eigene Apotheke.«

Innerliche Anwendung

Wurzelauszug oder -absud:

15—20 Gramm Wurzeln eine Woche lang in einem Liter Wasser oder Weißwein weichen lassen. Eine Tasse hiervon wirkt appetitanregend oder verdauungsfördernd, je nachdem, ob man sie vor oder nach einer Mahlzeit trinkt. Bei Blutarmut ist es empfehlenswert, diesen Wein (ein Glas zu Mittag) mit einem Aufguß von Bitter- bzw. Fieberklee (bot. Menyanthes), von dem man eine Tasse am Abend trinken sollte, abwechseln zu lassen.

Sirup für Kinder:

8—10 Gramm Wurzeln während 20 Stunden in einem Liter Wasser weichen lassen. Filtrieren und ein Kilo Zucker dazugeben. Dieser Sirup wirkt kräftigend, wenn man den Kindern dreimal täglich ein Schnapsglas davon gibt.

Wald-Erdbeere

FRAGARIA VESCA L. –
FAMILIE DER ROSENGEWÄCHSE

Siehe Farbtafel Seite 69

Die Walderdbeere ist eine kleine, krautige Pflanze, die ausdauernd ist und in Wäldern, Gebüschen und an kühleren Orten wild wächst.
Die Stengel werden 15−20 Zentimeter lang.
Die Blätter bestehen aus Blättchen, die rosettenartig angeordnet sind. Sie sind gezähnt, langgestielt und an ihrer Unterseite flaumhaarig.
Die in Gruppen zusammenstehenden Blüten sind weiß; sie haben fünf Kronblätter und zahlreiche Staubblätter. Die Walderdbeere blüht von Mai bis Juli.
Die Frucht, die Erdbeere, ist in Wirklichkeit eine sogenannte Scheinfrucht, die die aufgeschwollenen Fruchtblätter umschließt (Sammelfrucht). Die wirklichen Früchte sind die Nüßchen, die die Erdbeere übersäen und in ihr eingeschlossen sind.
Verwendet werden die Früchte, die Blätter und der Wurzelstock.

Zusammensetzung

Tannin
Lävulose
Triterpene
Flavone
Vitamin C
Öl
Mineralsalze

Eigenschaften

zusammenziehend
stopfend
erfrischend
leicht abführend
reinigend

Anwendungen

Rheuma
Blutarmut
Regulierung der
    Darmfunktion

Ein Blick in die Geschichte

Die Walderdbeere war bereits in den vorgeschichtlichen Pfahlbaudörfern bekannt; die Bewohner dieser Behausungen aßen die Früchte dieser Pflanze. Es ist verwunderlich, daß Dioskurides sie überhaupt nicht erwähnt. Plinius der Ältere und Vergil gehen nur ganz kurz auf sie ein. Apulejus war (zu Beginn des 2. Jahrhunderts) der erste, der der Walderdbeere Heilwirkungen zuschrieb.

Verschiedentlich baute man diese »wilde« Erdbeere bis ins 17. Jahrhundert hinein an. Dann wurde sie von der dicken, aus Amerika kommenden Gartenerdbeere abgelöst. In der Zwischenzeit hatte der Italiener Mattiolus die wundenheilende, harntreibende und zusammenziehende Wirkung der Walderdbeere gerühmt. Sie gilt heute als bestätigt.

Einige historische Frauen haben es verstanden, sich mittels dieser Pflanze ihren jugendlichen Teint zu bewahren, während der Philosoph Fontenelle (er starb als Hundertjähriger) sogar seine Langlebigkeit auf seinen bedeutenden Erdbeerkonsum zurückgeführt hat.

Der Aufguß aus jungen Blättern der Walderdbeere ist dafür bekannt, einen gleichermaßen wohlschmeckenden wie wurmtreibenden Auszug zu liefern. Als Absud wirken die älteren Blätter und der Wurzelstock zusammenziehend.

Da es sich beim Zucker der Walderdbeere um Lävulose handelt (linksdrehender Fruchtzucker), ist die Frucht für Zuckerkranke erlaubt. Ihre alkalisierenden Salze lassen sie auch für Gichtleidende empfehlenswert erscheinen.

Der schwedische Botaniker Linné, der die Walderdbeere wie die Mehrzahl der in diesem Buch vorkommenden Pflanzen beschrieben hat (sie tragen in ihrem Namen alle die Initiale L.), versichert, daß er sich durch eine Erdbeerkur von der Gicht geheilt hat.

Durch ihre wertvollen Bestandteile, vor allem Vitamin C und Mineralsalze, ist die Frucht sehr nahrhaft. Aus diesem Grund kann man sie auch bei Blutarmut, im Stadium der Rekonvaleszenz, bei hohem Blutdruck und bei Arterienverkalkung empfehlen. Da sie leicht abführend wirkt, ist sie bei der Behandlung von Verstopfungen hilfreich. Man empfiehlt sie auch bei Leber- oder Galleleiden, sofern sie vom Organismus gut vertragen wird. Tatsächlich wird die Wald-erdbeere von Leuten, die an Verdauungsschwäche leiden, nur schlecht ver-tragen; auf keinen Fall sollte man sie Leuten geben, die an allergischen Haut-reizungen (besonders Nesselfieber) leiden. Um diese Schwierigkeiten zu be-heben, genügt es, die Erdbeeren eine halbe Stunde vor ihrem Verzehr in Wein zu baden. Zu diesem gleichen Zweck kann man sie auch zerschneiden oder leicht zerdrücken und mit Zucker bestreuen.

Innerliche Anwendung

Aufguß:
2–3 Gramm vom Wurzelstock in einer Tasse kochendem Wasser ziehen las-sen. Heiß trinken. Dieser harntreibende Aufguß ist besonders bei Gicht und Rheuma zu empfehlen.

Absud:
Eine gute Handvoll junger Blätter in einem Liter Wasser kochen lassen. Bei Durchfall trinkt man täglich zwei Tassen hiervon.

Frucht:
Sie ist köstlich und nahrhaft. Sie wirkt bei Verstopfung, Blutarmut, Arterien-verkalkung und hohem Blutdruck.

Äußerliche Anwendung

Gurgelwasser:
Den oben beschriebenen Absud kann man bei Halsweh als Gurgelwasser ver-wenden.

Umschlag:
Frische Blätter zerstoßen und in einen Gazestoff geben. Auf die Wunde oder das Geschwür auflegen.

Zahnpulver:
Frische Blätter mit Kreide zerstoßen. Dieses hygienische Pulver hilft bei Zahn-stein.

Schönheitspflege

Die Walderdbeere (die stärkend und erfrischend ist) trägt dazu bei, der Haut ihren Glanz und ihre Schönheit zurückzugeben.
Außer bei Vorliegen einer ausgesprochenen Erdbeerallergie kann man die fol-gende Maske mit Nutzen anwenden: 4–5 ausgereifte Früchte zerdrücken und auf die Haut auflegen; ungefähr 20 Minuten lang einwirken lassen. Danach reinigt man das Gesicht mit abgestandenem Mineralwasser oder mit sauberem, leicht erwärmtem Regenwasser.

Essigrose

ROSA GALLICA L. –
FAMILIE DER ROSENGEWÄCHSE

Siehe Farbtafel Seite 70

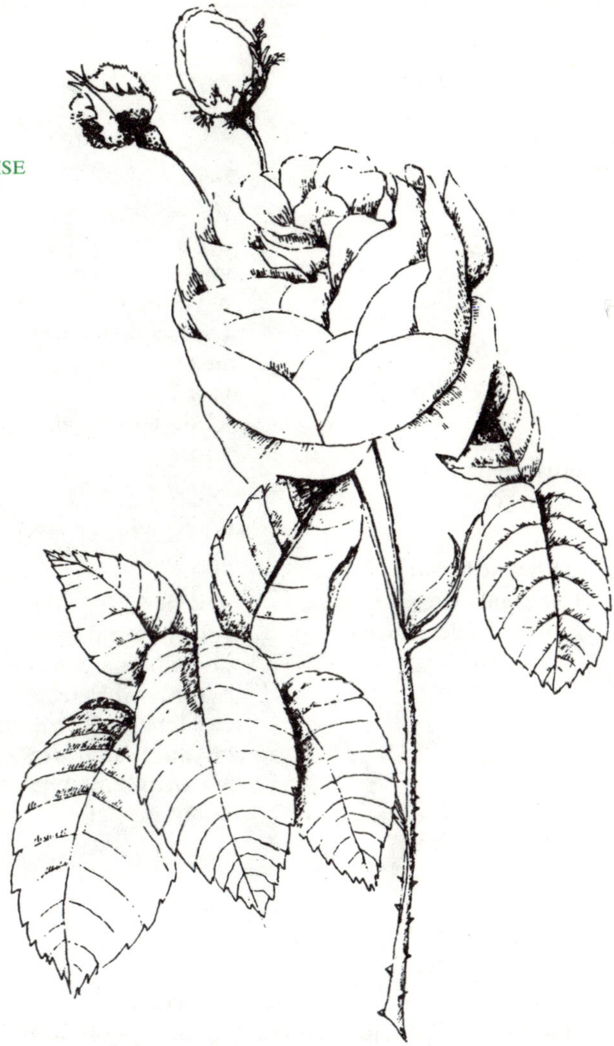

Zuckerrose
Samtrose

Die Essigrose ist ein Strauch, der ursprünglich aus dem Orient stammt; er kann höchstens anderthalb Meter hoch werden. Die Essigrose findet man auf kalkhaltigen Böden, an Wald- und Wegrändern, in Hecken und in trockenen Wiesen; sie wird natürlich auch in vielen Gärten kultiviert.
Die Essigrose hat einen schlanken Stengel. Während die jungen Stiele mit zahlreichen kleinen Stacheln übersät sind, sind die älteren praktisch davon frei. Die Blätter, die zumeist aus fünf Blättchen bestehen, sind filzig und gezähnt. Auf ihrer Oberseite sind sie dunkelgrün, auf ihrer Unterseite etwas blasser. Die großen Blüten stehen für gewöhnlich einzeln; sie sind purpurfarben. Die gezüchteten Sorten besitzen eine Vielzahl von Kronblättern. Die Essigrose blüht im Juni und im Juli.
Verwendet werden (außer den Früchten der Essigrose, den Hagebutten) die Kronblätter; man muß diese vor dem vollen Aufblühen ernten und jene Teile, durch die sie mit der Krone verbunden sind, entfernen.

Zusammensetzung

Zucker
Tannin
Gallussäure
ätherisches Öl
Wachs
Pektinstoffe
Farbstoff

Eigenschaften

zusammenziehend
stärkend
abführend
erfrischend
beruhigend

Anwendungen

Halskrankheiten
Reizungen der Augen

Ein Blick in die Geschichte

Es gibt zwar zahlreiche Arten von Rosen, doch ist die Essigrose die am häufigsten vorkommende. Einigen Autoren zufolge hat Thibault de Champagne sie von einem Kreuzzug aus dem Orient mitgebracht und sie dann in der französischen Ortschaft Provins erstmalig in Europa angebaut, wo sie heute noch als »Provinsrose« kultiviert wird.

Die Rose als das Symbol der Liebe wird jedoch viel mehr wegen ihrer Heilwirkungen angebaut.

Seit der frühesten Antike wird sie vielfach gerühmt und besungen. Sie war schon Ovid und Plinius bekannt, und Dioskurides hat bereits zahlreiche Anwendungen der Rose zu Heilzwecken ersonnen. Des weiteren ist bekannt, daß die Rose in der arabischen Medizin einen privilegierten Platz eingenommen hat.

Zu Heilzwecken werden die Blüten der Essigrose heute nur noch wegen ihrer stärkenden, zusammenziehenden und entzündungshemmenden Eigenschaften gebraucht. Seit Jahrhunderten verwendet man den Aufguß, den Wein oder den Sirup bei Blutarmut, Überanstrengung, Mangelkrankheiten, Schleimfluß, Erkrankungen der Atemwege oder auch bei Darmentzündungen und Durchfall. Hauptsächlich wird die Rose aber äußerlich angewendet: als Augenwasser bei Augenentzündungen, als Gurgelwasser bei Halsweh, als Lotion oder auch als Wein bei Geschwüren. Der Rosenhonig hat lange Zeit als das beste Mittel zur Bekämpfung von Angina gegolten.

Selbstverständlich wird diese uralte aromatische Blume sehr häufig zur Herstellung von Parfüm verwendet, das ohne diese Pflanze kaum einen Anspruch auf Vollkommenheit erheben könnte.

Wenn man allerdings weiß, daß 700 Blüten nur ein Kilo wiegen und daß man nicht weniger als 3500 Kilo Blüten braucht, um einen Liter ätherisches Öl zu erhalten, so leuchtet einem unmittelbar ein, daß der Preis dieser Essenz notgedrungen sehr hoch sein muß.

Innerliche Anwendung

Aufguß oder Absud:
Eine Handvoll trockene Blütenblätter in einen Liter kochendes Wasser geben. Filtrieren. Eine Tasse Aufguß nach dem Essen wirkt verdauungsfördernd.

Sirup:
30—40 Gramm trockene Blütenblätter mit einem halben Liter kochendem Wasser übergießen und einen Tag lang ziehen lassen. Filtrieren und unter Beimengung von 50 Gramm Grießzucker neuerlich kochen, bis man eine sirupartige Masse erhält. Ein Eßlöffel Sirup, vor dem Essen eingenommen, wirkt beruhigend.

Äußerliche Anwendung

Rosenhonig:
60 Gramm Blütenblätter in einer kleinen Schale mit kochendem Wasser übergießen und einen Tag lang ziehen lassen. Filtrieren und 100 Gramm Honig hinzugeben. Auf kleiner Flamme einkochen lassen, bis man eine sirupartige Masse erhält. Ruhigstellen. Zur Pflege der Mundhöhle und des Zahnfleischs sowie bei Angina verwendet man dieses Mittel zur Mundspülung bzw. als Gurgelwasser.

Rosenessig:
Zwei Handvoll Blütenblätter mit einem Liter kochendem Essig übergießen und darin 10 Tage lang weichen lassen. Filtrieren. Als Kompresse bei Brandwunden und Insektenstichen auflegen. Bei Halskrankheiten kann dieser Essig auch innerlich angewendet werden; dazu verdünnt man zwei Teelöffel hiervon mit einem Glas Wasser.

Schönheitspflege

»Rosenwasser« ist ein stärkendes und zusammenziehendes Mittel, das man entweder zum Abschminken oder als Lotion für Gesicht und Hals verwenden kann. Es wird folgendermaßen zubereitet: 4—5 Handvoll trockene Blütenblätter der Essigrose eine halbe Stunde lang in einem Liter kochendem Wasser ziehen lassen. Filtrieren. Dieses Präparat kann man mittels lauwarmen Kompressen auf das Gesicht auftragen. Es läßt sich im Kühlschrank 3—4 Tage lang frischhalten.
In Form von kalten Kompressen auf die Augenlider aufgelegt, trägt dieses Mittel zur Erholung und Verschönerung ermüdeter Augen bei.

Föhre

PINUS SYLVESTRIS L. –
FAMILIE DER TANNENGEWÄCHSE

Siehe Farbtafel Seite 71

Waldkiefer

Die Föhre ist ein schöner Baum, der bis zu 40 Meter hoch werden kann. In alpinen Gebirgsregionen findet man die Föhre in wildwachsendem Zustand; in verschiedenen anderen Gegenden (z. B. in der Champagne) wird sie auch kultiviert.

Die Äste und der obere Teil des Stammes besitzen eine recht charakteristische rostrote Färbung.

Die ausdauernden Blätter haben die Form von Nadeln und stehen paarweise zusammen.

Die männlichen (in Ähren stehenden) und die weiblichen Blütenstände erscheinen im Frühjahr. Bei der Frucht handelt es sich um einen grünlichen bis gräulichen Zapfen, der aus einer Art von Schuppen besteht, die einen mehr oder weniger deutlich ausgeprägten »Schuppenschild« bilden.

Verwendet werden die Knospen und manchmal die Blätter.

Zusammensetzung
Harze
ätherisches Öl
Heterosid

Eigenschaften
blutandrangstillend
hustenstillend
rheumalindernd
harntreibend

Anwendungen
hartnäckiger Husten
Leiden der Atemwege
Entzündungen der
    Harnwege
Rheuma
Gicht

Ein Blick in die Geschichte

Dieser wohlbekannte Nadelbaum wird bereits seit sehr langer Zeit zu Heilzwecken verwendet. Dabei benützt man entweder seine Knospen oder das Harz, das aus seiner eingeschnittenen Borke herausträufelt. Durch Destillation kann man aus diesem Baum auch Terebinthenessenz (Terpentin) und selbst Pech und Teer gewinnen.

Die Knospen der Föhre, die manchmal unzutreffend als »Tannenknospen« bezeichnet werden, finden bei Leiden der Atemwege (Bronchitis, Schnupfen, Grippe, Husten, Kehlkopfentzündung, Lungenentzündung, Asthma, Keuchhusten), aber auch bei Entzündungen der Harnwege sowie bei nephrotischen Schmerzen und bei Steinen Verwendung. Man empfiehlt sie auch bei Gicht, Rheuma und Luftschlucken.

Von den äußerlichen Anwendungen der Föhre erweisen sich in diesem Zusammenhang besonders die Bäder und die Inhalationen als sehr nützlich.
In kleinen Dosierungen lassen sich mit dem Harz, das auf die meisten Organe aktivierend wirkt, ziemlich genau die gleichen Ergebnisse erzielen. Allerdings sollte man es streng vermeiden, das Harz in zu großen Mengen zu verwenden: eine Überdosis kann nämlich nicht nur zu Erbrechen und Schwindelanfällen, sondern sogar zum Tod führen!

Das Terpentin wird (ebenfalls nur kleine Mengen nehmen!) innerlich angewendet. Als harntreibendes Mittel hilft es bei Leberkoliken, Steinen, Entzündungen der Harnwege sowie bei Neuralgien und Rheuma. Das Einreiben mit dieser Essenz bzw. ein Umschlag hiermit erweisen sich als sehr nützlich bei rheumatischen Schmerzen, Neuralgien, Herzklopfen, Bronchitis, Angina und Lungenentzündung.

Den Teer, den man durch langsames Verbrennen der Föhre und anschließendes Reinigen der Rückstände gewinnt, verwendet man als harntreibendes und katarrhlinderndes Mittel. Bei zu hoher Dosierung führt er zu Vergiftungserscheinungen. Aus diesem Teer stellt man eine Salbe her, mit der sich Hautkrankheiten behandeln lassen.

Die Heilwirkungen der Föhre beruhen vor allem auf den in ihr enthaltenen balsamischen Harzen. Ihre hustenstillende Wirkung ist schon seit langem bekannt; aber auch ihre harntreibenden und rheumalindernden Eigenschaften sind nicht zu verachten.

Innerliche Anwendung

Aufguß:
30−40 Gramm Knospen 30 Minuten lang in einem Liter kochendem Wasser ziehen lassen. Filtrieren und mit Honig süßen. Täglich 5−6 Tassen hiervon trinken. Dieses Mittel hilft bei hartnäckigem Husten, bei Bronchitis und anderen Leiden der Atemwege.

Absud:
30−40 Gramm Knospen in einem Liter Wasser kochen lassen. Bei Entzündungen der Harnwege, bei Gicht oder Rheuma trinkt man von diesem Präparat 3−4 Tassen pro Tag.

Sirup:
100 Gramm Knospen eine halbe Stunde lang in einem Deziliter Branntwein weichen lassen. Einen Liter kochendes Wasser dazugeben. Das Ganze einen halben Tag lang stehen lassen, dann filtrieren, erhitzen und die gleiche Menge Zucker hinzugeben. Unter oftmaligem Umrühren so lange einkochen lassen, bis man eine sirupartige Masse erhält. Ruhigstellen und abkühlen lassen. Bei Leiden der Atemwege nimmt man täglich 2−3 Teelöffel Sirup zu sich.

Äußerliche Anwendung

Gurgelwasser:
Bei Mandelentzündung, Heiserkeit oder Halsweh verwendet man den Absud als Gurgelwasser.

Schönheitspflege

Die wohltuende Wirkung von Bädern mit Föhrenknospen ist allgemein bekannt: sie helfen bei körperlicher oder geistiger Erschöpfung und tragen dazu bei, die Schönheit und Geschmeidigkeit der Haut zu erhalten. Hierzu läßt man 5−6 Handvoll getrocknete Knospen eine halbe Stunde lang in 5−6 Liter Wasser kochen. Diesen Absud gießt man in das lauwarme Badewasser.

Gänseblümchen

BELLIS PERENNIS L. –
FAMILIE DER KORBBLÜTLER

Maßliebchen
Tausendschön

Das Gänseblümchen ist eine kleine Pflanze, die 5–25 Zentimeter hoch werden kann. Sie ist allgemein bekannt und praktisch in ganz Europa verbreitet. Man trifft sie an Wegrändern, auf Weiden, an Böschungen und auf Rasenflächen. Die Blätter sind grundständig und bilden eine Rosette. Sie sind oval, breit und am Ende gezähnt. Nach unten hin werden sie unvermittelt schmäler.
Die Blüten sind einzelstehende Köpfchen. Während die in der Mitte stehenden gelb sind, sind die äußeren weiß oder rosafarben. Das Gänseblümchen blüht praktisch das ganze Jahr über, jedenfalls aber von März bis November. Verwendet werden die Blüten und die Blätter.

Ein Blick in die Geschichte

Das Gänseblümchen, die Blume der Verliebten (»Sie liebt mich, von Herzen, mit Schmerzen, ganz viel, ein bißchen, gar nicht . . .«) und der Dichter schlechthin, ist auch als Heilpflanze von großem Nutzen. Ihr französischer Name (»pâquerette«) leitet sich von der Bezeichnung für Ostern (»pâques«) ab, jener Zeit, zu der das Gänseblümchen am häufigsten auf den Wiesen zu finden ist.

Zusammensetzung	*Eigenschaften*	*Anwendungen*
Apfel- und Weinsäure	desinfizierend	Leberleiden
Harz	zusammenziehend	Leiden der Atemwege
gelber Farbstoff	beruhigend	Verstopfung
Saponin (sehr viel)	erfrischend	Wunden
Wachs		
ätherisches Öl		
Pflanzenschleim		
(sehr viel)		
Inulin		
Ascorbinsäure		

Früher ist das Gänseblümchen oft als wundenheilendes Mittel und zur Behandlung von Verstopfung eingesetzt worden. Die Blätter, die sehr saftig sind, können als Salat gegessen werden; nachdem dieses köstliche Gericht leicht abführend und blutdrucksenkend wirkt, läßt sich hier durchaus das Angenehme mit dem Nützlichen verbinden.

Auf dem Lande verwendet man Gänseblümchenaufguß bei Leiden der Atemwege, Leber- und Nierenerkrankungen, Blutarmut, Gicht, Rheuma und Verstopfung.

Der Saft wird zur Bekämpfung von Leberleiden, Gelbsucht und Steinen eingesetzt.

Innerliche Anwendung

Aufguß:
30–40 Gramm Blüten und Blätter in einem Liter kochendem Wasser ziehen lassen. Hiervon sollte man täglich 2–3 Tassen trinken: sie wirken hustenstillend und helfen bei Leberleiden. Bei Verstopfung nimmt man gekochte Blätter als Salat zu sich.

Äußerliche Anwendung

Umschlag:
Frische Blätter zerreiben und auf Wunden, Geschwüre und Hautreizungen auflegen.

Gurgelwasser oder Mundspülung:
Einen Absud aus 30–40 Gramm Blättern und Blüten pro Liter Wasser zubereiten. Dieses Mittel verwendet man bei Entzündungen der Mund- und Rachenhöhle als Gurgelwasser oder zur Mundspülung.

Gundelrebe

GLECHOMA HEDERACEA L. –
FAMILIE DER LIPPENBLÜTLER

Siehe Farbtafel Seite 72

Gundermann
Erdefeu

Die Gundelrebe ist eine ausdauernde Pflanze mit kriechendem Stengel, die man recht häufig antreffen kann. Sie wächst im Buschholz, in Hecken, an feuchten Orten und im Unterholz.

Der kriechende Stengel wird von den Wurzeln, die »Krampen« bilden, am Boden festgehalten. Er trägt einen aufrechten, vierkantigen Stengel, der 20−35 Zentimeter hoch werden kann.

Die dunkelgrünen Blätter sind oft von braunen Tupfen übersät, rund oder herzförmig und fühlen sich rauh an. Sie sind langgestielt und deutlich gezähnt. Die Blüten sind normalerweise veilchenblau (seltener auch weiß) und sitzen in den Blattachseln zusammen. Die Blütezeit der Gundelrebe reicht von März bis Juni.

Verwendet wird zwar auch die ganze Pflanze, vor allem aber die Blätter.

Zusammensetzung

ätherisches Öl
Bitterstoffe
Tannin (in recht
   großen Mengen)
Zucker
Cholin
Harz
Fettsäuren
Wachs

Eigenschaften

stärkend
hustenstillend
brustreinigend
auflösend
reinigend

Anwendungen

Leiden der Atemwege
Schnupfen
Bronchitis
hartnäckiger Husten
Asthma
Keuchhusten

Ein Blick in die Geschichte

Es sieht so aus, als würde die Gundelrebe schon seit der frühesten Antike verwendet werden. Im Mittelalter war ihre Heilwirkung wohlbekannt. Schon die hl. Hildegard empfahl sie bei Brustleiden und Kopfweh. Wenig später dann wurden die antiskorbutischen und reinigenden Wirkungen der Gundelrebe entdeckt.

Heute wird die Gundelrebe in der Behandlung von Leiden der Atemwege eingesetzt. Bei hartnäckigem Husten sowie bei Keuchhusten wirkt sie brustreinigend. Sie wird ebenfalls als Stärkungsmittel für schwächliche Kinder empfohlen. In der Hausmedizin wird sie bei Leberleiden, Steinen, Verdauungsstörungen, bei ersten Anzeichen einer Grippe sowie bei Fieberzuständen verwendet.

Innerliche Anwendung

Aufguß:

20–30 Gramm Blätter und Blütenspitzen 10 Minuten lang in einem Liter kochendem Wasser ziehen lassen. Filtrieren und mit Honig süßen. Drei bis vier Tassen täglich getrunken, wirken hustenstillend und brustreinigend.

Saft:

Aus frischen Blättern den Saft auspressen. Den Saft so einnehmen, wie er ist, oder einen Sirup daraus kochen. Hierzu braucht man das gleiche Gewicht an Zucker. Bei Leiden der Atemwege nimmt man täglich 25 Gramm Saft oder fünf Teelöffel Sirup zu sich.
Dem Saft wird auch nachgesagt, daß er vernarbungfördernd wirkt. Durch die Nase eingezogen, lindert er – einem älteren Autor zufolge – Migräne.

Absud:

20 Gramm Pflanzenteile in einem halben Liter frischer Milch kochen lassen. Sehr heiß vor dem Schlafengehen getrunken, befreit dieses Getränk die Atemwege und dämmt die Anfänge einer Grippe ein.

Äußerliche Anwendung

Kompresse:

75 Gramm des oben beschriebenen Aufgusses in einen Liter kochendes Wasser geben. Erkalten lassen. Als Kompresse auf Wunden oder Geschwüre auflegen. Gibt man 4 – 5 Löffel Essig hinzu, so vermag dieses Präparat Gichtschmerzen zu lindern.

Umschlag:

Blätter oder Blüten zerstoßen und auf die schmerzende Stelle oder die von Zellulitis betroffene Körperpartie auflegen.

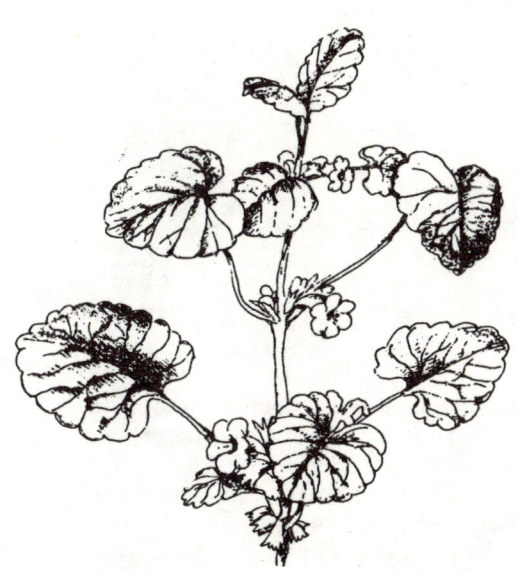

Gurke

CUCUMIS SATIVUS L. –
FAMILIE DER KÜRBISGEWÄCHSE

Die Gurke, die ursprünglich aus Südasien stammt, wird in fast allen Ländern der Welt angebaut. Sie ist mit Ranken ausgestattet, die es ihr ermöglichen zu klettern. Die Pflanze wird 2–3 Meter lang.

Die wechselständigen, einfachen Blätter setzen sich aus fünf verschieden großen Teilen zusammen und sind fein gezähnt.

Die gelben Blüten, die etwa drei Zentimeter breit werden, bestehen aus fünf Kron- und fünf Kelchblättern. Die männlichen Blüten stehen am unteren Ende der Pflanze zusammen und besitzen fünf Staubblätter. Die weiblichen Blüten sind im oberen Teil der Pflanze zu finden; sie sind einzelstehend. Die Blütezeit reicht von Juni bis September.

Verwendet werden die Früchte und die Samenkörner.

Obwohl sie auch weiterhin ihren Platz im Garten des Heilpflanzenkundigen verdient, wird die Gurke heute – außer in der Küche – vor allem in der Kosmetik verwendet. Diese Pflanze, von deren Verzehr jedem empfindlichen Magen abzuraten ist (es sei denn, sie wird gekocht), wirkt abführend und harntreibend. Sie fördert das Ausscheiden von Gift- und Fettstoffen. Man kann sie also durchaus bei Nierenleiden, Gicht, Arthritis oder auch bei Rheuma verwenden. Verschiedene Praktiker empfehlen die Gurke zur Behandlung von Fettleibigkeit und hohem Blutdruck. Außerdem vertreiben ihre Samenkörner – in großen Mengen genommen – den Bandwurm aus dem Körper.

Zusammensetzung	*Eigenschaften*	*Anwendungen*
Lipide	mildernd	Hautleiden
Proteide	erweichend	Ausscheiden von Gift-
Kohlenwasserstoff-	abführend	und Fettstoffen
verbindungen	harntreibend	
verschiedene Zuckerarten	bandwurmtreibend	
Vitamin A und C		
Karotin		
Arginin		
Pektinstoff		

Innerliche Anwendung

Obwohl die Gurke reinigend und entgiftend wirkt, gibt es eigentlich keine Art der innerlichen Anwendung, die es verdiente, erwähnt zu werden. Sie wird fast nur noch als wurmtreibendes Mittel gebraucht.

Äußerliche Anwendung

Umschlag:
Bei leichten Verbrennungen, Juckreiz und bei schmerzenden Insektenstichen sollte man frische Gurkenscheiben auflegen. Mehrmals täglich erneuern.

Schönheitspflege

Wegen ihrer mildernden und erweichenden Eigenschaften wird die Gurke häufig in der Kosmetologie verwendet. So ist eine ganze Anzahl von Präparaten auf dem Markt, in die die Gurke allein oder zusammen mit anderen Pflanzen (wie z. B. dem für seine zusammenziehende Wirkung bekannten Johanniskraut) Eingang gefunden hat. Man kann auf einfache Art und Weise »Gurkenmilch« zubereiten: dazu kocht man zwei gewaschene und geschälte Gurken eine Viertelstunde lang in einem Liter Wasser; danach zerdrückt man sie in demselben Wasser und gibt 1−2 Löffel mildes Mandelöl hinzu. Das Kochwasser allein stellt eine wirkungsvolle Lotion zur Gesichtsreinigung dar. Man kann auch eine einfache Gurkenmaske zubereiten, indem man feingeschnittene Gurkenscheiben etwa 15 Minuten lang auf Gesicht und Hals auflegt.

Gemeiner Haselstrauch

CORYLUS AVELLANA L. –
FAMILIE DER HASELNUSSGEWÄCHSE

Gemeiner Haselnußstrauch
Gemeine Hasel

Der Haselstrauch wächst als Unterholz in Laubwäldern (Waldrand) und als Gebüsch. Er hat biegsame Äste und kann 4–5 Meter hoch werden.
Die wechselständigen Blätter sind im Jugendstadium leicht behaart; sie sind oval, herzförmig und gezähnt.
Die Blüten erscheinen vor den Blättern. Die männlichen Blüten (September) sind gelbe, längliche und hängende Kätzchen. Die weiblichen Blüten (Januar oder Februar) stehen in einer Art Knospe zusammen, aus der die Griffel herausragen. Verwendet werden die Frucht (Öl), die Rinde und die Blätter.

Ein Blick in die Geschichte

Der Haselstrauch wird bereits seit mehreren tausend Jahren genützt. Schon Plinius, Vergil und Cato (um nur die bekanntesten Autoren zu nennen) erwähnen ihn; Dioskurides (1. Jahrhundert) empfahl die Haselnüsse gegen Husten. Im Mittelalter wurde der Haselstrauch systematisch angebaut. Die hl. Hildegard empfahl den Genuß von Haselnußkernen gegen Impotenz; im 17. Jahrhundert wurden sie gegen Steine und nephrotische Schmerzen verschrieben.

Zusammensetzung	Eigenschaften	Anwendungen
Öl	gefäßverengend	Warzen
Tannin	zusammenziehend	Hämorrhoiden
Harz	blutstillend	Wunden und Geschwüre
Wachs	desinfizierend	
Kohlenwasserstoff-verbindungen		
Bitterstoff		
Flavon-Farbstoff		
Vitamin C		

Die Wirkungsweise des Haselstrauchs hat man oft mit der der »Hexenhasel« (volkstümlicher Name der Zaubernuß) verglichen.

Der Haselstrauch, der vor kurzem in der Volksmedizin noch einen sehr guten Ruf besaß, wird heute weiterhin bei Fieberzuständen eingesetzt. Dabei verwendet man einen Absud der Rinde von jungen Zweigen oder der Wurzel. Ein Absud aus den Kätzchen wurde als schweißtreibendes Mittel verwendet. Manche Leute empfehlen diesen Absud bei Grippe und Lungenentzündung, während andere ihn bei Fettleibigkeit anraten.

Das Haselnußöl wurde zur Bekämpfung des Bandwurms benützt.

Der Blätteraufguß soll blutreinigend wirken; äußerlich als Kompresse auf Wunden und Geschwüre aufgelegt, soll er die Vernarbung fördern.

Innerliche Anwendung

Aufguß:

25 Gramm Blätter in einem Liter kochendem Wasser ziehen lassen. Filtrieren und zuckern. Drei Tassen pro Tag hiervon wirken blutreinigend.

Absud:

25 Gramm Kätzchen oder Rinde in einem Liter Wasser kochen lassen. Bei Grippe und Fettleibigkeit trinkt man von diesem schweißtreibenden Präparat drei Tassen pro Tag. Der Rindenabsud ist bei Warzen und Hämorrhoiden zu empfehlen.

Frucht:

Die Haselnüsse sind nahrhaft und zur Behandlung von Blutarmut und Nierenkoliken zu empfehlen.

Äußerliche Anwendung

Kompressen:

Mit dem oben beschriebenen Aufguß Kompressen herstellen und diese auf Wunden, Warzen und Geschwüre auflegen.

Hauswurz

SEMPERVIVUM TECTORUM L. –
FAMILIE DER DICKBLATTGEWÄCHSE

Dachhauswurz

Die Hauswurz ist eine krautige Pflanze, die 5–10 Zentimeter hoch wird. Man findet sie auf felsigen Bergen oder auf Dächern und Mauern. Man kann sie in alpinen Gegenden antreffen, vor allem in den Südalpen. Die Hauswurz vermehrt sich durch junge Schößlinge, die der Form nach an eine Artischocke erinnern.

Die dicken Blätter sind fleischig, abgeplattet und nicht geteilt; sie haben weder Nebenblätter noch Blattstiele. Die Blätter derjenigen Seitenachsen, die keine Blüten tragen, stehen artischockenförmig beisammen.

Die regelmäßigen Blüten sind rosafarben bis rosig und nur sehr selten weißlich. Sie haben die Form eines Sterns (2–3 Zentimeter groß) und bestehen aus zahlreichen Kron- und Kelchblättern (8–20 Stück). Die Hauswurz blüht von Juni bis August.

Verwendet werden die Blätter und der Saft.

Zusammensetzung

Ameisensäure
Harz
Kalziumverbindungen
Tannin
Pflanzenschleim
Apfelsäure
Ascorbinsäure

Eigenschaften

entzündungshemmend
zusammenziehend
reinigend

Anwendungen

Brandwunden
Warzen
Hühneraugen
Ekzeme
Entzündungen
Hämorrhoiden

Ein Blick in die Geschichte

In der Bretagne ist die Hauswurz wohlbekannt: auf den Bauernhöfen ließ man sie auf den Dächern der Stallungen wachsen, die sie dann im Hochsommer mit ihren rosigen Blüten verschönerte. Es ist noch nicht lange her, daß manche Dächer regelrecht unter dieser Pflanze versteckt waren. Ableger der Hauswurz wurden dabei in Kuhmist gegeben und dann auf das Stroh oder den Schiefer des Daches aufgelegt. Vom Regen bewässert und von der Sonne erwärmt, gedieh die Hauswurz prächtig und wartete nur darauf, geerntet zu werden ...

Viele Stadtbewohner waren der Meinung, daß diese Pflanze nur zu dekorativen Zwecken dort war oder um das Einsickern von Wasser durch ein undichtes Dach zu verhindern. In Wirklichkeit befand sich die Hauswurz aus zwei Gründen auf den Dächern: erstens sah man sie als Blitzableiter an (nach Ansicht unserer Vorfahren schlug der Blitz niemals in ein Dach ein, das mit Hauswurz bewachsen war), und zweitens verwendete man sie dazu, das an Koliken und schlechter Verdauung leidende Vieh zu heilen. Angeblich genügten schon ein bis zwei frische Pflanzen, um diese Wirkung zu erzielen.

Auch heute noch findet man selten ein Dorf, wo nicht ein paar Hauswurzpflanzen auf den Dächern überlebt haben. Die Geschichte mit dem Blitzableiter wird zwar nicht mehr sonderlich ernst genommen, aber dafür wird die Hauswurz immer noch als Heilpflanze verwendet.
In einem Dorf konnte die Frau des Holzschuhmachers ihre Mittelohrentzündung dadurch heilen, daß sie einen Hauswurzableger auspreßte und einen kleinen Löffel des gewonnenen Saftes in ihr Ohr träufelte. Genau der gleiche Saft wird auch bei Brandwunden, Wespenstichen und Nasenbluten verwendet.
Nach ernstzunehmenden Informationen werden die jungen Triebe der Hauswurz in gewissen Berggegenden als Salat gegessen.

Hinweis

Aufgrund der von einigen Autoren unterstrichenen Gefahren, die mit der innerlichen Anwendung der Hauswurz verbunden sind, möchten wir hier nur Möglichkeiten der äußerlichen Anwendung angeben.

Äußerliche Anwendung

Umschlag:
Ein frisches Blatt (zerstoßen oder auch nicht) in Essig weichen lassen und direkt auf Hühneraugen, Schwielen und ähnliches auflegen.

Saft:
Auf Flechten oder leichte Brandwunden den Saft (pur oder mit Öl vermischt) auftragen.

Gurgelwasser:
Den Saft mit 20 Gramm Honig süßen und reichlich Wasser dazugeben. Dieses Gurgelwasser ist bei Mund- oder Halsleiden zu empfehlen.

Heidekraut

CALLUNA VULGARIS (L.) HULL. –
FAMILIE DER HEIDEKRAUTGEWÄCHSE

Siehe Farbtafel Seite 105

Besenheide

Dieser Zwergstrauch ist das in unseren Gegenden am häufigsten anzutreffende Heidekraut. Es kann 80–90 Zentimeter hoch werden. Das gewöhnliche Heidekraut ist in Europa sehr stark verbreitet, wobei es vor allem Böden aus Kieselerde bevorzugt: Heiden, Magerrasen, Moore, Trockenwälder bis 2500 m.
Die zahlreichen, aufrechten Stengel sind sehr verschlungen und haben eine bräunliche Farbe.
Die gegenständigen und sitzenden Blätter sind klein, schmal und ausdauernd.
Die rotvioletten Blüten stehen in Trauben zusammen. Sie bestehen jeweils aus vier Kronblättern, vier Kelchblättern und acht Staubblättern. Das Heidekraut blüht in der Zeit von Juli bis November.
Verwendet werden die Blüten sowie die ganze Pflanze.

Zusammensetzung

Tannin (sehr viel)
organische Säuren
Inulin
Glykoside
gelber Duftstoff
Rohrzucker
Öl
Karotin

Eigenschaften

harntreibend
fäulnisbekämpfend
rheumalindernd
blutreinigend

Anwendungen

Entzündungen der
  Harnwege
Gicht
Rheuma

Ein Blick in die Geschichte

Chateaubriand hat über die Heide geschrieben: »Ich ließ mich durch riesige, von Wäldern gesäumte Heidelandschaften treiben.« Es stimmt, daß die rotvioletten Blüten des Heidekrauts zur Besinnung und zum Alleinsein anregen, und es ist kein Zufall, daß sie ein Symbol der lieben Erinnerung sind. Früher, als in der Bretagne die Höfe der Bauern noch nicht asphaltiert waren, war der Boden anstatt mit Teer mit Heidekraut- und Ginstersträuchen bedeckt. In einigen Dörfern gibt es noch immer Futtertröge aus Granit (sogenannte »mailloires«), in die man früher dem Vieh Heidekrautsträucher zum Fressen hineintat.

Das Heidekraut war bei den Bauern ob seiner veterinärmedizinischen Wirkungen äußerst hochgeschätzt. Heutzutage wird es von ihnen nur noch zur Herstellung von Besen oder für das Herrichten eines Strohlagers verwendet.

Der in Südfrankreich geübte Brauch, aus Heidekraut Pfeifen zu schnitzen, ist bei den Bretonen unbekannt. Sie verwenden das Heidekraut auch nicht mehr zum Gerben von Häuten, wie dies in vielen anderen Viehzuchtgegenden noch der Fall ist. Dafür sind sie dann aber überzeugte Anhänger seiner Heilwirkungen.

Innerliche Anwendung

Aufguß:

5 Gramm getrocknete Blütenspitzen während zehn Minuten in einer Tasse heißem Wasser ziehen lassen. Drei Tassen pro Tag bekämpfen Blasenentzündungen und fördern die Harnausscheidung bei Prostataleiden.

Absud:

45–50 Gramm Blütenspitzen eine Viertelstunde lang in einem Liter Wasser kochen lassen. Je eine Tasse hiervon am Morgen, am Mittag und am Abend wirken harntreibend.

Heidekraut

CALLUNA VULGARIS (L.) HULL.

105

Himbeere

RUBUS IDAEUS L.

Schwarzer Holunder

SAMBUCUS NIGRA L.

107

Schwarze Johannisbeere

RIBES NIGRUM L.

Wein:

20 Gramm Heidekraut und 10 Gramm Wacholderbeeren während 8–10 Tagen in einem Liter gutem Rotwein weichen lassen. Bei einer Dosis von je einem Weinglas vor den zwei Hauptmahlzeiten ist dieses Mittel dazu geeignet, Blasenentzündungen zu lindern.

Äußerliche Anwendung

Bad:

4 oder 5 Handvoll Heidekraut in das Wasserbecken geben. Dieses Bad lindert die Schmerzen bei Gichtanfällen.

Schönheitspflege

Verschiedene seiner Bestandteile verleihen dem Heidekraut Eigenschaften, die für die Schönheitspflege genutzt werden können.

Läßt man 50 Gramm Blütenspitzen zwei Wochen lang in einem Viertelliter reinem Olivenöl weichen, so erhält man eine Lotion, die imstande ist, eine matte Haut wieder aufzuhellen und eine spröde Haut geschmeidiger zu machen. Am besten trägt man dieses Präparat abends mittels leichter Massierbewegungen auf.

Heidelbeere

VACCINIUM MYRTILLUS L. –
FAMILIE DER HEIDEKRAUTGEWÄCHSE

**Blaubeere
Schwarzbeere**

Die Heidelbeere ist ein kleiner Halbstrauch, der etwa 50 Zentimeter hoch wird. Man findet ihn auf Kieselerdeböden in lichten Gebirgswäldern, in Heiden, Mooren und Zwergstrauchheiden.
Die grünen Zweige sind abgewinkelt und geflügelt.
Die einfachen, ovalen Blätter sind blaßgrün und fein gezähnt. Sie besitzen einen kurzen Stiel.
Die zartrosafarbenen Blüten sitzen einzeln oder zu zweit in den Blattachseln. Sie haben einen kurzen Stiel. Blütezeit ist von April bis Juni.
Bei der Frucht handelt es sich um eine fleischige, kugelige Beere, die bläulich-schwarz ist. Die Früchte reifen zwischen Juli und September.
Verwendet werden die Beeren und die Blätter.

Zusammensetzung

Blätter:
Chinasäure
Cerylalkohol
Triterpenalkohol
Harzsäure
Tannin
Rohrzucker
verschiedene Arten von
  Reduktionszucker
Diastase
Glykosid (Ericolin)
Vitamin C

Früchte:
Rohrzucker
Traubenzucker
Fruchtzucker
Tannin
Apfel-, Zitronen-,
  Bernstein-, Milch-
  und Kleesäure
Chinin
Vitamin A und C

Eigenschaften

Beeren:
stärkend
zusammenziehend
antiseptisch
gärungshemmend
bakterientötend

Blätter:
blutzuckersenkend

Anwendungen

Durchfall
Magenleiden
Mundfäule
Ekzeme

Früher wurde die Heidelbeere zum Färben von Wein und Textilien herangezogen. Heute findet man sie recht häufig auf unseren Eßtischen, sei es auf einer Obsttorte, sei es als Marmelade oder frisch mit Zucker. Gibt man Heidelbeeren genügend Zucker bei, daß es zu Gärungsprozessen kommen kann, so erhält man einen wohlschmeckenden, stärkenden Wein. Man kann diesen Wein ruhig ein Jahr lang stehen lassen: er wird hierdurch noch besser. Der kräftigende Heidelbeersirup wird von Kindern und Erwachsenen gleichermaßen geschätzt. Durch Experimente, die zu Beginn dieses Jahrhunderts gemacht wurden, konnte nachgewiesen werden, daß eine Kultur Eberth-Bazillen (Erreger des Typhusfiebers) innerhalb von 24 Stunden durch einen Heidelbeerabsud abgetötet werden kann. Die gut ausgereiften, dunkelblauen Früchte sind sehr saftig. Wenn man genügend frische Beeren verzehrt, so wirken sie durchfallbekämpfend. In den Vogesen nimmt man, wenn nicht gerade Heidelbeersaison ist, die Früchte als Marmelade oder Gelee zu sich. Hiermit lassen sich gute Erfolge bei Darmleiden und Erkrankungen der Gallenblase erzielen.

Die Hausmedizin rühmt auch einen Absud aus frischen oder getrockneten Heidelbeeren zur Behandlung von Durchfall. Von diesem Absud sollte man 5–6 Tassen täglich trinken. Dieses Mittel kann auch als Klistier verwendet werden. Schließlich wirken die Blätter der Heidelbeere, sei es als Aufguß oder als Absud, blutzuckersenkend. Sie können somit Diabetikern empfohlen werden.

Innerliche Anwendung

Aufguß aus zerstoßenen Blättern:
Drei Prisen zerstoßene Blätter in eine Tasse kochendes Wasser geben. Bei Diabetes sollte man 1−2 Prisen Heidelbeerblätter mit gleich viel Blättern der Walderdbeere mischen. Von diesem Aufguß trinkt man vier Tassen pro Tag.

Absud aus getrockneten Beeren:
Etwa 60 Gramm getrocknete Beeren in einen Liter Wasser geben. Bei Durchfall oder Darmentzündung nimmt man täglich fünf Tassen von diesem Absud zu sich. Besonders bei Durchfall von Kindern zeitigt dieses Mittel hervorragende Ergebnisse.

Sirup:
Den frischen Saft der Beeren mit dem gleichen Gewicht an Zucker einkochen. Stehen lassen. Von diesem wohlschmeckenden Sirup nimmt man 2−3 Löffel täglich. Gibt man Wasser hinzu, so erhält man ein Getränk, das stärkend und erfrischend ist.

Äußerliche Anwendung

Auszug:
Etwa 180 Gramm getrocknete und zerdrückte Beeren 2−3 Wochen lang in einem Liter Branntwein weichen lassen. Einmal pro Tag rütteln. Mit diesem Mittel sollte man Reizungen der Mundhöhle bepinseln.

Absud:
Etwa 100 Gramm Blätter pro Liter Wasser nehmen. Diesen Absud verwendet man als Gurgelwasser bei Mundfäule und Angina. Er kann auch bei Ekzemen eingesetzt werden.

Schönheitspflege

Die Heilwirkungen der Heidelbeere werden zur Behandlung von empfindlicher Haut, die für Falten und Fältchen anfällig ist, eingesetzt.

Himbeere

RUBUS IDAEUS L. –
FAMILIE DER ROSENGEWÄCHSE

Siehe Farbtafel Seite 106

Die Himbeere ist ein ausdauernder Strauch, der bis zu 2 Meter hoch werden kann; er gehört zu den zahlreichen stacheltragenden Gewächsen. Man findet die Himbeere gewöhnlich wildwachsend auf steinigem Gelände, in Wäldern, auf Hügeln und Schlägen.
Die aufrechten Stengel sind mit feinen Stacheln besetzt.
Die wechselständigen Blätter sind oval und gezähnt. Sie bestehen aus 3−7 deutlich geäderten Blättchen, die an der Unterseite leicht flaumig sind.
Die weißen Blüten, die sich aus fünf Kelch- und fünf Kronblättern zusammensetzen, sind klein und stehen in einer Art Rispe zusammen. Blütezeit ist von Mai bis Juli.
Die Frucht, die aus der Zusammensetzung kleiner Scheinfrüchte besteht, ist wohlbekannt.
Verwendet werden die Früchte, die Blätter und die Blüten.

113

Zusammensetzung

Zucker
Apfel- und Zitronensäure
Öl
Pektinstoffe
Fragarin
Tannin
Vitamin C

Eigenschaften

zusammenziehend
stopfend
erfrischend
harntreibend
schweißtreibend
rheumalindernd

Anwendungen

Rheuma
Diabetes
Halsweh
Leiden der Harnwege

Ein Blick in die Geschichte

Die Himbeere wird bereits bei Plinius dem Älteren erwähnt. Einige altrömische Naturforscher beschrieben auch schon einen Himbeersirup.

Die Himbeere ist nicht nur aufgrund ihrer Heilwirkungen beliebt. Sie wird auch wegen ihres speziellen Wohlgeruchs, ihres köstlichen Geschmacks und ihrer bezaubernden Farbe, die den Gaumen und das Auge erfreuen, hochgeschätzt.

Die Himbeere kann bei Rheuma, Diabetes und Gallenbeschwerden empfohlen werden. Durch ihre abführenden Eigenschaften vermag sie auch bei Verdauungsbeschwerden oder Verstopfung zu helfen. Himbeersirup leistet gute Dienste bei Nierenleiden, Blasenentzündungen, Angina und bei Fieber. Man kann auch einen Himbeeressig zubereiten, der – als Gurgelwasser gebraucht – Halsweh bekämpft.

Wegen der in ihm enthaltenen Farbstoffe, seines säuerlichen Geschmacks und seines angenehmen Wohlgeruchs wird Himbeersirup in der Nahrungsmittelindustrie dazu verwendet, die Farbe oder den Geschmack einiger Produkte zu verfeinern.

Als Aufguß wirken die Blätter zusammenziehend; man verwendet diese Zubereitung bei Durchfall und Darmentzündungen.

Innerliche Anwendung

Aufgüsse:

40 Gramm Himbeerblätter 10 Minuten lang in einem Liter kochendem Wasser ziehen lassen. 3–4 Tassen täglich hiervon getrunken, helfen bei Durchfall, Darmentzündung, Verdauungsbeschwerden und Leiden der Harnwege.

20 Gramm Blüten 10 Minuten lang in einem Liter kochendem Wasser ziehen lassen. 3–4 Tassen täglich von diesem Getränk genommen, wirken schweißtreibend; daneben nutzen sie auch bei Fieber, Rheuma wie auch bei Diabetes.

Sirup:
Einen Liter Himbeersaft mit 900 Gramm Zucker auf kleiner Flamme einkochen lassen, bis man eine sirupartige Masse erhält. Filtrieren und erkalten lassen. 4–5 Eßlöffel Sirup am Tag helfen bei Halsweh und wirken harntreibend.

Äußerliche Anwendung

Gurgelwasser und Mundspülung:
Blätteraufguß im gleichen Volumen mit Wasser verdünnen. Dieses Präparat hilft bei Entzündungen der Mandeln und des Zahnfleischs.

Schönheitspflege

Die Gesichtshaut wird eine erfrischende Himbeermaske zu schätzen wissen. Dazu zerdrückt man etwa zehn ausgereifte Himbeeren und legt das Fruchtfleisch auf die Haut auf. Eine Viertelstunde lang einwirken lassen. Anschließend reinigt man das Gesicht mit einem Wattebausch, den man in Regenwasser oder abgestandenes Mineralwasser taucht.

Schwarzer Holunder

SAMBUCUS NIGRA L. –
FAMILIE DER GEISSBLATTGEWÄCHSE

Siehe Farbtafel Seite 107

Der schwarze Holunder ist ein Strauch, der 4–6 Meter hoch wird. In Wäldern und Hecken ist er über fast ganz Europa verbreitet. Manchmal wird er auch kultiviert. Seine Rinde ist bräunlich und runzelig.
Die gegenständigen Blätter bestehen jeweils aus 5–7 Blättchen. Sie sind oval und gezähnt. Die Blattadern sind deutlich ausgeprägt.
Die kleinen, weißen Blüten stehen in endständigen, schirmförmigen Trugdolden zusammen. Sie verströmen einen starken Wohlgeruch. Die Blüten sind fünfzählig, das heißt, sie bestehen aus fünf Kron-, fünf Kelch- und fünf Staubblättern. Der schwarze Holunder blüht im Juni und im Juli.
Verwendet werden die Blüten, die Früchte, die Blätter sowie die sogenannte zweite Rinde.

Zusammensetzung

Harze
ätherische Öle
Tanninstoffe
Pflanzenschleim
verschiedene
  Zuckerarten
Farbstoffe
Pektin
Gerbsäure
flüchtige Säuren
Wachs
Fettsubstanzen

Eigenschaften

schweißtreibend
abführend
harntreibend
erfrischend
auflösend
hustenstillend

Anwendungen

Leiden der Atemwege
äußerliche
  Entzündungen

Ein Blick in die Geschichte

Bei archäologischen Ausgrabungen hat man feststellen können, daß der schwarze Holunder bereits den Menschen der Jungsteinzeit (Neolithikum) bekannt war; vermutlich haben sie daraus ein Getränk hergestellt. Schon die alten Griechen hatten einige der Heilwirkungen des Holunders entdeckt. Im Laufe der Jahrhunderte haben sich die hl. Hildegard, Albertus Magnus, Mattiolus, kurz: alle jene Kräuterspezialisten, die wir für gewöhnlich zitieren, mit dieser Pflanze, dem schwarzen Holunder, beschäftigt.

Alle Menschen meiner Generation, die wie ich das Glück hatten, in ländlichen Gegenden aufzuwachsen, erinnern sich noch daran, wie sie Holunderäste abgeschnitten und ausgehöhlt haben, um daraus Rohrflöten oder Blasrohre zu machen. Mit letzteren ließen sich unter lautem Geräusch Flachskugeln, mit denen die »Maschine« vollgeladen wurde, verschießen.

Die Eltern all dieser Kinder verwendeten den Holunderstrauch zu viel praktischeren Zwecken. Sie wußten, daß die getrockneten Blüten einen Absud ohnegleichen ergeben: er wirkt schweißtreibend und hilft bei Erkältungen, Grippe, Bronchitis, Angina und Lungenentzündung. Sie machten auch einen Tee daraus, den sie bei Gicht, bei Rheuma sowie bei allen Erkrankungen der Harnwege tranken.

Manche Leute wenden den Holunder auch äußerlich an: sie kochen frische Blätter und legen diese direkt auf Brandwunden, Nagelgeschwüre und alle Arten von Entzündungen auf. Selbstverständlich weiß ein jeder, daß der Aufguß bei Augenleiden oder Flechten hervorragende Ergebnisse zeitigt. Bei Halsweh läßt sich dieses Präparat auch als sehr wirkungsvolles Gurgelwasser einsetzen. Die Volksmedizin empfiehlt die Verwendung der grünen Rinde als harntreibendes und abführendes Mittel. Da diese aber bei zu starker Dosierung zu ernsthaften Komplikationen führen kann (und auf keinen Fall von Personen mit einem empfindlichen Magen eingenommen werden darf!), möchte ich mich dieser Empfehlung nicht anschließen. Mit den Blättern lassen sich nämlich die gleichen Wirkungen erzielen. Allerdings sollte man hierbei beachten, daß gekochte frische Blätter abführend wirken, während getrocknete Blätter bei Durchfall eingesetzt werden können.

Innerliche Anwendung

Aufguß:
30−35 Gramm Blüten (am besten trockene) in einem Liter kochendem Wasser ziehen lassen. Filtrieren und zuckern. Diesen Aufguß sollte man heiß trinken, und zwar bei Leiden der Atemwege, bei Grippe und als schweißtreibendes Mittel.

Absud:
15 Gramm frische Blätter in einem Liter Wasser kochen lassen. Eine kleine Tasse hiervon, am Morgen auf nüchternen Magen getrunken, wirkt harntreibend.

Essig:
5 Gramm frische Blüten zwei Wochen lang in einem halben Liter Essig weichen lassen. Von diesem Mittel nimmt man täglich zwei Löffel, die man mit Zuckerwasser verdünnt. Dieses Präparat löst überschüssige Harnsäure auf und sorgt für deren Abtransport.

Äußerliche Anwendung

Augenbad:
Mit dem obigen Absud Kompressen zubereiten. Dieses Mittel ist bei Bindehautentzündung und Hautkrankheiten zu empfehlen.

Umschlag:
Um das Reifen von Abszessen zu beschleunigen, legt man frische Blätter direkt auf die betroffene Stelle auf.

Schönheitspflege

In diesem Zusammenhang lassen sich nur die Blüten des schwarzen Holunders verwenden, und zwar als kalte Kompressen bei empfindlicher Haut. Dazu läßt man eine Handvoll Blüten 10 Minuten lang in einem Liter kochendem Wasser ziehen. Ein stärkerer Aufguß, der ebenfalls als kalte Kompresse aufgetragen wird, vermag schweren Augenlidern und müden Augen auf bemerkenswerte Weise wohlzutun.

Hopfen

HUMULUS LUPULUS L. –
FAMILIE DER HANFGEWÄCHSE

Der Hopfen ist eine Kletterpflanze mit ausdauernden, horizontal wachsenden Wurzeln. Man findet ihn in Auwäldern, zuweilen in Hecken und Büschen, an kühlen und feuchten Orten sowie an Bachufern und kultiviert.
Der rauhe Stengel kann klettern und sich festranken; er windet sich von links nach rechts und kann 6–10 Meter lang werden.
Die gegenständigen Blätter sind grün und herzförmig. Sie sind in 3–5 spitze, ovale und gezähnte Lappen geteilt und an ihrer Unterseite runzelig.
Beim Hopfen handelt es sich um eine sogenannte »eingeschlechtige« Pflanze. Das bedeutet, daß die männlichen Blüten (die in zweigigen Trauben zusammenstehen) und die weiblichen Blüten (zapfenähnlich) auf verschiedenen Sprossen wachsen. Der Hopfen blüht im Juli und August.
Verwendet werden die Zapfen (weibliche Blüten).

Zusammensetzung

Harz
Tannin
Trimethylamin
Bitterstoffe
  (Humolon und
  Lupolon)
Isovaleriansäure
Kalisalze
Terpen
flüchtiges Alkaloid
  (Lupulin)

Eigenschaften

stärkend
beruhigend
verdauungsfördernd
antiseptisch
magenstärkend
harntreibend
blutreinigend
fiebertreibend
auflösend
schmerzstillend

Anwendungen

Nervenschmerzen
Schlaflosigkeit
Verdauungsstörungen
Muskelschlaffheit
Fieberzustände
Arthritis

Ein Blick in die Geschichte

Seit dem Mittelalter wurde der Hopfen bei der Herstellung von Kräuterbier verwendet.

Die stärkende, appetitanregende, blutreinigende und abführende Wirkung der Hopfenzapfen wurde im 16. Jahrhundert entdeckt und dann sowohl in der Pflanzenheilkunde als auch im Brauereiwesen verwendet.

Im 19. Jahrhundert empfahl man den Hopfen als betäubendes und schmerzstillendes Mittel. Es wird erzählt, daß Georg III., König von England und Irland, sich sein Kopfkissen mit Hopfenzapfen vollstopfen ließ, um besser schlafen zu können. Seither haben viele, die an Schlaflosigkeit leiden, dieses Rezept mit Erfolg angewendet.

Einige ernsthafte Autoren beschreiben die anaphrodisischen Eigenschaften dieser Pflanze, die den Geschlechtstrieb dämpfen soll. Sie sei darum bei Blennorrhagie, Priapismus und Spermatorrhöe zu empfehlen.
Die Hausmedizin setzt auf Umschläge mit in Bier gekochten Blüten und Blütenspitzen; diese sollen bei Gelenks- und Gliederschmerzen helfen.

Man kann ein appetitanregendes Bier herstellen, indem man 2–3 Glas kochendes Wasser auf 5–6 Hopfenzapfen gießt.
Wenngleich der Hopfen auch wildwachsend anzutreffen ist, baut man ihn in manchen Gegenden doch intensiv an (Herstellung von Bier). Sofern der Hopfen nicht hierbei durch Enzian, Tausendgüldenkraut oder Wermut ersetzt wird, gibt er dem Bier seinen charakteristischen Bittergeschmack.
Köstlich schmecken die jungen Hopfentriebe: sie erinnern an Spargel.

Innerliche Anwendung

Aufguß:
20 Gramm Zapfen in einem Liter kochendem Wasser ziehen lassen. Eine Tasse hiervon vor jeder Mahlzeit wirkt appetitanregend, beruhigend, verdauungsfördernd oder auch fiebertreibend.

Absud:
20 Gramm Blüten 10 Minuten lang in einem Liter Wasser kochen lassen. Filtrieren. Bei Verdauungsbeschwerden oder Schlaflosigkeit trinkt man eine Tasse hiervon nach dem Abendessen.

Tinktur:
10 Gramm Hopfen in 20 Gramm Alkohol geben. Ein Teelöffel täglich hiervon wirkt wurmtreibend und hilft bei Schlaflosigkeit und allgemeiner Schwäche.

Hopfenblüte:
Bei Nervenschmerzen erhitzt man einen kleinen Beutel mit Hopfenblüten und legt ihn direkt auf die schmerzende Partie auf.

Schönheitspflege

Eine stärkende Lotion erhält man, wenn man zwei Prisen frische Hopfenzapfen in einem halben Liter kochendem Wasser ziehen läßt. Filtrieren, erkalten lassen und nach einer sorgfältigen Reinigung des Gesichts auf dieses auftragen.

Huflattich

TUSSILAGO FARFARA L. –
FAMILIE DER KORBBLÜTLER

**Brustlattich
Pferdefuß**

Der Huflattich ist eine krautige, ausdauernde Pflanze, die besonders an kühlen, lehmigen und feuchten Orten sehr stark verbreitet ist.
Der aufrechte Stengel ist schuppig. Er wird 10–30 Zentimeter hoch.
Die langgestielten Blätter sind herzförmig, gezähnt und groß (bis zu 25 Zentimeter breit). Sie sind an der Oberseite grün, an der Unterseite hingegen weißlich und flaumig. Sie erscheinen erst, wenn die Blütezeit vorbei ist.
Die Blüten bilden einzelstehende Köpfchen, die gelb und ungefähr 20 Millimeter breit sind. Der Huflattich blüht von Februar bis April.
Verwendet werden die Blüten und die Blätter.

122

Zusammensetzung
zwei pflanzliche
  Sterine
Bitterstoff
Pflanzenschleim
Tannin
Fettsäuren
ätherisches Öl
Saponin
Inulin

Eigenschaften
brustreinigend
mildernd
stärkend
erfrischend

Anwendungen
Leiden der Atemwege
hartnäckiger Schnupfen
Asthma
Wunden

Ein Blick in die Geschichte

An dieser Stelle erscheint es angebracht, auf eine von H. Leclerc in der »Revue de phytothérapie« (Zeitschrift für Pflanzenheilkunde) vom Januar 1951 beschriebene Erfahrung näher einzugehen. Dabei handelte es sich um zwei an Asthma leidende Raucher, die sich gezwungen sahen, die Tabakblätter durch Huflattichblätter zu ersetzen.

In dem Artikel heißt es dann: »Sie waren angenehm überrascht, als sie sahen, daß ihre Asthma-Anfälle seltener und weniger heftig wurden.«

Im 12. Jahrhundert empfahl die hl. Hildegard den Huflattich zur Behandlung von Verdauungsstörungen. Heute sieht es eher danach aus, als ob er vornehmlich bei Leiden der Atemwege eingesetzt würde, und zwar sowohl als Sirup denn auch als Aufguß oder als Absud.

In äußerlicher Anwendung gebraucht man die Oberseite der Blätter gegen Furunkel. Bei übermäßigem Fußschweiß lassen sich auch Fußbäder mit einem Huflattichabsud wirksam anwenden.

Innerliche Anwendung

Aufgüsse:
15–20 Gramm trockene Blätter zu Pulver zerreiben und 10 Minuten lang in einer Tasse kochendem Wasser ziehen lassen. Filtrieren und zuckern. Dieser Aufguß sollte sehr heiß getrunken werden. Bei hartnäckigem Husten und bei Bronchialleiden trinkt man täglich mehrere Tassen hiervon.
20–25 Gramm frische Blätter 10 Minuten lang in einem Liter kochendem Wasser ziehen lassen. Sorgfältig filtrieren und zuckern. Täglich 2–3 Tassen hiervon zu sich nehmen. Sehr heiß getrunken wirkt dieses Mittel brustreinigend.

Absud:
40−50 Gramm trockene Blätter pro Liter Wasser nehmen und das Ganze kochen lassen. Bei Leiden der Atemwege trinkt man täglich 2−4 Tassen von diesem Absud, und zwar zwischen den Mahlzeiten.

Äußerliche Anwendung

Frischer Saft:
Frischen Saft direkt auf die Wunde auftragen.

Umschlag:
Frische oder trockene Blätter in Wein kochen und als Umschlag auf Furunkel, Wunden oder Geschwüre auflegen.

Fußbad:
Zur Behandlung von übermäßig starker Schweißsekretion an den Füßen verwendet man den obigen Absud zu Fußbädern.

Schönheitspflege

Personen mit empfindlicher Haut wird die folgende mildernde Lotion guttun: 15 Gramm Huflattichblüten eine Viertelstunde lang in einem Liter kochendem Wasser ziehen lassen. Diese Lotion trägt man mittels lauwarmer Kompressen auf Gesicht und Hals auf.

Immergrün

VINCA MINOR L. –
FAMILIE DER HUNDSGIFTGEWÄCHSE

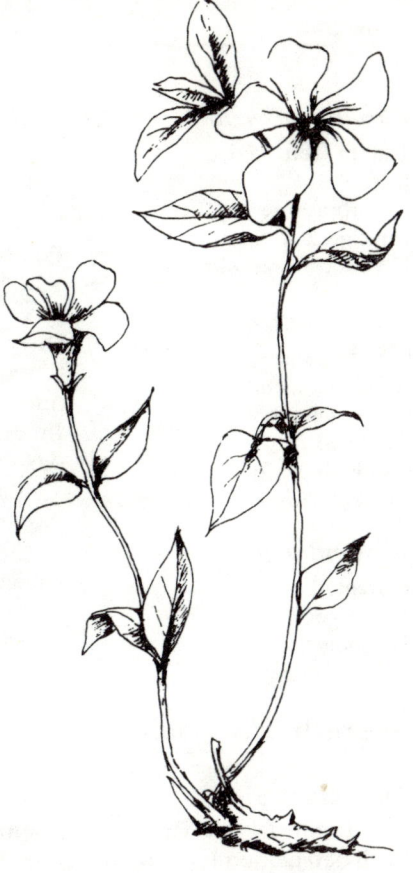

Wintergrün
Singrün

Das Immergrün ist eine ausdauernde, krautige Pflanze mit kriechenden Stengeln. Für gewöhnlich findet man sie an schattenreichen und kühlen Orten (Wälder, Hecken usw.).
Der kriechende Stengel kann bis zu anderthalb Meter lang werden, der blütentragende wächst aufrecht und wird 20 Zentimeter hoch.
Die ungezähnten Blätter sind gegenständig, oval und glänzend. Sie sind kurzgestielt.
Die einzelstehenden Blüten sind radförmig ausgebreitet und stehen in den Blattachseln. Sie haben fünfzählige Blütenkreise und sind veilchenblau, manchmal auch von einer etwas helleren blauen Farbe. Das Immergrün blüht von Februar bis Mai. Verwendet werden die Blätter.

Die zusammenziehenden Eigenschaften des Immergrüns sind seit langer Zeit durch die Erfahrung bestätigt worden: immer schon hat man seine Blätter bei Durchfall, Ruhr, Darmentzündungen oder auch zum Stillen von Blutungen eingesetzt. Das Immergrün, das gleichermaßen stärkend und harntreibend wirkt, reinigt das Blut und frischt es wieder auf.
Läßt man 2–3 Handvoll Blätter etwa 10 Tage lang in gut einem Liter Weißwein weichen und filtriert dann das Ganze, so erhält man ein angenehmes Getränk, das sowohl appetitanregend als auch verdauungsfördernd wirkt.
Den Absud kann man äußerlich als Gurgelwasser, als Klistier oder auch zum Auswaschen von Wunden und Geschwüren verwenden.

Zusammensetzung

Tannin (sehr viel)
Pektin
Ascorbinsäure
verschiedene Säuren
Glykosid (Vincosid)

Eigenschaften

harntreibend
zusammenziehend
blutreinigend
anregend
wundenheilend
antiskorbutisch

Anwendungen

Durchfall
Blutungen
Wunden

Ein Blick in die Geschichte

Am 5. November 1684 schrieb die französische Schriftstellerin Madame de Sévigné an ihre Tochter: »Heilen Sie sich ruhig mit Ihrem guten Immergrün. Es ist zwar sehr bitter, paßt aber speziell zu Ihren Schmerzen, und seine großartigen Wirkungen sind Ihnen ja bereits vertraut.« Das Immergrün, das im Mittelalter zur Zubereitung von Zaubertränken verwendet wurde, war bereits Dioskurides (im 1. Jahrhundert n. Chr.) wegen seiner zusammenziehenden Eigenschaften bekannt.

Innerliche Anwendung

Aufguß:

30 Gramm frische Blätter in einem Liter kochendem Wasser ziehen lassen. Nach den beiden Hauptmahlzeiten je eine Tasse hiervon trinken. Dieses Mittel wirkt verdauungsfördernd und harntreibend. Möchte man die Milchabsonderung unterdrücken, so trinkt man mehrere Tassen hiervon zwischen den Mahlzeiten.

Absud:

25−30 Gramm getrocknete Blätter in einem Liter Wasser kochen lassen. Bei Durchfall, bei Schleimhautentzündungen des Magens und zur Blutreinigung trinkt man zweimal am Tag je eine Tasse von diesem Absud.

Wein:

Drei Handvoll Blätter eine Woche lang in einem Liter Weißwein weichen lassen. Ein Glas hiervon vor oder nach dem Essen trinken; das wirkt appetitanregend bzw. verdauungsfördernd.

Äußerliche Anwendung

Lotion:

Einen Absud aus 20−25 Gramm getrockneten Blättern pro Liter Wasser zubereiten. Dieses Mittel kann man bei Angina oder Mandelentzündung (als Gurgelwasser), bei Entzündungen des Zahnfleischs (als Mundspülung) sowie zum Reinigen von Wunden, Geschwüren und Hautkrankheiten (als Kompresse) verwenden.

Schwarze Johannisbeere

RIBES NIGRUM L. –
FAMILIE DER STEINBRECHGEWÄCHSE

Siehe Farbtafel Seite 108

Gichtbeere
Wanzenbeere
Ahlbeere

Die schwarze Johannisbeere, die ursprünglich aus den nördlichen Gegenden stammt, ist ein sehr buschiger Strauch, der bis zu anderthalb Meter hoch werden kann. In wildwachsendem Zustand findet man sie nur in einigen feuchten Wäldern kontinental verbreitet, sie wird aber in zahlreichen Gärten angepflanzt.

Die Blätter fallen im Winter ab. Sie sind wechselständig und fast genauso breit wie lang; sie sind 39- oder 59fach gelappt und duften stark. Ihre Unterseite ist mit Härchen bestanden und mit kleinen gelben Drüsen übersät.

Die Blüten, die innen rötlich, außen grünlich sind, stehen in hängenden Trauben zusammen. Die Blütenkreise sind fünfzählig. Blütezeit ist im April und Mai.

Bei der Frucht handelt es sich um eine runde, schwarze und fleischige Beere, die von den Resten des Blütenkelches gekrönt ist.

Verwendet werden die Früchte und die Blätter.

127

Zusammensetzung

ätherisches Öl
Tannin
Vitamin C
verschiedene
    Zuckerarten
Emulsin
Pektinstoff
pflanzliche Farbstoffe

Eigenschaften

harntreibend
rheumalindernd
verdauungsfördernd
gichtlindernd
erfrischend
stärkend
zusammenziehend

Anwendungen

Gicht
Arthritis
Harnverhaltung
Steine
Reizungen der Harnwege
Nachtblindheit

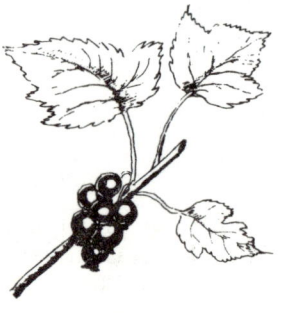

Ein Blick in die Geschichte

Die schwarze Johannisbeere, die sowohl den Griechen als auch den Römern unbekannt war, wird erst seit dem 18. Jahrhundert wegen ihrer Heilwirkungen genutzt. Zu Anfang jenes Jahrhunderts wurde das Buch »Les propriétés admirables du cassis« (»Die bewundernswerten Eigenschaften der schwarzen Johannisbeere«) von Pfarrer Bailly de Montaran verlegt. In diesem Werk wird der Johannisbeerlikör als »Lebenselixier« bezeichnet; dem Strauch werden viele verschiedene Eigenschaften zugeschrieben. Sehr schnell eroberte die schwarze Johannisbeere die Städte, wobei vor allem die französische Stadt Dijon von Bedeutung ist: hier wurde im Jahre 1840 die erste Fabrik zur Herstellung von Johannisbeerlikör gegründet. Der damalige Bürgermeister von Dijon, Domherr Kir, trägt zur Ehre der Johannisbeere bei, indem er einen Aperitif, bestehend aus Weißwein und Johannisbeersaft, bekannt machte; dieses Mischgetränk führt seither seinen Namen.

Man darf nicht vergessen, daß die schwarze Johannisbeere sehr viel Vitamin C enthält. Es ist also durchaus empfehlenswert, die frische, rohe Johannisbeere zu essen. Sie ist eine säuerliche und köstliche Frucht.

Neuere Studien haben nachgewiesen, daß die schwarze Johannisbeere das nächtliche Sehvermögen zu steigern vermag.

Innerliche Anwendung

Aufguß:

50 Gramm Johannisbeerblätter und -blüten in einem Liter kochendem Wasser ziehen lassen. Filtrieren. Drei Tassen täglich hiervon trinken, wovon man eine auf nüchternen Magen nehmen sollte. Der Johannisbeeraufguß ist hervorragend geeignet, die Harnabsonderung zu verbessern sowie Rheuma, Gicht, Fettleibigkeit und Durchfall zu bekämpfen.

Wein:
25 Gramm Blütenspitzen in einem Liter gutem Wein weichen lassen. Obwohl
dieses Rezept heute fast in Vergessenheit geraten ist, trinken in einigen stillen
Ecken Frankreichs Rheumakranke, die sich auf althergebrachtes Wissen verstehen, abends dieses wirkungsvolle Getränk.

Äußerliche Anwendung

Absud:
100 Gramm Blätter in einem Liter Wasser kochen lassen. Als Kompresse auf
Wunden und Geschwüre auflegen.

Umschlag:
Einige Früchte zerdrücken und das Fruchtfleisch direkt auf leichte Verbrennungen und Frostbeulen auflegen. Johannisbeerblätter kochen und mehrere
Tage lang in Weißwein weichen lassen. Dieses Präparat wirkt entzündungshemmend bei Furunkeln und Nagelgeschwüren.

Gurgeln und Mundspülung:
Einen Eßlöffel Johannisbeeraufguß zu einem Viertelliter Wasser hinzugeben.
Als Gurgelwasser ist dieses Präparat gut bei Halsweh; als Mundspülung wirkt
es bei Zahnschmerzen.

Echtes Johanniskraut

HYPERICUM PERFORATUM –
FAMILIE DER JOHANNISKRAUTGEWÄCHSE

Tüpfel-Johanniskraut
Tüpfel-Hartheu
Sonnwendkraut
Hexenkraut
Jageteufel
Johannisblut

Das echte Johanniskraut ist eine krautige, ausdauernde Staude. Normalerweise trifft man sie in Hecken, in Wäldern, auf unbebauten Böden und an Wegrändern an.
Der steife, verzweigte Stengel kann 30–60 Zentimeter hoch werden.
Die gegenständigen Blätter sind sitzend und länglich. Sie sind mit sehr zahlreichen kleinen Drüsensäckchen besetzt. Im Gegenlicht betrachtet, lassen diese die Pflanze durchlöchert erscheinen, was ihr zu ihrem lateinischen Namensbestandteil »perforatum« verholfen hat.
Die gelben Blüten stehen am Ende der Seitenachsen als Trauben zusammen. Sie bestehen aus jeweils fünf Kelch- und fünf Kronblättern sowie aus zahlreichen Staubblättern. Die Kelch- und die Kronblätter sind an ihren Rändern mit kleinen schwarzen Drüsen besetzt. Das echte Johanniskraut blüht von Mai bis September.
Verwendet werden die Blütenspitzen.

Zusammensetzung

ätherisches Öl
Harz
zwei Farbstoffe
Zucker
Tannin
Vitamin C
pflanzliches Sterin
Phlobaphen
Wachs

Eigenschaften

antiseptisch
hautbildend
lindernd
verdauungsfördernd
anregend
asthmalindernd
wundenheilend
zusammenziehend

Anwendungen

Verdauungsbeschwerden
Asthma
vielfältige Wunden
Verbrennungen
Fiebermittel
Wurmmittel

Ein Blick in die Geschichte

Das echte Johanniskraut ist eine der am meisten geschätzten Pflanzen der Volksmedizin. In einigen Gegenden wird es auch noch »Jageteufel« genannt. Sicherlich aufgrund seines Weihrauchgeruchs hat man ihm die Fähigkeit zugeschrieben, Krankheiten heilen und selbst den Teufel verjagen zu können.

Ihren lateinischen Namen verdankt die Pflanze, wie erwähnt, den zahlreichen kleinen »Löchern«, von denen die Blätter übersät sind. Es sind in Wirklichkeit kleine Drüsen, die ätherische Öle enthalten.

Diese unechten »Verletzungen« der Blätter und der rote Saft, den sie enthalten, haben natürlich dazu geführt, daß die Anhänger der Korrespondenztheorie (16. und 17. Jahrhundert) in diesen Pflanzen ein Wundermittel sahen, das man zur Behandlung von Kreislaufstörungen, Leberleiden, Lungenkatarrh, offenen Wunden usw. verwenden könne.

Im Herzen der Bretagne hat das echte Johanniskraut (das Ende Juni zum Fest Johannes des Täufers blüht) immer einen vorzüglichen Ruf genossen. Beim ersten Seitenstechen, bei der ersten Kolik, beim ersten Anzeichen von Fieber gab es immer nur eines, nämlich Johanniskrautaufguß trinken.

Ehe sie sich an ihre riesigen Kastanienportionen heranwagen, greifen die alten Leute in Frankreich auch heute noch auf diesen Aufguß zurück. Er wirkt appetitanregend, fördert die Verdauung und beugt Bauchschmerzen vor.

Am häufigsten wird das echte Johanniskraut äußerlich angewendet, und zwar bei Wunden, Geschwüren, Hautausschlägen und Verbrennungen. Man verwendet entweder den Blütensaft (ausgepreßt und direkt auf die betroffenen Stellen aufgetragen) oder eine Salbe, die man dadurch gewinnt, daß man frische Blüten mehrere Wochen lang in Olivenöl weichen läßt. Zur Zeit der Heuernte verwenden die Bauern diese Salbe zur Behandlung von Sonnenbrand.

Innerliche Anwendung

Aufguß:

20 Gramm Blütenspitzen in einem Liter kochendem Wasser ziehen lassen. Filtrieren und zuckern. 3—4 Tassen täglich hiervon trinken, eine davon am Morgen auf nüchternen Magen. Dieser Aufguß ist vor allem bei Asthma-Anfällen zu empfehlen.

Likör:

20 Gramm getrocknete Blüten zusammen mit einer in Scheiben geschnittenen Zitrone zwei Wochen lang in einem Liter Branntwein in der Sonne einweichen. Filtrieren und 100—150 Gramm Zucker hinzugeben. Ein Gläschen hiervon, vor dem Essen getrunken, wirkt appetitanregend; nach dem Essen genommen, wirkt ein solches Gläschen verdauungsfördernd. Dieser Likör schmeckt vorzüglich.

Äußerliche Anwendung

Öl:

Es gibt zwar mehrere Arten der Zubereitung, aber die am häufigsten angewendete ist folgende: 500 Gramm frisch geerntete und eingeschnittene Blütenspitzen drei Tage lang in einer Mischung aus einem Deziliter Olivenöl und einem halben Liter Weißwein weichen lassen. Anschließend im Dampfbad erhitzen, bis der Wein verdampft ist. Um die Wirkungskraft dieses Präparats möglichst zu erhalten, verteilt man das Öl am besten auf mehrere kleine Fläschchen. Bei Verbrennungen legt man zuerst gut durchtränkte Kompressen auf; danach gibt man Watte auf die Brandwunde und hält sie mit einem Klebestreifen fest. Diese Kompressen kann man auch bei schlimmen Wunden verwenden.

Schönheitspflege

Die antiseptischen und zusammenziehenden Eigenschaften des echten Johanniskrauts werden zur Behandlung von fettiger Haut genützt. Dieser Hauttyp braucht nämlich eine besonders sorgfältige Gesichtsreinigung, um die geöffneten Poren von Unreinheiten, die sie eventuell verstopfen mögen, zu befreien. Man kann zu diesem Zweck einen Absud aus 15 Gramm Blütenspitzen pro Liter Wasser auf das Gesicht auftragen. Dieses Mittel bekämpft auch das Entstehen von Hautfältchen.

Judenkirsche

PHYSALIS ALKEKENGI L. –
FAMILIE DER
NACHTSCHATTENGEWÄCHSE

Blasenkirsche
Lampionpflanze

Die Judenkirsche ist eine ausdauernde Pflanze, die vor allem auf kalkhaltigen Böden häufig vorkommt. Obwohl sie ungleichmäßig verteilt ist, findet man sie gelegentlich in Wäldern und kultiviert. In Feldern, Weingärten, Trümmerhaufen oder Hecken kann sie zu einer stattlichen Höhe heranwachsen.
Die aufrechten Stengel können 20–90 Zentimeter hoch werden.
Die Blätter besitzen einen langen Stiel und stehen meist paarweise zusammen. Sie sind oval und leicht gezähnt.
Die Blüten sind groß und setzen in der Blattachsel an; sie besitzen ebenfalls einen langen Stiel und sind weißlich. Blütezeit ist von Mai bis Oktober.
Bei der Frucht handelt es sich um eine fleischige Beere mit leicht säuerlichem Geschmack. Diese wird von dem vergrößerten, rot- bis orangegelben Kelch (»Lampion«) umschlossen.
Verwendet werden die Frucht und die Pflanze.

133

Zusammensetzung
roter Farbstoff
Vitamin C
Zitronensäure
verschiedene Zuckerarten
Alkaloide

Eigenschaften
harntreibend
abführend
blutreinigend
gichtlindernd
rheumalindernd
schmerzstillend
erweichend

Anwendungen
Steine
Entzündungen
    der Harnwege
Nieren- und
    Leberstauungen

Ein Blick in die Geschichte

Der wissenschaftliche Name der Judenkirsche geht auf das arabische Wort »al-kakandj« zurück und ist seit dem 15. Jahrhundert belegt. Dieses Wort wiederum stammt aus dem griechischen »halikakabon«, mit dem man bereits damals diese Pflanze bezeichnete.
Der botanische Name »Physalis« bedeutet »Harnblase«. Auch bei den Römern hieß die Judenkirsche aufgrund der Form ihrer Blüten »vesicaria«, das heißt »Harnblase«. Später dann, vielleicht in Erinnerung an die Laterne das Diogenes, die auch tagsüber brannte, haben die Leute diese »Blasen« als Lampions aufgefaßt, weshalb die Judenkirsche denn auch heute noch im Volksmund als »Lampionpflanze« bezeichnet wird.

* Die Beeren der Judenkirsche werden vornehmlich ihrer harntreibenden Wirkung wegen verwendet. In verschiedenen europäischen Ländern gelten sie, genauso wie Äpfel und Mandarinen, als Tischobst.

Innerliche Anwendung

Aufguß:
20–30 Gramm Beeren in einen Liter kochendes Wasser geben und ziehen lassen. Zur Behandlung von Entzündungen der Harnwege, Steinen sowie Nieren- und Leberstauungen sollte man täglich zwei bis drei Tassen hiervon trinken.

Absud:
40–50 Gramm Beeren in einem Liter Wasser kochen. Filtrieren und zuckern. Zwei bis drei Tassen täglich, von denen man eine am Morgen auf nüchternen Magen trinken sollte, wirken harntreibend und blutreinigend.

Wein:
60–70 Gramm Beeren und Blätter während etwa 10 Tagen in einem Liter Weißwein weichen lassen. Ein Glas am Morgen und eines am Abend wirken harntreibend.

Römische Kamille

ANTHEMIS NOBILIS L. –
FAMILIE DER KORBBLÜTLER

Siehe Farbtafel Seite 141

Römische Hundskamille

Diese ausdauernde, krautige Pflanze, die 20–30 Zentimeter hoch wird, findet man sehr oft wildwachsend (z. B. in Getreidefeldern); sie wird auch häufig in Gärten angebaut.

Ihre dünnen Stengel sind entweder weit ausladend oder nach oben gerichtet. Die wechselständigen Blätter sind in zahlreiche schmale Lappen zerteilt und leicht »flaumig«.

Die Blüten stehen in weißen Köpfchen zusammen (bei angebauten Arten oft zwei Köpfchen an einem Stengel). Sie ähneln dann kleinen Pompons. Verwendet werden die Köpfchen.

Zusammensetzung

blaues, ätherisches Öl
(durch Azulen gefärbt)
Harz
Zucker
Tannin
pflanzliches Sterin
Bitterstoff
Schwefel
Phosphorsäure

Eigenschaften

anregend
nervenschmerzlindernd
magenstärkend
krampfstillend
fiebertreibend
emmenagog
antiseptisch
wundenheilend

Anwendungen

Verdauungsstörungen
Aufgeblähtsein
Bindehautentzündungen
Geschwüre
Rheumaschmerzen

Ein Blick in die Geschichte

Der Name Kamille leitet sich von den beiden griechischen Wörtern »khamai« und »malon« her; das bedeutet, daß es sich bei dieser Pflanze um kleine Blüten handelt, deren Duft an den des Apfels erinnert. Unter den zahlreichen Kamillearten ist die römische Kamille (Anthemis nobilis) eine derjenigen, die mit am häufigsten angebaut werden. Ihren Beinamen »römisch« soll sie von dem deutschen Botaniker Rudolf Jakob Camerarius erhalten haben, der sie im 17. Jahrhundert in der Umgebung von Rom entdeckt hat. Dennoch stammt diese Pflanze ursprünglich nicht aus Italien.

* Zusammen mit der Linde und der Minze ist die Kamille eine der am häufigsten verwendeten Heilpflanzen.

Schönheitspflege

Der Gebrauch der Kamille zu Schönheitszwecken ist genauso alt wie ihre Verwendung als Heilpflanze. Ihre Eigenschaften machen sie vor allem für spröde Haut, die wetterempfindlich ist, zu einem wirksamen Kosmetikum. In der Kosmetologie gebraucht man die Kamille entweder allein oder zusammen mit anderen Pflanzen wie Rosmarin, Heidekraut und Stiefmütterchen.
Auch ohne all diese Beigaben kann jedoch ein einfacher Kamillenaufguß, der auf das Gesicht aufgetragen wird, jeder Haut beste Dienste leisten.
Eine Haarwäsche mit Kamille und einigen Sonnenblumenblättern vermag helles Haar auf diskrete Weise zu tönen.

Innerliche Anwendung

Aufguß:

Einige Kamillenblüten fünf Minuten lang in einer Tasse kochendem Wasser ziehen lassen, filtrieren und zuckern. Je nach Geschmack ein Schnittchen Zitronenschale beigeben. Kamillenaufguß wird von den Ärzten oft verschrieben, wenn es darum geht, Nervenschmerzen in der Gesichtspartie zu lindern. Er ist auch sehr wirkungsvoll bei Verdauungsschwäche, Aufgeblähtsein und Koliken.

Wein:
70–80 Gramm getrocknete Kamillenblüten eine Woche lang in einem Liter gutem Weißwein weichen lassen. Filtrieren. Bei Verdauungsbeschwerden nimmt man vor den beiden Hauptmahlzeiten je einen Suppenlöffel hiervon.

Äußerliche Anwendung

Augenbad:
Einen Kamillenaufguß zubereiten, Kompressen eintauchen und bei aufgedunsenen Augenlidern oder bei Bindehautentzündungen diese leicht betupfen.

Kompressen:
Als antiseptisches und vernarbungförderndes Mittel läßt sich der Kamillenaufguß auch mittels Kompressen bei Wunden und Beingeschwüren verwenden.

Kamillenöl:
50 Gramm getrocknete Blüten in 300 Gramm Tafelöl mehr als zwei Stunden lang im Wasserbad erhitzen. Gut ausdrücken und durch ein feines Leinentuch filtrieren. Wird als Klistier verwendet, um die Verdauung zu beschleunigen oder Darmkoliken zu bekämpfen. Das Kamillenöl wirkt auch vorzüglich bei rheumatischen Schmerzen. In diesem Fall sollte man die betreffende Stelle damit einreiben.

Große Kapuzinerkresse

TROPAEOLUM MAJUS L. –
FAMILIE DER KAPUZINERKRESSENGEWÄCHSE

Siehe Farbtafel Seite 142

Spanische Kapuzinerkresse

Die Kapuzinerkresse, die ursprünglich aus Südamerika stammt und an feuchten Stellen wild wächst, wird auch als Zierpflanze gezogen.
Die zylindrischen Stengel sind glatt und können, wenn sie etwas zum Festhalten finden, sich nach oben ranken.
Die langgestielten Blätter sind wechselständig, rund und ziemlich groß. An der Oberseite haben sie eine hellere grüne Farbe als an der Unterseite.
Die großen, einzelstehenden Blüten sind oft orangegelb. Sie besitzen fünf Kron- und fünf Kelchblätter und sind gespornt. Wenn man die Pflanze zerstampft, setzt sie einen charakteristischen »stechenden« Duftstoff frei. Die Blütezeit reicht von Juni bis September.
Verwendet werden die jungen Blütenspitzen und die frischen Blätter.

Schönheitspflege

Die Kapuzinerkresse vermag das Kopfhaar zu stärken; man verwendet sie zusammen mit der Birke bei der Herstellung von Shampoos, zusammen mit der großen Brennessel bei der Herstellung von entsprechenden Lotionen.

Zusammensetzung

Ferment
schwefelhaltige,
   heterozyklische
   Verbindung
ätherisches Öl
Kleesäure
verschiedene
   Zuckerarten
Pektinstoffe
Harze

Eigenschaften

blutreinigend
harntreibend
bruststärkend
kopfhautstärkend
wundenheilend
abführend

Anwendungen

Bronchitis
Asthma
Luftansammlung im
   Gewebe (Emphysem)
oberflächliche Wunden

Ein Blick in die Geschichte

Der Name der Kapuzinerkresse leitet sich sicherlich von ihren »kapuzenförmigen« Blüten ab.
Früher ersetzten die in Essig eingeweichten Blütenknospen die Kapern, während die Blätter zum Salat dazugemischt wurden. Unsere Vorfahren hielten die Kapuzinerkresse für das Heilmittel schlechthin bei Tuberkulose. So weit wollen wir zwar nicht gehen; aber man muß anerkennen, daß diese Pflanze über interessante Eigenschaften verfügt, die man sich bei der Behandlung von Bronchitis oder Emphysemen zunutze machen kann.
Ihre harntreibende Wirkung läßt ihre Verwendung auch bei Reizungen der Harnkanäle und bei verschiedenen Formen des Rheumas angeraten erscheinen. Da sie etwas abführend ist, hat man sie lange Zeit bei Aufgeblähtsein und krankhaftem Luftschlucken eingesetzt.

Innerliche Anwendung

Frischer Saft:
25 Gramm frischen Saft in eine Tasse Milch geben. Zwischen den zwei Hauptmahlzeiten eingenommen, wirkt dieses Getränk bei Bronchitis, Asthma und Emphysemen.

Aufguß:
25 Gramm Blätter in einem Liter kochendem Wasser ziehen lassen, filtrieren. Eine Tasse hiervon nach jeder Mahlzeit getrunken, wirkt harntreibend und blutreinigend.

Äußerliche Anwendung

Umschlag:
20–30 Gramm frische Blätter in einem Liter Wasser kochen lassen. Die gekochten Blätter in ein feines Leinentuch geben und auf oberflächliche Wunden auflegen.

Kirschenbaum

PRUNUS AVIUM L. –
FAMILIE DER ROSENGEWÄCHSE

Kirschbaum
Kirsche
Süßkirsche
Vogelkirsche

Der Kirschbaum stammt aus Kleinasien. Er kann bis zu 15 Meter hoch werden.
Er wächst ziemlich verbreitet, mit Ausnahme von trockenen, lehmigen oder
sumpfigen Böden.
Die schlanken Äste sind entweder entfaltet oder hängend.
Die ovalen, glänzenden Blätter sind gezähnt und kurzgestielt.
Die weißen, geruchsintensiven Blüten (fünf Kron- und fünf Kelchblätter) ste-
hen doldenähnlich zusammen; sie erscheinen kurz vor oder zusammen mit den
Blättern. Blütezeit ist im April und im Mai.
Verwendet werden die Früchte und deren Stiele.

Römische Kamille

ANTHEMIS NOBILIS L.

141

Große Kapuzinerkresse

TROPAEOLUM MAJUS L.

Klatschmohn

PAPAVER RHOEAS L.

143

Kornblume

CENTAUREA CYANUS L.

144

Zusammensetzung

verschiedene Zuckerarten
(sehr große Menge)
Vitamin A
Ascorbinsäure (wenig)

Eigenschaften

harntreibend
abführend
entzündungshemmend
(Harnwege)
erfrischend
zusammenziehend
arthritislindernd
hustenstillend

Anwendungen

Gicht
Nierenkoliken
Leberkoliken
Rheuma
Fieberzustände

Ein Blick in die Geschichte

Die Geschichte der Kirsche reicht schon weit zurück: so hat man an jungsteinzeitlichen Ausgrabungsstätten zahllose Kirschkerne gefunden.
Seit die Römer den Kirschbaum aus Kleinasien eingeführt haben, ist er veredelt worden und hat inzwischen ganz Europa erobert. Die Früchte des Kirschbaumes, ob wild oder gezüchtet, werden ob ihrer Schmackhaftigkeit hochgeschätzt. Sie werden auch zur Herstellung von beliebten Getränken verwendet (Kirschwasser, Cherry Brandy, Maraschino, Kirsch).

* Da die Kirsche nur sehr wenig nahrhaft ist, kann man sie ruhigen Gewissens auch all jenen empfehlen, die einen großen Appetit oder Gewichtsprobleme haben.

Innerliche Anwendung

Aufgüsse:

30 Gramm Stiele frischer Kirschen in einem Liter heißem Wasser ziehen lassen. Falls die Stiele trocken sein sollten, läßt man sie vorher einen Tag lang im Wasser weichen. 4–5 Tassen Aufguß pro Tag trinken. Dieses Getränk wirkt harntreibend und hilft bei Entzündungen der Harnwege, bei Gicht und bei Arthritis. Bei Husten sollte man einen Aufguß mit Kirschblüten zubereiten.

Absude:

20–30 Gramm trockene Rinde von jungen Kirschbaumästen in einem Liter Wasser kochen. Bei Fieberzuständen zu empfehlen.
Ein Absud aus Blättern wirkt leicht abführend.

Schönheitspflege

Frisches, zerkleinertes Fruchtfleisch, auf Hals und Gesicht aufgetragen, erquickt und regeneriert die ausgelaugte Haut; dieses Rezept kann man vor allem Personen mit fettiger Haut nach einer sorgfältigen Gesichtsreinigung empfehlen.

Klatschmohn

PAPAVER RHOEAS L. –
FAMILIE DER MOHNGEWÄCHSE

Siehe Farbtafel Seite 143

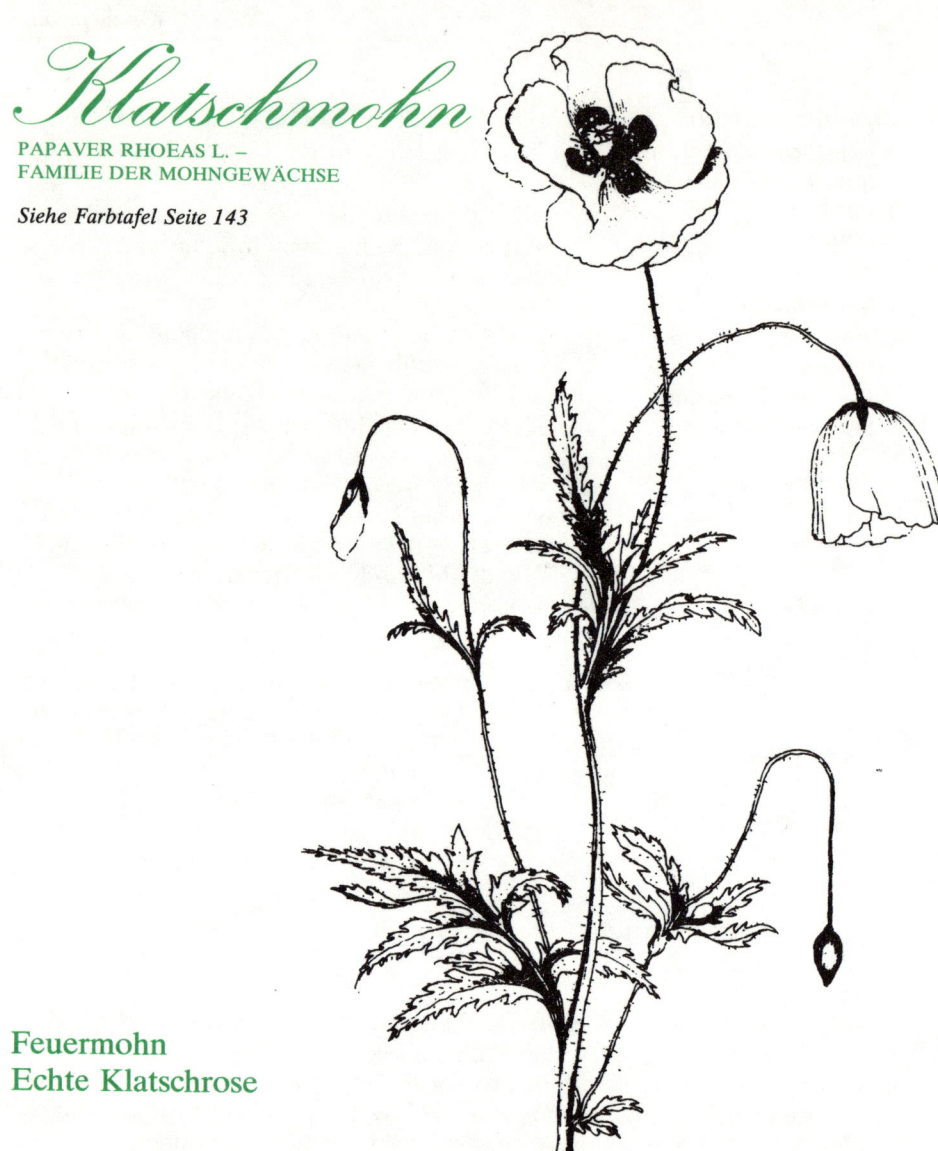

Feuermohn
Echte Klatschrose

Diese krautige, einjährige Pflanze wächst für gewöhnlich mitten in den Feldern (vor allem in Getreidefeldern), wo sie dann als »Unkraut« angesehen wird. Man findet sie aber auch auf unbebauten Böden.
Der aufrechte, haarig bewachsene Stengel kann 50–60 Zentimeter hoch werden.
Die ungestielten Blätter sind gegenständig, stark geteilt und haarig.
Die einzelstehenden Blüten, die von einem langen Stiel getragen werden, sind rot. Sie besitzen zwei Kelch- und vier Kronblätter; letztere sind an ihrem unteren Ende mit braunschwarzen Tupfen übersät. Die Blütezeit des Klatschmohns reicht von Mai bis Juli.
Verwendet werden die Blüten.

Zusammensetzung

Alkaloid
Pflanzenschleim
harzhaltige Substanz
Zucker
Tannin
Rohrzucker
Farbstoff
Kalisalpeter

Eigenschaften

mildernd
bruststärkend
beruhigend
leicht einschläfernd
brustreinigend
leicht zusammenziehend

Anwendungen

Schnupfen
Bronchitis
Angina
Asthma
Keuchhusten

Ein Blick in die Geschichte

Der Hahn hieß im Französischen früher »cocorico«. Und da die Kronblätter des Klatschmohns genauso rot sind wie der Kamm des Hahns, nimmt man an, daß der französische Name dieser Pflanze, »coquelicot«, durch eine Verballhornung dieser Lautmalerei entstanden ist.

Der Klatschmohn ist seit der Antike bekannt. Allerdings hat man ihn damals hauptsächlich als Nahrungsmittel angesehen: man aß seine Blätter. Seit dem ersten nachchristlichen Jahrhundert hat man den Klatschmohn als Betäubungsmittel empfohlen. Im 16. Jahrhundert verschrieben ihn die Ärzte bei Brustfellentzündung.

Es sei darauf hingewiesen, daß man bei der Verwendung einiger Klatschmohnpräparate große Vorsicht walten lassen soll; dies bezieht sich vor allem auf die Dosierung!

Die hustenstillende, mildernde und schweißtreibende Wirkung des Klatschmohns läßt seine Verwendung in mancherlei Fällen angeraten erscheinen: Schnupfen, Lungenkatarrh, Bronchitis, Angina, Asthma, Keuchhusten, Fieberausbrüche, Brustleiden. Man verwendet den Klatschmohn nicht nur als Aufguß oder als Sirup, sondern manchmal auch in Form von Bonbons.
Obwohl diese Pflanze zu den Mohngewächsen gehört, kann man sie ohne Gefahr als Schlafmittel für unruhige, ängstliche oder nervöse Personen verwenden: die betäubende Wirkung des Klatschmohns ist relativ gering. Dennoch heißt es bei der Dosierung aufzupassen!
In der einfachen Hausmedizin war ein mit Olivenöl versetzter Klatschmohnaufguß sehr bekannt. Auf das Gesicht aufgetragen, sollte dieser Aufguß das Austrocknen der Haut und das Entstehen von Fältchen verhindern.

Innerliche Anwendung

Aufguß:
20 Gramm getrocknete Blütenblätter in einem Liter heißem Wasser ziehen lassen. Filtrieren und Zucker (oder besser noch: Honig) dazugeben. Um Reizungen der Atemwege zu bekämpfen und um leichter einschlafen zu können, trinkt man zwei oder drei Tassen hiervon täglich.

Sirup:
200 Gramm getrocknete Kronblätter in einem Liter Wasser aufkochen und eine Nacht ziehen lassen. Ein Kilo Zucker hinzugeben. Einige Löffel von diesem Sirup in einen bruststärkenden Malven-, Märzveilchen- oder Huflattichaufguß geben. Mehrere Tassen am Tag trinken. Wirkt bei den gleichen Beschwerden wie der Aufguß.

Äußerliche Anwendung

Umschlag:
Getrocknete Blütenblätter in kochendem Wasser ziehen lassen. Danach die Blätter in einen Gazestoff geben. Bei Zahnvereiterung auf die Wange, bei Augenentzündung auf die Augenlider auflegen.

Schönheitspflege

Zusammen mit anderen Pflanzen (wie z. B. dem Salbei) wird der Klatschmohn zur Herstellung von Cremes verwendet, die kleine Unreinheiten bei fettiger Haut beseitigen sollen. Ein Aufguß mit 15 Gramm Kronblättern in einem halben Liter Wasser stellt, nach Filtrieren und anschließendem Erkaltenlassen, eine Lotion dar, die sehr gut für die Erhaltung der Haut ist. Sie ist auch sehr wirkungsvoll, wenn es darum geht, müde oder irritierte Augen wieder zu erfrischen.

Klette

ARCTIUM LAPPA L. –
FAMILIE DER KORBBLÜTLER

Die Klette ist eine große, krautige, zweijährige Pflanze. Sie ist vor allem auf kalkhaltigen Böden (wildes Terrain, unbebautes Terrain etc.) stark verbreitet. Der aufrechte Stengel ist verzweigt und wird zwischen 80 Zentimeter und zwei Meter hoch.

Die sehr großen, einfachen Blätter sind oval, oben grün und unten weißlich. Die Blüten sind am Ende des Stengels in zahlreichen Blütenköpfen angeordnet. Sie sind manchmal weißlich, manchmal fast veilchenblau und von zahlreichen hakigen Hüllblättern umschlossen. Die Klette blüht im Juni oder Juli ihres zweiten Jahres.

Verwendet werden die Wurzeln, manchmal auch die Blätter und die Samen.

Zusammensetzung

Pflanzenschleim
ätherisches Öl
pflanzliches Sterin
harzige Substanzen
Inulin
Tannin
Bitterstoff

Eigenschaften

blutreinigend
harntreibend
schweißtreibend
reinigend
rheumalindernd
gichtlindernd

Anwendungen

Arthritis
Rheuma
Gicht
Hautkrankheiten
Furunkulose
überhöhter
   Harnstoffspiegel
Leberkoliken
Cholesterin

Ein Blick in die Geschichte

Die Römer nannten die Klette »lappa«, was auf das griechische »labein« (»greifen«, »ergreifen«) zurückgeht. Im Mittelalter wurde die Klette bei der Behandlung von Geschlechts- und Hautkrankheiten eingesetzt. Sie stand im Rufe, Heinrich II. geheilt zu haben, weshalb man ihr auch im Französischen den Namen »herbe aux seigneurs« (»Kraut der vornehmen Leute«) gab. Paradoxerweise wurde sie im französischen Volksmund gleichzeitig als »herbe aux teigneux« (»Grindkraut«) bezeichnet.

Bei den Japanern werden die Wurzeln der Klette, genauso wie bei uns die Gartenschwarzwurzel, gegessen. Manche rösten die Wurzeln, um daraus einen Kaffee-Ersatz zu gewinnen. Im Zweiten Weltkrieg haben die getrockneten Blätter der Klette einen schlechten Tabak abgegeben.

Schönheitspflege

Da die Klette nährende Eigenschaften hat und das Gleichgewicht der Haut fördert, ist sie ein Bestandteil vieler Schönheitscremes.

Innerliche Anwendung

Aufguß:

50 Gramm frische, zerhackte Wurzeln in einem Liter Wasser aufkochen lassen. Filtrieren. Eine Tasse hiervon am Morgen, eine am Abend und eine vor jeder Mahlzeit trinken.

Sirup:

50 Gramm frische Wurzeln in eine Mischung aus vier Deziliter Wasser und 400 Gramm Zucker geben. Auf kleiner Flamme kochen lassen, bis man eine sirupartige Masse erhält. Zur Bekämpfung von auf Infektionen zurückgehenden Hautkrankheiten nimmt man pro Tag drei bis vier Eßlöffel hiervon zu sich, die man mit einem Aufguß verdünnt.

Äußerliche Anwendung

Lotion:
Einen Absud aus 30 Gramm Wurzeln und einem Viertelliter Wasser zubereiten. Die gekochte und weich gewordene Wurzel zu Brei zerquetschen. Zur Stärkung des Haares massiert man einmal täglich die Kopfhaut hiermit.

Umschlag:
Frische Blätter zerstoßen und in einen Gazestoff einwickeln. Auf die schmerzenden Körperpartien (bei Rheuma), auf Krampfadern und auf Wunden, die nur langsam vernarben, auflegen.
Eine Verwendung der Klette, die in den Dörfern der Bretagne recht gebräuchlich ist, verdient es, erwähnt zu werden. Dabei werden frische Blätter zusammen mit Öl als Umschlag bei Schiefhals und Gelenksschmerzen verwendet. Dies führt zu einer raschen Linderung und fast garantiert zur Heilung. Aus diesem Grunde bewahren viele Landbewohner Klettenblätter in Öl auf, damit dieses Mittel ihnen auch im Winter zur Verfügung steht.

Knoblauch

ALLIUM SATIVUM L. –
FAMILIE DER LILIENGEWÄCHSE

Der Knoblauch ist eine krautige Pflanze, die 20–40 Zentimeter hoch wird.
Durch seinen Bulbus, der entweder einfach oder von mehreren Zehen umge-
ben ist, die von einem gemeinsamen Häutchen umschlossen werden, ist er aus-
dauernd. Er besitzt einen starken, stechenden Geruch.
Die Blätter sind länglich und schmal und gehen von der Zwiebel aus. Sie stek-
ken in einer gemeinsamen Hülle und sind ineinander verschachtelt.
Die gestielten weißlichen Blüten sind mit kleinen, rot- bis veilchenblauen
Knöllchen vermischt; diese stecken vor der Blütezeit in einer langspitzigen
Blumenscheide, die dann abstirbt. Der Knoblauch besitzt drei Kelch-, drei
Kron- und sechs Staubblätter. Die Blütezeit reicht von Juni bis August.
Verwendet wird die Zwiebel.

Zusammensetzung

ätherisches Öl
Inulin
Ferment
Biokatalysatoren
Vitamine A, B, C und P
alkaloidisch reagierende
  Substanz

Eigenschaften

appetitanregend
verdauungsfördernd
brustreinigend
anregend
wurmtreibend
antiseptisch
bakterientötend
blutzuckersenkend
blutdrucksenkend
auflösend
ableitend

Anwendungen

Infektionskrankheiten
Hühneraugen
Gerstenkörner
Warzen

Ein Blick in die Geschichte

Der Pharao Cheops hat eine Knoblauchzehe in die höchste der Pyramiden bei Gizeh einmeißeln lassen. Dies läßt vermuten, daß bei den alten Ägyptern der Knoblauch als Gottheit verehrt worden ist. Der unter dieser Darstellung eingemeißelte Text enthüllt, daß die beim Bau der Pyramide beschäftigten Arbeiter jeden Morgen eine Knoblauchzehe aßen, um damit Krankheiten vorzubeugen.
Bei den Griechen hingegen war all jenen, die »nach Knoblauch rochen«, das Betreten der Tempel verboten. Dennoch machten die griechischen Athleten vor den Olympischen Spielen – seltsamerweise – regelrechte Knoblauchkuren.
Lange Zeit ist der Knoblauch als das Allheilmittel schlechthin angesehen worden. Es ist interessant festzustellen, daß die Chinesen, die sehr viel Knoblauch essen, nur selten Krebs haben.

* Das Auftragen einer zu stark konzentrierten Salbe kann zu Hautreizungen und sogar leichten Verbrennungen führen.

Innerliche Anwendung

Knoblauchsaft:

150–175 Gramm Knoblauch schälen und sehr fein schneiden. Einen halben Liter Wasser zum Kochen bringen. Den Knoblauch dazugeben und 25–30 Minuten weiterkochen lassen. Das Ganze in einen lockeren Stoff geben und trockenschleudern. Den Saft abwiegen und unter öfterem Umrühren die gleiche Menge Puderzucker hinzufügen. Erkalten lassen und anschließend das gleiche Gewicht an Rum hinzufügen (z. B. 350 Gramm ausgedrückter Knoblauchsaft plus 350 Gramm Zucker plus 350 Gramm Rum). Während vier oder fünf aufeinanderfolgenden Tagen jeweils am Morgen einen Eßlöffel hiervon auf leeren Magen einnehmen. Knoblauchsaft ist ein überragendes Wurmmittel.

Wein:
25 Gramm Knoblauch zusammen mit 15–20 Gramm Wermutblätter mit einem Liter Wein aufgießen und ziehen lassen. Das ergibt ein sehr wirksames Mittel bei Erschlaffung, Darmwürmern und Verdauungsstörungen.

Sirup:
Eine oder zwei Knoblauchzehen während 48 Stunden in ihrem doppelten Gewicht an Wasser und Zucker einweichen lassen. Knoblauchsirup wirkt brustreinigend.

Äußerliche Anwendung

Umschlag:
Knoblauchzehen zerstoßen und mittels eines feuchtheißen Tuchs als Umschlag verwenden. Das wirkt ableitend.

Knoblauchtinktur:
Eine Knoblauchzehe in das Fünffache ihres Gewichts an Alkohol geben; etwa eine Woche lang einweichen lassen. Die Knoblauchtinktur hat antiseptische und bakterientötende Wirkung.

Salbe:
Zwei oder drei Knoblauchzehen in Schmalz oder zwei Eßlöffeln Öl zerstoßen. Auf den zu behandelnden Körperteil – z. B. bei Wurmbefall auf den Bauch – auftragen. Bei Husten reibt man die Fußsohle mit dieser Salbe ein. Bei Schmerzen das betreffende Gelenk oder den Muskel hiermit leicht massieren.

Schlangen-Knöterich

POLYGONUM BISTORTA L. –
FAMILIE DER KNÖTERICHGEWÄCHSE

Wiesenknöterich
Otterwurz

Der Schlangenknöterich ist eine ausdauernde Pflanze, die man auf Bergweiden, in feuchten Wiesen und auf sumpfigen Böden recht häufig antreffen kann. Der gerade, einfache Stengel kann bis zu 120 Zentimeter hoch werden.
Die Blätter sind auf der Oberseite grün, auf der Unterseite meergrün und flaumig. Die unteren Blätter sind langgestielt und oval. Während sie nach oben hin spitz zulaufen, sind sie nach unten hin verschmälert und bilden auf dem Blattstiel wellige Flügel. Die anderen Blätter sind sitzend.
Die rosafarbenen Blüten stehen in sehr dichten, endständigen Scheinähren zusammen, die länger als breit sind. Die Blütezeit des Schlangenknöterichs reicht von Mai bis Juli. Der verwachsene, schlangenartig gewundene Wurzelstock ist außen rötlichbraun, innen rosafarben. Man erntet ihn im Herbst.
Verwendet wird der Wurzelstock.

Zusammensetzung

Tanninstoffe
Fruchtzucker
Oxalsäure
roter Farbstoff
Stärke
Pflanzenschleim
Harze
Vitamin C

Eigenschaften

zusammenziehend
stopfend
blutandrangstillend
desinfizierend
stärkend

Anwendungen

Durchfall
Ruhr
Harninkontinenz
Halsweh

Ein Blick in die Geschichte

Der botanische Name des Schlangenknöterichs, »Polygonum bistorta«, zeigt an, daß diese Pflanze zur Familie der Knöterichgewächse (Polygonaceae) gehört, deren Name sich von den beiden griechischen Wörtern »polys« (»mehrere«) und »gony« (»Knie«) herleitet. Die Bezeichnung »Schlangenknöterich« ist wahrscheinlich eine Anspielung auf die Form der Wurzel, die sich schlangenähnlich verknotet und windet. Die Wirkung des Schlangenknöterichs, insbesondere die seiner Wurzel, ist oft mit derjenigen der peruanischen Ratanhiawurzel oder der Blutwurz verglichen worden; auch diese beiden Pflanzen enthalten große Mengen an Tannin.

Innerliche Anwendung

Aufguß:
30–40 Gramm zerkleinerte Wurzeln in einem Liter Wasser so lange kochen lassen, bis ein Drittel davon verdampft ist. Von diesem Aufguß trinkt man bei Durchfall vier Tassen pro Tag, und zwar zwischen den Mahlzeiten.

Wein:
125 Gramm Wurzeln zerkleinern und 24 Stunden lang in einem Viertelliter 45%igem Alkohol weichen lassen. Danach einen Liter Rotwein (Bordeaux) hinzugeben und das Ganze vier Tage lang ruhig stehen lassen. Filtrieren. Täglich 50–150 Gramm von diesem stärkenden Wein trinken (Rezept von Leclerc).

Äußerliche Anwendung

Gurgelwasser und Mundspülung:
150 Gramm vom Wurzelstock eine halbe Stunde lang in einem Liter Wasser kochen, filtrieren und erkalten lassen. Bei Entzündungen des Zahnfleischs, der Mandeln oder des Halses verwendet man dieses Mittel als Gurgelwasser oder zur Mundspülung.

Kleinblütige Königskerze

VERBASCUM THAPSUS L. –
FAMILIE DER RACHENBLÜTLER

Kerze
Kunkelblume
Lungenstengel
Hustenblume
Wollkraut

Die kleinblütige Königskerze wächst an sehr vielen verschiedenen Plätzen auf unbebauten, eher trockenen Böden. Sie ist eine robuste, zweijährige Pflanze, die wollig behaart ist.

Der aufrechte Stengel ist nicht verzweigt; er wird bis zu zwei Meter hoch. Die Blätter sind oval und gezähnt. Sie sind dick und auf der Unterseite haarig. Die oberen Blätter laufen mit ihren Rändern (Flügel) am Stengel herab. Die Blüten stehen in ährenähnlichen Trauben zusammen, die bis zu einem Meter lang werden können. Sie sind relativ klein und gelb. Blütezeit ist von Juni bis September.

Verwendet werden die Blüten, die Blätter und manchmal die Wurzel.

Zusammensetzung

Wurzel:
Zucker (sog.
  Wollkrautzucker)
Pektinstoff

Blüte:
Farbpigment (Crocin)
Kohlenstoff-
  verbindungen
pflanzliches Sterin
  (Verbasterin)
Saponine

Frucht:
hämolytisches Saponin

Blatt:
Pflanzenschleim
Bitterstoff

Eigenschaften

schmerzstillend
bruststärkend
auflösend

Anwendungen

Erkrankungen der
  Bronchien
Asthma
Luftansammlungen im
  Gewebe (Emphyseme)

Ein Blick in die Geschichte

Bereits zur Zeit des großen Arztes Hippokrates, im 4. Jahrhundert v. Chr., war die Königskerze wegen ihrer Heilwirkungen bekannt. Die Griechen gaben ihren herzschlägigen Pferden davon zu fressen; aber sie benutzten sie bei Leiden der Atemwege auch für sich selbst.

Die Blüten der Königskerze gehören zu den bruststärkenden Blüten, zu denen auch Klatschmohn, Eibisch, Malve, Huflattich und Veilchen gezählt werden.

Seit Jahrhunderten wird die Königskerze hochgeschätzt. Auch heutzutage wird sie in verschiedenen Dörfern noch sorgfältigst aufbewahrt, denn ihre Heilwirkung bei akuten Gichtanfällen und ihre lindernde Wirkung bei Furunkeln, Nagelgeschwüren und selbst Hämorrhoiden sind unbestritten und seit langem anerkannt. Linné schreibt, daß sich die Bettler im Mittelalter schädliche Hahnenfußgewächse auflegten, um hierdurch häßliche Geschwüre auf ihrer Haut entstehen zu lassen: derart versuchten sie, noch größeres Mitleid bei mildtätigen Menschen zu erwecken. Danach pflegten sie sich durch Auflegen von Blättern der Königskerze auf die Wunden wieder gesund.

* Man kann auch eine Art verwenden, die ungefähr die gleichen Wirkungen hat wie Verbascum thapsus: dies sind Verbascum phlomoides (=Windblumen-Königskerze) und Verbascum densiflorum (=großblütige Königskerze).

Innerliche Anwendung

Aufguß:
25 Gramm Blüten in einen Liter kochendes Wasser oder kochende Milch geben. Vor Gebrauch den Aufguß durch ein Stück Leinenstoff filtrieren. Drei Tassen pro Tag, zwischen den Mahlzeiten eingenommen, sind gut bei Erkrankungen der Bronchien, Asthma und Emphysemen.

Sirup:
Pro 50 Gramm Zucker läßt man 25 Gramm Blüten in einem Liter Wasser kochen. Filtrieren. Gegen hartnäckigen Husten sowie alle Lungen- und Bronchienreizungen nimmt man pro Tag sechs Eßlöffel Sirup zu sich.

Äußerliche Anwendung

Umschlag:
Blätter der Königskerze in Milch aufkochen und sie, heiß wie sie sind, auf Nagelgeschwüre und Furunkel auflegen.

Öl:
Ein Maß Blüten für je zwei Maß reines Olivenöl nehmen. Bei Leiden der Atemwege reibt man die Brust damit ein. Bei rheumatischen Schmerzen die betreffende Körperpartie einreiben.

Schönheitspflege

Einige in Milch gekochte frische Blätter der Königskerze, die man als Umschlag auf das Gesicht auflegt, werden verschiedene Probleme einer trockenen und spröden Haut lösen können.

Kornblume

CENTAUREA CYANUS L. –
FAMILIE DER KORBBLÜTLER

Siehe Farbtafel Seite 144

Die Kornblume ist eine krautige Pflanze, die man in Weizenfeldern, Getreide-
äckern und auf Schuttplätzen in ganz Europa sehr oft antrifft.
Der aufrechte Stengel ist gerippt und schlank; er kann bis zu 70 Zentimeter
hoch werden.
Die linealischen Blätter sind wechselständig, gräulichgrün und weißfilzig behaart.
Die Blüten sind blau (selten auch rosafarben oder weiß) und stehen in Köpfchen am Ende der Stengel. Die Blütezeit erstreckt sich von Mai bis Juli/August.
Verwendet werden die Blüten und die Blätter, manchmal auch die Wurzel.

Zusammensetzung	*Eigenschaften*	*Anwendungen*
Glykosid	entzündungshemmend	Bindehautentzündung
Pektinstoffe	leicht zusammenziehend	Gerstenkorn
Bitterstoff	blutandrangstoppend	Husten
Pflanzenfarbstoff	(Bronchien)	

Innerliche Anwendung

Absud:
25–30 Gramm Blätter und getrocknete Blüten in einem Liter Wasser kochen. Filtrieren und zuckern. Bronchienleiden behandelt man, indem man mehrmals am Tag eine Tasse hiervon trinkt.

Wein:
50 Gramm Blätter und Blüten in einem Liter gutem Wein weichen lassen. Ein Schnapsgläschen hiervon vor jeder Mahlzeit wirkt als Brustmittel.

Äußerliche Anwendung

Augenbad:
80 Gramm Blüten in einem Liter kochendem Wasser ziehen lassen. Filtrieren. Bei Augenentzündungen tupft man dieses Präparat – lau – auf die Augenlider.

Schönheitspflege

Heutzutage wird die Kornblume, die früher zur Kopfhautpflege benutzt wurde, bei der Zusammenstellung von Haarlotionen mit Antischuppenwirkung verwendet.
Gießt man 25 Gramm Kronblätter mit einem halben Liter kochendem Wasser auf, so erhält man einen Aufguß, der als laue Gesichtskompresse zugleich stärkend und mildernd wirkt.
Mit diesem Mittel wird auch wirkungsvoll dem Entstehen von Hautfältchen oder Runzeln vorgebeugt.

Echter Lavendel

LAVANDULA OFFICINALIS CHAIX. –
FAMILIE DER LIPPENBLÜTLER

Lavender
Lavander
Kleiner Speik

Der echte Lavendel wächst für gewöhnlich in großen Mengen auf weiten Flächen im Süden Frankreichs, dabei bevorzugt er vor allem kalkhaltige Abhänge. Der Lavendel ist ein in Büschen wachsender Halbstrauch. Sein schlanker, aufrechter Stengel ist unterhalb der Blütenstände nicht bewachsen. Er wird 50–60 Zentimeter hoch.

Die schmalen Blätter sind fahlgrün. Sie sind lanzettförmig, lederhart und gegenständig angeordnet.

Die bläulichen Blüten stehen am Ende der Stengel in Ähren zusammen. Sie sind klein (3 x 6 mm) und verströmen einen sehr angenehmen Geruch. Der Lavendel blüht im Juli und August.

Verwendet werden die Blüten und die Blütenspitzen.

Zusammensetzung

ätherisches Öl
  (gelb und
  grünlichweiß)

Eigenschaften

beruhigend
krampfstillend
harntreibend
magenstärkend
galletreibend
anregend
antiseptisch
mikrobentötend

Anwendungen

Leiden der Atemwege
Verdauungsstörungen
Rheuma
Gicht
Verletzungen
Quetschungen
Insektenstiche
Bißwunden durch Tiere

Ein Blick in die Geschichte

Der Name »Lavendel« leitet sich vom lateinischen »lavare« (»waschen«) her. Es ist tatsächlich überliefert, daß die schönen Römerinnen früher gerne parfümierte Bäder genossen, in denen vorher einige Lavendelsträucher eingeweicht waren.

* Die zahlreichen Unterarten des Lavendels gehen alle auf zwei Arten zurück; eine hiervon ist der hier beschriebene echte Lavendel (Lavandula officinalis).

Auch wenn der Lavendel (vor allem der aus der Dauphiné-Gegend, der reichhaltiger ist als einer aus tiefergelegenen Gegenden) in der Kosmetik- und Parfümindustrie verwendet wird, so besitzt er doch ebenso bemerkenswerte Heilwirkungen.

Manche Leute behaupten, daß ein unter das Kopfkissen gelegtes Lavendelsäckchen bei Kopfschmerzen hilft und für guten Schlaf sorgt. Auch kann man sich kaum einen Wäscheschrank ohne Lavendel vorstellen: nicht nur, daß er das Leinen angenehm parfümiert, er vertreibt auch Motten und andere Insekten.

Bleibt nur noch zu sagen, daß der Lavendelhonig ausgezeichnet schmeckt und sehr wohlriechend ist.

Innerliche Anwendung

Aufguß:

30 Gramm Blüten in einem Liter kochendem Wasser ziehen lassen. Filtern und zuckern oder besser noch mit Honig süßen. Drei Tassen täglich hiervon getrunken, zeigten sehr gute Ergebnisse bei Schnupfen, Bronchitis, Asthma, Grippe und Keuchhusten. Dieser Aufguß ist auch bei Aufgeblähtsein, Luftschlucken, Herzklopfen, Migräne und Appetitmangel zu empfehlen. Trinkt man hiervon am Abend vor dem Schlafengehen, so sorgt dies für einen ruhigen Schlaf.

Absud:

20 Gramm Blütenspitzen in ein Deziliter Wasser geben. Kochen lassen, filtrieren und zuckern. Bei Schlaflosigkeit trinkt man vor dem Schlafengehen ein bis zwei Tassen hiervon.

Äußerliche Anwendung

Prise:

Einige getrocknete Blüten zu Pulver verreiben und einatmen (aufschnupfen).

Alkoholischer Auszug:

40 Gramm Blüten zwei Wochen lang in einem Liter gutem Branntwein weichen lassen. Filtrieren. In einem Fläschchen, das luftdicht abgeschlossen werden muß, aufbewahren. Bei Quetschungen jeglicher Art und rheumatischen Schmerzen mit Massierbewegungen auftragen.

Lavendelöl:

40 Gramm Lavendelblüten zwei Wochen lang in einem Liter Olivenöl weichen lassen. Hier gelten die gleichen Angaben wie beim alkoholischen Auszug. Einige Tropfen dieses Öls, auf ein Zuckerstück geträufelt, stellen ein wirkungsvolles Mittel gegen Migräne dar.

Gurgelwasser:

Einige Tropfen Lavendelessenz (ätherisches Öl) in ein Glas lauwarmes Wasser geben.

Schönheitspflege

Der Lavendel kann vorteilhaft als Stärkungsmittel und Deodorant verwendet werden. Man gibt dazu einfach einen Absud aus 200 Gramm getrockneten Pflanzen in das Badewasser.

Einige Tropfen Lavendelessenz helfen, gut eingerieben, bei übermäßiger Schweißabsonderung an Händen und Füßen. Sie verhindern ebenfalls, daß sich von der Sonne verbrannte Haut abschält.

Weiße Lilie

LILIUM CANDIDUM L. –
FAMILIE DER LILIENGEWÄCHSE

Bauernlilie
Madonnenlilie

Die weiße Lilie ist eine krautige Pflanze, die in Asien (von wo sie ursprünglich stammt) wild wächst. Anderswo wird sie angebaut. Ihre Fortpflanzung wird durch Teilung der Brutzwiebeln (schuppige Zweitzwiebeln) gesichert.
Der aufrechte, unverzweigte Stengel wird einen Meter, manchmal sogar 1,30 Meter hoch.
Die lanzettförmigen Blätter sind am Rand leicht gewellt. Sie sind wechselständig und bleiben oft auch wintersüber grün.
Die Blüten, die am Ende des Stengels in den Achseln der Tragblätter stehen, sind weiß. Sie besitzen drei weiße Kelch- und drei weiße Kronblätter sowie sechs lange, gelbe Fruchtblätter. Die weiße Lilie verströmt einen angenehm süßlichen Geruch. Die Blütezeit reicht von Mai bis Juli.
Verwendet werden die Zwiebeln und die Blüten (Kronblätter).

Zusammensetzung

Bulbus und Schuppen:
Anthozyan
Oxydase
Bitterstoff
Stärke
verschiedene Zuckerarten

Blätter:
Vitamin C

Blüte:
Bor
Eisen

Ein Blick in die Geschichte

Die Lilie, das Symbol der französischen Könige, ist das Sinnbild der Reinheit. Sicherlich geht es dabei um die Reinheit des Herzens, aber die Lilie ist auch Sinnbild der Heilung von allem, was nicht gesund ist (Wunden, Verbrennungen etc.).
In der Bretagne wird man kaum ein Dorf finden, in dem es nicht wenigstens in einem Haus eine Glasflasche gibt, in der Kronblätter der Lilie in Branntwein weichen. »Je länger es steht, um so besser ist es«, wird man Ihnen dazu sagen. Auf Schnitt- oder Schürfwunden aufgelegt, trägt dieses Mittel genausogut zu einer schnellen Vernarbung bei, wie kompliziert zusammengesetzte Medikamente dies tun können.

Auf dem Land, wo sich die Bauern bei der Arbeit oft an schlimmen Dornen verletzen, sind Nagelgeschwüre, Abszesse und Furunkel eine alltägliche Angelegenheit. Zur Behandlung dieser Verletzungen schlägt man in der Bretagne folgendes vor: »Man nehme eine Lilienzwiebel von der Größe des Geschwürs, wickle sie in feuchtes Papier und lege sie anschließend zum Garen unter die Glutasche. Danach vermische man die weichgewordene Zwiebel mit Brothefe und wickle die so erhaltene Paste um das betreffende Geschwür. Nach zweimal durchgeführter Behandlung wird das Leiden geheilt sein.« Es ist richtig, daß andere Leute es vorziehen, die Zwiebel in Milch zu kochen, aber das Ergebnis bleibt das gleiche. Während der Blütezeit der Lilie wird man Ihnen bei Verbrennungen anraten, die Kronblätter in Öl zu tauchen und sie dann mit einem Verband auf die verbrannten Stellen aufzulegen.
Abschließend bleibt noch zu vermerken, daß die gekochten Zwiebeln auch gegessen werden können.

Hinweis

Das aus den Zwiebeln gewonnene Öl wird zur Herstellung verschiedener Präparate verwendet, die die Schmerzen bei Arthritis oder Rheuma lindern sollen. Manche Autoren rühmen auch die harntreibenden und brustreinigenden Eigenschaften der weißen Lilie.

Äußerliche Anwendung

Tinktur:
Die Kronblätter von 5–6 Lilien eine Woche lang in einem großen Glas Branntwein weichen lassen. Filtrieren und in einem luftdicht verschließbaren Fläschchen aufbewahren. Auf Abszesse, Schwielen oder Hühneraugen auftragen.
Dieses Präparat kann bei Schnitt- oder Schürfwunden als Desinfektionsmittel verwendet werden; es fördert auch die Vernarbung dieser Wunden.

Umschlag:
Eine Zwiebel in feuchtes Papier einwickeln und unter der Glutasche garen lassen. Die Zwiebel in Scheiben schneiden und diese auf Abszesse, Furunkel und Nagelgeschwüre auflegen. Hat man keine Glutasche zur Verfügung, so kann man die Zwiebel auch in Milch kochen.

Schönheitspflege

Die Zwiebel der Lilie steht im Ruf, das Entstehen von Gesichtsfalten bekämpfen zu können. Ein einfaches Rezept dafür ist folgendes: 15 Gramm Saft aus einer Lilienzwiebel mit gleich viel Honig vermischen; zwei Teelöffel geschmolzenes weißes Wachs dazugeben. Dieses Präparat trägt man abends vor dem Schlafengehen auf.

Linde

TILIA L. –
FAMILIE DER LINDENGEWÄCHSE

Die Linde kann 20–25 Meter hoch werden. Sie ist in Wäldern und am Straßenrand ebenso anzutreffen wie »am Brunnen vor dem Tore«. Es gibt Exemplare,
die ein Alter von mehreren hundert Jahren erreicht haben.
Die einfachen, gestielten Blätter sind wechselständig und gezähnt. An ihrem
unteren Ende sind sie herzförmig; sie werden unvermittelt schmäler und laufen
spitz zu.
Die weißen oder gelblichweißen Blüten, die sehr geruchsintensiv sind, stehen
zu zweit bis elft je nach Art zusammen. Sie bestehen aus fünf Kron- und fünf
Kelchblättern sowie aus zahlreichen Staubblättern.
Der Stiel, auf dem sie stehen, ist teilweise mit einer gelblichgrünen Hautplatte
verwachsen: dies ist die sogenannte Braktee, das charakteristische Hochblatt
der Lindenfamilie. Blütezeit der Linde sind die Monate Juni und Juli; die Blüte
dauert nur sehr kurz.
Verwendet werden die Blüten und die Brakteen, manchmal auch die innere
Rinde.

Zusammensetzung

Blätter:
Pflanzenschleim
Rohrzucker
Karotin
Glykosid

Blüten:
Tannin
Zucker
gummöse Substanzen
Pflanzenschleim
Apfel- und Weinsäure
Pektin
ätherisches Öl

Samenkörner:
Öl

Rinde:
Vanillin
Bitterstoff
Pflanzenschleim

Eigenschaften

beruhigend
stopfend
desinfizierend

Anwendungen

Verdauungsstörungen
Kopfschmerzen
nervöse Störungen
hoher Blutdruck
Verbrennungen
Wunden

Ein Blick in die Geschichte

Die Linde macht man sich auf der ganzen Welt zunutze. Lange bevor es die modernen Beruhigungs- und Schlafmittel gab, erfüllte die Linde den gleichen Zweck, und zwar ohne Nebenwirkungen. Sie beruhigte bei Ängstlichkeit, bei Beklemmung oder bei Fieberzuständen und stellte die Nerven und Muskeln ruhig. So trug sie dazu bei, einen erholsamen Schlaf zu fördern.

Ich habe einen Menschen gekannt, der im Gefolge einer Amputation an schrecklichen Nervenentzündungen litt und dem die Schmerzen den Schlaf raubten. Nach dem Mißbrauch von Schlafmitteln mußte sich dieser arme Mann einer ebenso langen wie lästigen Entgiftungskur im Spital unterziehen. Nach seiner Entlassung begnügte er sich auf Anraten des Arztes mit täglich einem Liter Lindenaufguß, den er vor dem Schlafengehen und im Laufe der Nacht trank. Dies war ab jenem Zeitpunkt die einzige Droge, die er zu sich nahm. Zwar verschwanden die Schmerzen hierdurch nicht vollends, aber die Anfälle wurden leichter und seltener. Der Schlaf stellte sich wieder ein, er war vielleicht weniger tief, aber dafür ruhiger und natürlicher. Morgens erwachte der Kranke und fühlte sich ausgeruhter und entspannter, was sich positiv auf das ganze Familienleben auswirkte.

In bezug auf ernsthafte nervöse und psychische Störungen möchte ich persönlich der Linde keine Heilwirkungen zuschreiben. In vielen Fällen habe ich hingegen ihre gute Wirkung bei der Bekämpfung von nervösen Zuckungen, von gutartigen Kopfschmerzen sowie von Krankheiten, die auf eine Erkältung oder eine schlechte Verdauung zurückgehen, feststellen können. Eine Lindenkur ist all jenen Personen zu empfehlen, die unter hohem Blutdruck leiden, ein zu dickflüssiges Blut haben, die ersten Anzeichen von Arteriosklerose oder einer Venenentzündung bei sich bemerken, oder auch jenen, denen ein Herzinfarkt droht. Um einen angenehmen Geschmack zu erzielen, kann man zusätzlich ruhig ein paar Orangenblüten verwenden. Jene, die im Sommer lieber ein Erfrischungsgetränk als einen Tee trinken, können ein paar Minzenblätter hinzugeben, das Ganze filtrieren und dann erkalten lassen.

Wegen ihrer beruhigenden Wirkung kann man die Linde sowohl dem durch anhaltende intellektuelle Arbeit ermüdeten Studenten als auch dem todmüden Arbeiter, der einen harten Tag an einer lauten Maschine hinter sich hat, empfehlen; auch dem Reisenden, der sich nervös durch das Verkehrsgewühl kämpft, tut die Linde gut.

Am Ende der Arbeitswoche vermag ein Lindenbad (so wie man es im letzten Jahrhundert zubereitete: 500 Gramm Lindenblüten in zwei Liter kochendes Wasser geben und ins Badewasser gießen) zum größten Wohlbefinden beizutragen. Allerdings darf die Wassertemperatur 35 Grad nicht übersteigen.

Eine der Besonderheiten der Linde liegt darin, daß man sowohl ihre Blüten und Blätter als auch ihre Rinde und ihre Holzkohle verwendet. Früher benützte man Pulver aus Lindenholzkohle bei Wunden und Verbrennungen und sogar als Zahnpulver; dieses Mittel wirkt auch verdauungsfördernd. Für die historisch Interessierten unter Ihnen sei abschließend noch erwähnt, daß das im Zweiten Weltkrieg verwendete Mittel »reine verte« (»grüne Königin«) eine Mischung aus Gerstenmehl und zu Pulver zerstoßenen getrockneten Lindenblättern war.

Innerliche Anwendung

Aufguß:
15–20 Gramm Lindenblüten 20 Minuten lang in einem Liter kochendem Wasser ziehen lassen. Diesen Aufguß trinkt man am Abend: er sorgt für einen guten Schlaf.

Holzkohle:
Ein Eßlöffel Lindenholzkohle hilft bei Aufgeblähtsein sowie bei Magen- und Darmkrämpfen.

Äußerliche Anwendung

Bad:
500 Gramm Lindenblüten 20–30 Minuten lang in kochendem Wasser ziehen lassen und den Aufguß ins Badewasser gießen. Dieses Mittel ist bei nervösen Störungen zu empfehlen; es lindert auch die Schmerzen im Fall eines Schockzustandes.

Holzkohle:
Mit Holzkohle und Olivenöl läßt sich eine Salbe herstellen, die man bei Brandwunden unter einem Verband verwenden kann.

Inhalation:

Bei Kehlkopfentzündung oder belegter Stimme empfiehlt sich das Einatmen der Dämpfe von einem mit 100–200 Gramm Lindenblüten zubereiteten Aufguß.

Absud:

50 Gramm Blätter und Rinde pro Liter Wasser nehmen. Dieses Mittel verwendet man bei entzündeten Wunden oder Verbrennungen.

Schönheitspflege

Die wiederholte Verwendung einer Lindenlotion vermag die Gesichtshaut aufzuhellen. Diese Lotion bereitet man so zu, daß man zwei Handvoll getrocknete Lindenblüten in einem Liter kochendem Wasser ziehen läßt.

Gießt man einen Absud aus etwa 500 Gramm Brakteen ins Badewasser, so wird dieses Bad zu einem sehr angenehmen Gefühl des Entspanntseins und des Wohlbefindens führen.

Mädesüß

FILIPENDULA ULMARIA L. –
FAMILIE DER ROSENGEWÄCHSE

Spierstaude
Rüsterstaude
Johanniswedel
Wiesenkönigin

Das Mädesüß ist eine große, krautige, ausdauernde Pflanze. Sie ist über die nördliche gemäßigte Zone verbreitet; an feuchten oder sumpfigen Orten wächst sie bevorzugt.
Der rötliche, aufrechte Stengel wird zwischen einem und anderthalb Meter hoch.
Die großen, gezähnten Blätter bestehen aus zahlreichen verschieden großen Blättchen; sie sind flaumig, auf der Oberseite grün und auf der Unterseite silbrig. Die zahlreichen kleinen weißen Blüten verströmen einen sehr intensiven Geruch. Sie stehen in endständigen Trugdolden beisammen und besitzen fünf Kelch- und fünf Kronblätter. Das Mädesüß blüht von Juni bis August.
Verwendet werden die Blütenspitzen und die Blätter.

Die wichtigste Wirkungsweise des Mädesüß wurde im 19. Jahrhundert entdeckt. Es ist nämlich ein vorzügliches harntreibendes Mittel, dessen Wirkung bei Wassersucht, Ödemen, Gicht, Arthritis, Zellulitis und Leiden der Harnwege nicht zu bestreiten ist. Das Mädesüß erzielt auch sehr gute Wirkungen bei Erkrankungen der Atemwege (Schnupfen, Bronchitis, Grippe) sowie bei Fieberzuständen. Man hat diese Pflanze auch bei verschiedenen Magenentzündungen, bei Arterienverkalkung und als herzstärkendes Mittel eingesetzt. In diesen letzteren Fällen sollte man allerdings darauf achten, keine zu großen

Dosierungen zu gebrauchen; diese können nämlich zu unangenehmen Komplikationen führen. Sowohl die Wurzeln (als Absud auf Wunden und Geschwüren) als auch die Blätter (gekocht als Umschlag bei Schmerzen) werden äußerlich angewendet.

Zusammensetzung
ätherisches Öl
flavonhaltige Glykoside
Salicylsäure
Tannin
Vitamin C

Eigenschaften
harntreibend
stärkend
zusammenziehend
rheumalindernd
schmerzstillend
reinigend
wundenheilend

Anwendungen
Rheuma
Wunden

Ein Blick in die Geschichte

Die Artbezeichnung des Mädesüß, vom deutschen Wort »Met« und »Ulmaria«, leitet sich vom lateinischen Wort »ulmus« (»Ulme«) ab. In der Fachliteratur findet man vor dem 18. Jahrhundert keinerlei Angaben über diese Pflanze. Als man sie schließlich zu berücksichtigen beginnt, wird sie zunächst als schweißtreibendes Mittel (um Röteln oder Pocken zum Ausbruch zu verhelfen) empfohlen. Später wird sie dann auch als zusammenziehendes Mittel (bei Durchfall) oder als wundenheilendes Mittel (bei Wunden und Geschwüren) gepriesen. All diese Wirkungsweisen konnten von den modernen Pflanzenheilpraktikern bestätigt werden.

Innerliche Anwendung

Tee:
Einen Liter Wasser zum Kochen bringen und 2–3 Minuten lang abkühlen lassen. Dieses Wasser auf 40–45 Gramm Blüten aufgießen und etwa 10 Minuten lang ziehen lassen. Bei Rheuma trinkt man täglich vier Tassen von diesem Tee. Dazu wird er zwar aufgewärmt, aber nicht zum Kochen gebracht.

Wein:
100 Gramm Pflanzen in einem Liter gutem Rotwein kochen lassen. Filtrieren und zuckern. Vor jedem Essen ein Weinglas hiervon trinken; dieses Mittel wirkt stärkend.

Äußerliche Anwendung

40–50 Gramm Pflanzen kochen und als Umschlag verwenden. Dieses Mittel hilft bei Rheuma.

Mais

ZEA MAYS L. –
FAMILIE DER GRÄSER

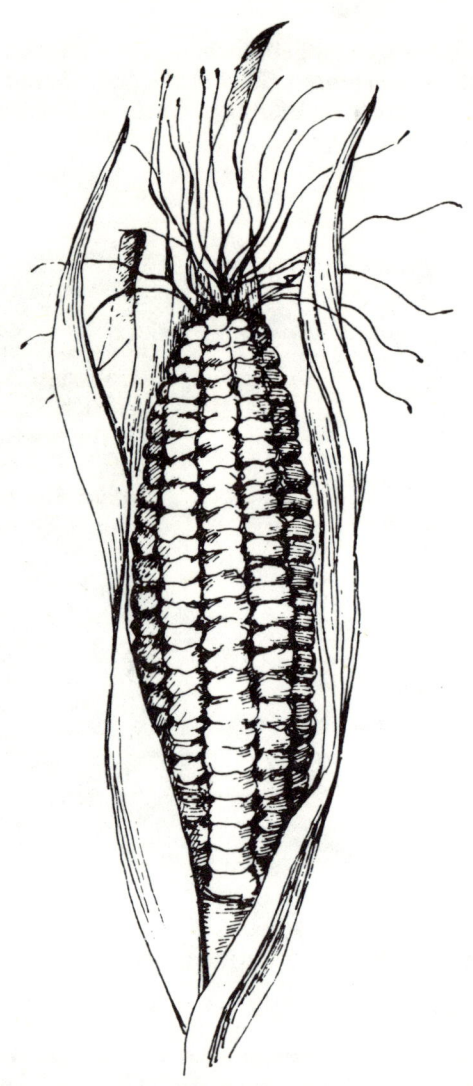

Welschkorn
Türkischer Weizen
Kukuruz

Der Mais ist eine krautige, einjährige Pflanze, die zwischen 70 Zentimeter und zwei Meter hoch wird. Sie stammt ursprünglich aus den tropischen Gegenden Amerikas. In Mitteleuropa findet man sie nur in angebautem Zustand.
Der Mais besitzt einen aufrechten und dicken Halm. Die grünen Blätter sind sehr breit und groß. Sie sind flach und umhüllend.
Die männlichen Blüten sind grünlich und stehen zuerst in Ährchen, dann in langen und lockeren Endähren zusammen. Die weiblichen Blüten, die in den Blattachseln stehen, bilden dicke, einzelstehende Ähren mit federartigen Narben. Blütezeit ist von Juli bis Oktober.
Verwendet werden die Styli und die Narben.

Zusammensetzung

ölige Substanzen
Harze
Chlorophyll
verschiedene Zuckerarten
gummöse Substanzen
Proteide
Laurin- und
   Palmitinsäure
Sterine
Vitamin A
Traubenzucker
Malzzucker
Allantoin
Tannin
verschiedene Arten von
   Reduktionszucker
Lezithin
Glyceride

Ein Blick in die Geschichte

Das Wort »Mais« entstammt der Sprache der Indios Zentralamerikas, wo diese Pflanze bereits seit Jahrtausenden bekannt ist. Nach der Entdeckung Amerikas brachten die Spanier den Mais mit in ihre Heimat und bauten ihn dort an. Danach eroberte er zuerst Italien und die Türkei, ehe er auch in unseren Gegenden heimisch wurde. In dieser Tatsache ist der Grund dafür zu suchen, weshalb der Mais auch »Welschkorn« bzw. »türkischer Weizen« genannt wird.

Eigenschaften

harntreibend
beruhigend

Anwendungen

Nierenleiden
Leiden der Harnwege

Während des Zweiten Weltkriegs sammelten in Frankreich die kleinen Mädchen die Ähren-(Kolben-)haare vom Mais, um damit blondhaarige Puppen zu basteln. Die kleinen Buben spielten zur gleichen Zeit »Gallier«, indem sie sich mit dicken Schnurrbärten aus Maishaaren schmückten. Von den Erwachsenen wurden diese als Tabakersatz geraucht ...
Der Mais wird nicht nur als Viehfutter verwendet, sondern er findet als Mehl auch Eingang in die menschliche Ernährung: Polenta z. B. ist ein köstliches Gericht. Die Maiskörner liefern uns das Popcorn. Der Mais wird auch zur Herstellung von alkoholischen Getränken verwendet; das bekannteste davon ist Bourbon-Whisky. Schließlich wird aus Mais ein Öl gewonnen, das in verschiedener Hinsicht bemerkenswert ist: die Hausmedizin gebraucht es zur innerlichen Anwendung bei längerdauernden Ekzemkuren und zur Behandlung gewisser Hautausschläge bei Säuglingen.
Die am häufigsten zu Heilzwecken verwendeten Teile des Mais sind die sogenannten Styli. Das sind lange, gelbe Fädchen, die aus den Ähren herauswachsen und die man für gewöhnlich als »Maisbart« oder »Maishaare« bezeichnet. Es gibt keine Gewöhnung in bezug auf den Mais. Deshalb kann man ihn als harntreibendes und schmerzstillendes Mittel in all den Fällen einsetzen, wo es

darum geht, die Abfallprodukte des Organismus aus dem Körper zu entfernen. Weiters läßt sich der Mais empfehlen zur Behandlung von Leiden der Harnwege (Blasenentzündung, Nierensteine, nephrotische Koliken, Steine), bei Gicht, Rheuma, Hepatitis, Herzkrankheiten, Albuminurie und anderen ähnlichen Erkrankungen.

Da der Maisanbau intensiv betrieben wird, sehen wir uns dazu verpflichtet, den Verbraucher vor den dabei verwendeten Schädlingsbekämpfungsmitteln sowie anderen ertragsteigernden chemischen Mitteln zu warnen. Am besten erkundigt man sich beim betreffenden Lebensmittelhändler darüber, unter welchen Bedingungen der Mais angebaut und geerntet worden ist.

Innerliche Anwendung

Aufguß:

20−25 Gramm Maishaare in einem Liter kochendem Wasser ziehen lassen. Filtrieren und zuckern. Vier oder fünf Tassen Aufguß pro Tag getrunken, helfen bei Nierensteinen, Gicht und Entzündungen der Harnwege.

Äußerliche Anwendung

Kompresse:

Einen Absud aus 30−40 Gramm Maishaaren und einem Liter Wasser zubereiten. Als Kompresse auf entzündete und rheumatisch schmerzende Stellen auflegen.

Wilde Malve

MALVA SYLVESTRIS L.

Märzveilchen

VIOLA ODORATA L.

Stechender Mäusedorn

RUSCUS ACULEATUS L.

Minzen

MENTHA L.

Wilde Malve

**MALVA SYLVESTRIS L. –
FAMILIE DER MALVENGEWÄCHSE**

Siehe Farbtafel Seite 177

Roßpappel
Käsepappel

Für gewöhnlich findet man die wilde Malve in Unkrautfluren, an Wegrändern und auf Schuttplätzen. In verschiedenen Gegenden wird sie auch angebaut. Die wilde Malve ist eine schöne, mehr oder weniger haarige Pflanze, die 60–120 Zentimeter hoch wird.
Der Stengel kann aufrecht oder auch weit ausladend sein. Die leicht abgerundeten Blätter sind mehrfach gelappt und gestielt. Sie sind wechselständig und an ihrem unteren Ende manchmal schwarz.
Die in Gruppen zusammenstehenden Blüten werden 3–4 Zentimeter groß. Sie sind rosafarben bis violett, rot geädert und stark ausgerandet. Die wilde Malve blüht von Mai bis August.
Verwendet werden die ganzen Pflanzen, die Blüten und die Blätter sowie in seltenen Fällen auch die Wurzeln.

Zusammensetzung
Vitamin A, B und C
Tannin
Pflanzenschleim
harzhaltige Substanzen
Pektinstoffe
Anthozyanderivat
Traubenzucker

Eigenschaften
beruhigend
harntreibend
mildernd
erweichend
bruststärkend

Anwendungen
vielfältige Entzündungen

* *Einige Autoren betonen, daß die wiederholte Verwendung dieser Pflanze (vor allem von Extrakten aus frischen Blättern) die Vernarbung von Wunden verzögern kann, da die wilde Malve leicht blutzuckersteigernd wirkt.*

Ein Blick in die Geschichte

Unsere Vorfahren sahen die wilde Malve als eine der gesündesten Gemüsearten überhaupt an: sie bauten sie sowohl zum Verzehr als auch zu Heilzwecken an. Cicero ließ sie sich zusammen mit roten Rüben wohlschmecken, Horaz und Martial verzehrten sie zusammen mit grünem Salat. Für Pythagoras war sie »befreiend für Körper und Geist«, und seine Schüler verehrten sie wegen ihres deutlich ausgeprägten Phototropismus.

Im Mittelalter förderten Karl der Große und Ludwig der Fromme ihren Anbau in Frankreich. Die hl. Hildegard empfahl die wilde Malve bei Nierenleiden und Blutergüssen. Bei der bekannten Ärzteschule von Salerno stand diese Pflanze hoch im Kurs. So kam es, daß sie später in Italien zur Behandlung der Mehrzahl der Krankheiten angeraten wurde, sei es in Form eines Absuds, sei es als Zahnpulver oder auch als Umschlag.

Die wilde Malve gehört zur Gruppe der sieben bruststärkenden Pflanzen. Sie findet auch – im Verein mit Strohblume, Klatschmohn und Huflattich – Eingang in die Zusammenstellung des sogenannten »Vierkräutertees«. Es wird empfohlen, die Blüten und die Blätter zu Sommeranfang zu ernten.

Innerliche Anwendung

Die erweichenden und mildernden Eigenschaften der wilden Malve lassen sie für die Behandlung von Entzündungen im allgemeinen als besonders geeignet erscheinen.

Aufguß:
25 Gramm Blüten oder Blätter (bzw. 30 Gramm Wurzeln) in einem Liter kochendem Wasser ziehen lassen. Vier oder fünf Tassen hiervon pro Tag helfen bei Husten und Bronchitis. Dieses Getränk wirkt leicht abführend.

Äußerliche Anwendung

Aufguß oder Absud:
Aus etwa 40 Gramm Blättern, Wurzeln oder ganzen Pflanzen einen Aufguß zubereiten. Dieser läßt sich als Gurgelwasser bei Halsweh, als Augenbad bei Augenentzündungen und als Kompresse bei Furunkeln verwenden; letztere kann man hiermit auch abwaschen.

Schönheitspflege

Läßt man eine Handvoll Malvenblätter 10 Minuten lang in einem Liter kochendem Wasser ziehen, so erhält man eine Lotion, die man auf das Gesicht oder die Augenlider auftragen kann. Bei empfindlicher und zarter Haut wirkt diese Lotion beruhigend und mildernd. Bei Verbrennungen, die von übermäßiger Sonnenbestrahlung herrühren, kann eine Lotion verwendet werden, die man aus einem Absud aus 50 Gramm Blüten oder Wurzeln pro Liter Wasser erhält. Diese Lotion wird auf die betroffenen Stellen aufgetragen.

Märzveilchen

VIOLA ODORATA L. –
FAMILIE DER VEILCHENGEWÄCHSE

Siehe Farbtafel Seite 178

**Wohlriechendes Veilchen
Heckenveilchen**

Das Märzveilchen ist eine kleine, krautige Pflanze, die fast in ganz Europa zu finden ist. Sie wächst vorzugsweise an feuchten und kühlen Orten, wie z. B. Wiesen, Hecken, Waldlichtungen.
Die herzförmigen Blätter sitzen auf langen Stielen. Sie sind nur leicht gezähnt.
Die Blüten sind violett (manchmal auch weiß) und wohlriechend. Sie stehen einzeln auf langen Blütenstielen und bestehen aus je fünf Kron-, Kelch- und Staubblättern. Das Märzveilchen blüht im März und April.
Verwendet wird die ganze Pflanze, das heißt die Blüten, die Blätter, die Wurzeln und die Samenkörner.

Zusammensetzung
ätherisches Öl
Violin
Saponine
Pflanzenschleim
Stärke
Vitamin C

Eigenschaften
brustreinigend
hustenstillend
beruhigend
erweichend
brechreizauslösend
entzündungshemmend

Anwendungen
Leiden der Atemwege
Halsweh
innerliche Entzündungen

Ein Blick in die Geschichte

Die alten Griechen, die das Märzveilchen zu den »vion« zählten, flochten daraus Kränze, die bei Trunkenheit helfen sollten. Den alten Römern war es unter der Bezeichnung »viola« bekannt. Seit jener Zeit haben die verschiedensten Botaniker diese Pflanze als für unterschiedliche Zwecke geeignet angesehen. Im 16. Jahrhundert hat besonders der Sirup aus Märzveilchen hohes Ansehen genossen.

Beim Märzveilchen werden alle einzelnen Teile der Pflanze (Blüten, Blätter, Wurzeln oder Samenkörner) wie auch die Pflanze als Ganzes verwendet. Zusammen mit dem Katzenpfötchen, der Königskerze, dem Klatschmohn, dem Eibisch, der Malve und dem Huflattich gehört das Märzveilchen zu den »sieben bruststärkenden Blüten«. Der Blütenaufguß leistet hervorragende Dienste bei Husten, Schnupfen, Bronchitis, Angina und Leiden der Atemwege.
Wegen des darin enthaltenen Pflanzenschleims wirken die Blätter erweichend. Sie werden zur Beruhigung von Reizungen der Verdauungsorgane und bei innerlichen Entzündungen empfohlen.
Die Wurzeln und die Samenkörner, die als Brech- und Abführmittel dienen, können sehr gut als Ersatz für die sogenannte Brechwurz (botanischer Name: Uragoga ipecacuanha) genommen werden.
Ein Aufguß von der ganzen Pflanze wirkt leicht abführend; dieses Getränk wird bei Entzündungen der Bronchien, des Halses usw. empfohlen. Man stellt hieraus auch einen Kindersirup her, der stärkend wirkt.

Innerliche Anwendung

Aufguß:
20—25 Gramm Blüten in einem Liter kochendem Wasser ziehen lassen. Filtrieren und mit Honig süßen. Von diesem Aufguß sollte man täglich 4—5 Tassen, und zwar zwischen den Mahlzeiten, zu sich nehmen. Dies hilft bei Schnupfen, Bronchitis, Husten sowie allgemein bei Leiden der Atemwege.

Absud:

20–25 Gramm zerstoßene Wurzeln eine Viertelstunde lang in einem Liter Wasser kochen lassen. Filtrieren und mit Honig süßen. Eine Tasse hiervon pro Tag – heiß – trinken; das wirkt als Brechmittel und ist abführend.

Sirup:

250 Gramm frische Blüten in einem Liter kochendem Wasser ziehen lassen. Ungefähr 10 Stunden lang weichen lassen. Den Saft auspressen und das gleiche Gewicht an Zucker hinzugeben. Das Ganze auf kleiner Flamme einkochen lassen, bis man eine sirupartige Masse erhält. Täglich 5 Eßlöffel Sirup, und zwar zwischen den Mahlzeiten, einnehmen. Dieser Sirup wirkt hustenstillend, bruststärkend und auch allgemein stärkend.

Äußerliche Anwendung

Gurgelwasser:

Den obigen Sirup mit etwas Wasser verdünnen. Als Gurgelwasser gebraucht, hilft dieses Mittel bei Angina, Heiserkeit und Halsweh.

Umschlag:

Frische Blätter in kochendem Wasser ziehen lassen. Den Aufguß abkühlen lassen und die Blätter auf Schwellungen und Quetschungen auflegen.

Kompresse:

Obigen Aufguß filtrieren und zu Kompressen verwenden. Dieses Mittel hilft bei Schwellungen und Quetschungen.

Schönheitspflege

Folgendermaßen läßt sich eine mildernde Gesichtsmilch zubereiten: eine knappe Handvoll frische Märzveilchen 2–3 Minuten lang in einem Viertelliter kochendem Wasser ziehen lassen. Dieses Präparat kann man auch dazu verwenden, um den Händen ihr gepflegtes Aussehen und ihre weiche Haut zu erhalten.

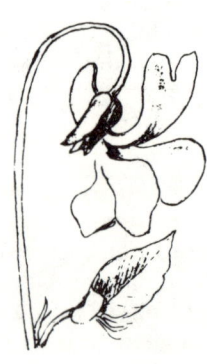

Stechender Mäusedorn

RUSCUS ACULEATUS L. –
FAMILIE DER LILIENGEWÄCHSE

Siehe Farbtafel Seite 179

Dornmyrte
Stachelmyrte

Der Mäusedorn ist ein dicht belaubter Strauch, der 80–90 Zentimeter hoch werden kann. Man findet ihn in West- und Südeuropa auf kalkhaltigen Böden, vor allem im Unterholz.

Die richtigen Blätter sitzen in den Achseln der Schuppen. Das, was man für Blätter halten kann (weil sie ähnlich ausschauen), sind eigentlich dunkelgrüne, abgeplattete Seitenachsen. Diese sogenannten »Flachsprosse« sind oval, lederhart und haben einen stechenden Abschluß.

Die Blüten, die einzeln oder paarweise zusammenstehen, sind grünlich und besitzen drei Kelch- und drei Kronblätter. Der Mäusedorn blüht von September bis April.

Bei der Frucht handelt es sich um eine kugelige rote Beere.

Verwendet wird der Wurzelstock.

Zusammensetzung

verschiedene Zuckerarten
Tannin
ätherisches Öl
Harz
Saponine

Eigenschaften

harntreibend
gefäßverengend

Anwendungen

Leiden der Harnwege
Wassersucht
Steine
Nierenleiden
Gicht
Gelbsucht
Hämorrhoiden

Ein Blick in die Geschichte

Mit seinem wissenschaftlichen Namen »Ruscus« bezeichnete man den stechenden Mäusedorn schon in der Antike. In der Tat werden die harntreibenden Eigenschaften des Wurzelstockes dieser Pflanze bereits von alters her (vor allem von Dioskurides und Plinius) gerühmt.

Auch als Zierstrauch mit immergrünen Blättern und schönen roten Beeren wird er häufig zu dekorativen Zwecken verwendet. Der Mäusedorn symbolisiert in manchen Gegenden die Feste zu Jahresende, deren König er ist. Bleibt anzumerken, daß die jungen Triebe des Mäusedorns seit 2000 Jahren als Salat gegessen werden.

Obwohl alle Teile des Mäusedorns die gleichen Eigenschaften haben, wird zu Heilzwecken fast immer der Wurzelstock gebraucht. Er findet auch Verwendung bei der Zubereitung des »Sirups der fünf Wurzeln«.

Innerliche Anwendung

Aufgüsse:

20 Gramm Blätter 20 Minuten lang in einem Liter kochendem Wasser ziehen lassen, filtrieren und mit Honig süßen. Drei bis vier Tassen täglich getrunken, wirken harntreibend und helfen bei Steinen und Gicht. Dieser Aufguß wird auch bei Gelbsucht und Hämorrhoiden empfohlen.

Melisse

MELISSA OFFICINALIS L. –
FAMILIE DER LIPPENBLÜTLER

Zitronenmelisse
Zitronelle
Herzkraut

Die Melisse ist eine ausdauernde Pflanze; der Stengel ist verzweigt und leicht flaumig. Man findet sie am Rand von Hecken, an Waldrändern sowie an grasreichen und schattigen Plätzen im südlichen Europa. Kultiviert ist sie gelegentlich in Gärten anzutreffen.
Der aufrechte, vierkantige Stengel ist 60–80 Zentimeter hoch.
Die ovalen Blätter sind gegenständig und deutlich gezähnt. Sie sind auf der Oberseite ziemlich dunkelgrün, auf der Unterseite etwas heller.
Die kleinen Blüten stehen in den Achseln der Hochblätter in Trugdolden zusammen. Sie sind weiß, manchmal rosafarben gefleckt, und haben einen röhrigen Kelch. Die Melisse verströmt einen angenehmen und scharfen, nach Zitrone riechenden Duft. Die Blütezeit erstreckt sich von Juni bis September.
Verwendet werden die Blütenspitzen und die Blätter.

Zusammensetzung

ätherisches Öl
  (Citral und
  Citronellal)
Harz
Bitterstoff
Tannin
Gallussäure
Wachs
Pflanzenschleim

Eigenschaften

krampfstillend
galletreibend
magenstärkend

Anwendungen

leichte nervöse
  Störungen
Verdauungsbeschwerden

Ein Blick in die Geschichte

Die Melisse ist seit der frühesten Antike bekannt. Ihr Name leitet sich vom griechischen Wort »melissa« (»Biene«) her. Zu den Zeiten des Dioskurides und des Theophrastus hieß die Melisse »Mellissophyllon« (»Bienenblatt«). Die Römer Plinius und Vergil bezeichneten sie mit dem Wort »Apiastrum«. Die einen wie die anderen kannten bereits die Mehrzahl der Eigenschaften dieser Pflanze.

Die arabischen Ärzte waren die ersten, die die Melisse bei Herzleiden einsetzten. Später dann, im 17. Jahrhundert, stellten die Karmelitermönche einen alkoholischen Auszug aus Melissen her, der als Melissen- oder Karmelitergeist bekanntgeworden ist.

Die Melisse wird nicht nur zu Heilzwecken verwendet, sondern sie findet auch bei der Herstellung einiger Liköre (Chartreuse, Bénédictine) Verwendung. Die Blätter der Melisse stellen ein geschätztes Gewürz dar; manche Leute genießen sie, indem sie sie zuerst zerstoßen und dann der Suppe beigeben.
Die Melisse besitzt neben ihrem außergewöhnlichen Geruch krampfstillende und magenstärkende Eigenschaften. Diese beruhen vor allem auf den in ihr enthaltenen Wirksubstanzen (ätherische Öle, Tanninstoffe etc.). Die Melisse kann auch als leichtes schmerzstillendes Mittel verwendet werden.

Innerliche Anwendung

Aufguß:

10–15 Gramm Blätter und Blüten in einem Liter kochendem Wasser ziehen lassen. Je eine Tasse nach den Hauptmahlzeiten trinken. Dies hilft bei Magen- oder Darmkrämpfen, Luftschlucken und bei nervösen Zuckungen. Der Aufguß erzielt auch gute Wirkungen bei Schwindelgefühl, Brechreiz, Herzklopfen und Schlaflosigkeit.

Melissenwasser:

Am besten ist es, sich »Melissengeist« in der Apotheke zu besorgen. Bei nervöser Migräne, Beklemmungen, Schlaflosigkeit oder Ohnmachtanfällen nimmt man einen Teelöffel davon.

Äußerliche Anwendung

Umschlag:
Frische Blätter zerstoßen und auf Insektenstiche auflegen.

Kompresse:
Einen Blütenaufguß zubereiten. Als Kompresse aufgelegt, hilft dieses Mittel bei Migräne, die auf nervöse Ursachen oder Verdauungsbeschwerden zurückzuführen ist.

Schönheitspflege

Trockener oder ausgetrockneter Haut kann man mit folgender Lotion einen guten Dienst erweisen: 10–12 Gramm Blätter und Knospen etwa 10 Minuten lang in einem Liter kochendem Wasser ziehen lassen. Filtrieren und erkalten lassen. Als Kompresse auf das Gesicht aufgetragen, bekämpft diese Lotion das Entstehen von Fältchen und das Austrocknen der Haut.

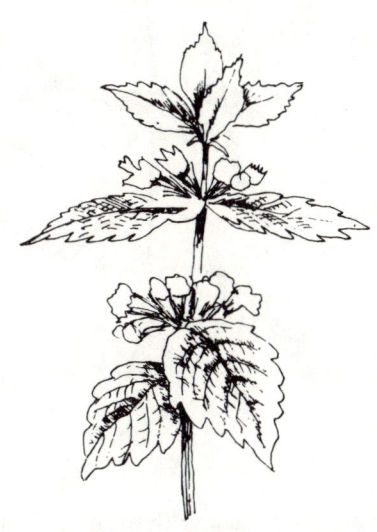

Minzen

MENTHA L. –
FAMILIE DER LIPPENBLÜTLER

Siehe Farbtafel Seite 180

Die Minzen sind im allgemeinen robuste Pflanzen, die manchmal bis zu einem Meter hoch werden können. Sie werden häufig in Gärten angebaut, wachsen aber zumeist wild in Wiesen und Wäldern.

Die Stengel sind vierkantig. Sie sind entweder aufrecht oder im unteren Teil mehr oder weniger kriechend.

Die gegenständigen Blätter sind dunkelgrün und gezähnt, die Blüten rosafarben, weiß oder lila; sie stehen in Ähren zusammen. Die Minzen blühen von Juni bis Oktober. Die Pflanzen verströmen einen aromatischen und scharfen Geruch.

Verwendet werden die Blütenspitzen und die Blätter.

Zusammensetzung

ätherisches Öl
Tannin
harzige Substanzen
Pektinstoffe

Eigenschaften

anregend
magenstärkend
krampfstillend
verdauungsfördernd
analgetisch
auflösend
antiseptisch

Anwendungen

Verdauungsbeschwerden
verschiedene Leiden mit
   nervösem Hintergrund
Quetschungen
Insektenstiche

Ein Blick in die Geschichte

Über die Herkunft des Wortes »Minze« ist schon viel geschrieben worden. Genau wie Aristoteles (aber im Gegensatz zu den modernen Autoren) hielt Hippokrates die Minze für ein Anaphrodisiakum; einige Fachleute haben sogar die Auffassung vertreten, ihr Name könne sich vom griechischen Wort »minuto« (»unfruchtbar machen«) herleiten. Ich für meinen Teil ziehe es vor, mich jenen anzuschließen, die behaupten, der Name der Minze gehe auf eine junge Schönheit zurück, die das Herz Plutons eroberte und von dessen eifersüchtiger Gattin Persephone zur Strafe in eine Pflanze verwandelt worden sei.

Zwischen den verschiedenen Minzearten lassen sich Gruppierungen vornehmen, wie zum Beispiel:

Wilde Minzen

Bachminze *(Mentha aquatica)*
Rundblättrige Minze *(Mentha rotundifolia)*
Roßminze *(Mentha longifolia)*
Ackerminze *(Mentha arvensis)*
Poleiminze *(Mentha pulegium)*

Angebaute Minzen

Pfefferminze *(Mentha piperita)*
Grüne Roßminze *(Mentha viridis)*

Die am weitesten verbreitete Anwendung der Minze ist der Aufguß. Nach dem Essen getrunken, fördert er die Verdauung und bekämpft Durchfall, Verstopfung und Magenkrämpfe.
Bei Niedergeschlagenheit sowie körperlicher und geistiger Müdigkeit wirken Minzen stärkend und anregend – letztlich auch auf das Nervensystem, wodurch sie Muskel- und Gefäßkontraktionen dämpfen. Minzen kann man also bei Schwindelanfällen, Herzklopfen, Migräne und Neuralgien empfehlen.
Ihr ätherisches Öl wird bei der Herstellung von Zahnpasta verwendet.

Hinweis

Vor allem wegen ihrer ätherischen Öle wird die Minze bei Verdauungsbeschwerden sowie einigen Leiden mit nervösem Hintergrund (Schlaflosigkeit, Migräne, Schwindelanfälle) eingesetzt.

Innerliche Anwendung

Aufguß:

Etwa 10 Gramm frische Blätter 7–8 Minuten lang in einer Tasse kochendem Wasser ziehen lassen. Je eine solche Tasse nach den Hauptmahlzeiten und vor dem Schlafengehen trinken. Zur Behandlung von Schlaflosigkeit gibt man den Minzenblättern eine Prise Lindenblüten bei.
Der gleiche Aufguß, aber mit der dreifachen Menge an Blättern, wirkt appetitanregend.

Sirup:

Eine große Menge Blätter weichen lassen. Pro Liter Wasser etwa 2 Kilo Zucker hinzugeben. Dieser Sirup wirkt stärkend und erfrischend.

Alkohol:

Minze-Alkohol sollte man sich am besten im Fachhandel besorgen. Er hat eine unmittelbare Heilwirkung bei Reisekrankheit, Brechreiz und Migräne.

Äußerliche Anwendung

Umschlag:

Einen Umschlag aus frischen Minzeblättern zubereiten. Auf Hautreizungen, Insektenstiche oder Quetschungen auflegen.

Für den Hausgebrauch

Einige Minzeblätter unter dem Kopfkissen halten Stechmücken fern; in den Schränken wirken sie gegen Motten.

Schönheitspflege

Bei fettiger Haut empfiehlt sich im Anschluß an eine sorgfältige Gesichtsreinigung folgende Lotion: 15 Gramm Blüten und Blätter eine Viertelstunde lang in einem Liter kochendem Wasser ziehen lassen. Filtrieren, erkalten lassen und auf das Gesicht auftragen. Dieses Präparat strafft das Gewebe und schließt die geöffneten Poren.

Mohrrübe

SSP. SATIVA DAUCUS CAROTA L. –
FAMILIE DER DOLDENGEWÄCHSE

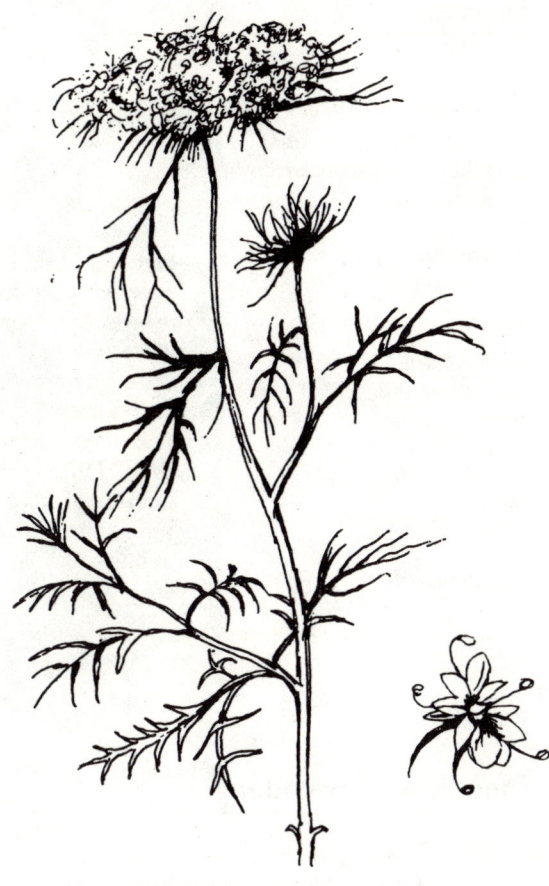

Möhre
Gelbe Rübe

Die Mohrrübe ist eine in ganz Mittel- und Südeuropa anzutreffende, zweijährige Pflanze. Die Wurzel der Mohrrübe ist rot und fleischig, der Stengel ist haarig und geriefelt.
Die Blätter sind weich. Während die oberen Blätter fein geteilt sind, bestehen
die unteren aus gezähnten Segmenten. Die weißen oder weißlich-rosafarbenen
Blüten stehen in Dolden zusammen. Die wildwachsende Spielart der Mohrrübe hat manchmal, im Zentrum der Dolde, eine unfruchtbare, purpurfarbene
Blüte. Die Blütezeit erstreckt sich von Mai bis Oktober.
Verwendet werden die Wurzel, die Blätter und gelegentlich die Samenkörner.

Schönheitspflege

Gewisse wirksame Substanzen, die die Mohrrübe enthält, rechtfertigen ihre
Verwendung in der Kosmetologie, und zwar zu verschiedenen Zwecken. So
verwendet man z. B. einen Balsam, bestehend aus einem öligen Mohrrübenex-
trakt, Sonnenblumenöl, Weizenkeimen und Haselnüssen, dazu, die besonders
zarte Haut der Augen- und Schläfenpartie zu nähren und zu schützen. Kocht
man Mohrrüben in Wasser, so erhält man einen Saft, der, auf das Gesicht aufgetragen, den Teint aufhellt; auch zeitigt dieser Saft oft gute Erfolge bei kleine-
ren Unreinheiten einer fettigen Haut.

Zusammensetzung

Vitamine A, B, C und D
verschiedene Zuckerarten
Lezithin
Öl
ätherisches Öl
Pektinstoffe

Eigenschaften

harntreibend
wurmtreibend
brustreinigend
magenstärkend
vernarbungfördernd
milderd
blutreinigend

Anwendungen

Diabetes
Rachitis
Entzündungen

Ein Blick in die Geschichte

Seit der Antike wird die Mohrrübe gerne gegessen; die Eigenschaften, die der Erfahrungsschatz der Hausmedizin ihr zugeschrieben hat, sind später auch von den Medizinern bestätigt worden. Sie ist tatsächlich dasjenige Gemüse, das am meisten Vitamin A enthält. Aus diesem Grunde wird sie in allen Fällen von Rachitis und Mangelkrankheiten verschrieben. Sie reguliert die Verdauungsfunktionen und ist, roh oder gerieben oder auch gekocht in der Saugflasche, besonders für Kinder zu empfehlen.

Innerliche Anwendung

Samenabsud:

Einen halben Teelöffel Samenkörner mit einer Tasse Wasser kochen. Nach jeder Mahlzeit getrunken, erleichtert dies die Verdauung.

Möhrenpräparat:

250 Gramm Mohrrüben in einem Liter Wasser kochen. In ein Passiersieb geben oder mit einem Mixer zerkleinern. Einen Eßlöffel Honig hinzufügen. Bei Husten oder Heiserkeit trinkt man zwei- bis dreimal pro Tag (davon einmal vor dem Schlafengehen) von diesem heißen Getränk.

Saft:

50–60 Gramm frischer oder gekochter Saft wirkt harntreibend und wurmtreibend.

Sirup:

50–60 Gramm Saft in die doppelte Menge stark gezuckertes Wasser geben. Dieser Sirup übt unbestreitbare Wirkung bei Reizungen der Bronchien aus.

Äußerliche Anwendung

Umschlag:

Frisches oder gekochtes Mohrrübenfleisch in einen Gazestoff geben und auf Verbrennungen, Geschwüre und Flechten auflegen.

Ölbaum

OLEA EUROPEA L. –
FAMILIE DER ÖLBAUMGEWÄCHSE

Olivenbaum

Der Ölbaum ist ein kleiner, ausdauernder Baum, der 2–8 Meter hoch werden kann. Er wächst vor allem auf Felsen und steinigen Böden des Mittelmeergebietes. Er ist nur bis zu einer Höhe von 800 Metern über dem Meeresspiegel zu finden.
Die gegenständigen, einfachen Blätter haben eine längliche Form und einen kurzen Stiel. Sie sind lederhart. Während sie an der Oberseite gräulichgrün sind, ist die Unterseite fahlgrau und mit silbrigen Schuppen bedeckt.
Die weißen Blüten stehen als aufrechte Rispen in den Blattachseln zusammen. Der Ölbaum blüht im Mai und im Juni.
Bei der Frucht handelt es sich um eine grüne, eiförmige und fleischige Steinfrucht, die beim Heranreifen normalerweise schwarz wird.
Verwendet werden die Blätter, die Frucht und das Öl.

Zusammensetzung

zwei Heteroside
Bitterstoff
Öl
Mannit
verschiedene Zuckerarten
Tannin
Fettsubstanzen
Diastasen
harzhaltige Substanzen
organische Säuren
Karotin

Eigenschaften

fiebertreibend
blutzuckersenkend
harntreibend
stärkend
zusammenziehend

Anwendungen

hoher Blutdruck
Diabetes
Rheuma
Gicht
Verstopfung
Gallensteine
Entzündungen
Wunden

Ein Blick in die Geschichte

Die Bibel berichtet, daß in den letzten Tagen der Sintflut die Taube zu Noah zurückkehrte, und zwar »gegen Abend«, in ihrem Schnabel einen »frischen Olivenzweig« tragend (Genesis 8,11). Seitdem ist der Ölzweig zum Symbol des Friedens geworden. Der Ölbaum ist ein Baum, der sehr alt werden kann und der bereits seit mehreren tausend Jahren in Europa wächst. Das ist der Grund dafür, daß diese Art den lateinischen Namen »Olea europca« (»curopäischer Ölbaum«) trägt.
Wahrscheinlich stammt der Ölbaum ursprünglich aus dem Orient. Zur Zeit Homers gab es ihn bereits in Griechenland, auch die Bibel spricht vom sogenannten »Ölberg«.
Der französische Schriftsteller Fénelon erzählt, daß »Minerva den Bewohnern ihrer neuen Stadt die Olive schenkte, die Frucht des Baumes, den sie gepflanzt hatte« (»Die Abenteuer des Telemach«, XVII).

Während der Napoleonischen Kriege verwendeten die Ärzte der französischen Armee die Blätter oder die Rinde des Ölbaums (sei es als Pulver oder als Aufguß) zur Bekämpfung der Malaria, wann immer ihnen keine Chinarinde zur Verfügung stand. Es stimmt, daß den spanischen Ärzten diese Behandlungsmethode schon seit langem bekannt war. Heute noch führen die Einwohner einiger Dörfer Aragoniens (ihnen haftet der Ruf an, sehr alt zu werden) ihre Langlebigkeit auf die Tatsache zurück, daß sie sehr viele Oliven verzehren.
Die harntreibenden Eigenschaften der Blätter sind mit Erfolg bei Gicht- und Rheumafällen eingesetzt worden. Einige Naturheilpraktiker haben beobachtet, daß eine verstärkte Harnabsonderung im allgemeinen mit einem Fallen des Blutdrucks einhergeht.
Das Öl der Oliven wird meist mittels Mühlen ausgepreßt. Eine erste schwache Kaltpresse liefert das sogenannte »Jungfernöl«, das die meisten Wirksubstanzen enthält. Eine stärkere Presse liefert dann das gewöhnliche Olivenöl. Die letzten Pressen liefern schließlich minderwertige Öle, die in der Industrie (Seifen und Schmiermittel) verwendet werden.

Sowohl bei innerlicher als auch bei äußerlicher Anwendung wirkt das Olivenöl mildernd und galletreibend. Es ist auch bei Nierenkoliken und chronischer Verstopfung zu empfehlen.

Innerliche Anwendung

Aufguß:
15 Gramm frische Blätter in einem Liter kochendem Wasser ziehen lassen. Filtrieren und zuckern. Bei hohem Blutdruck und Diabetes trinkt man nach den beiden Hauptmahlzeiten jeweils eine Tasse hiervon.

Absud:
50 Gramm Blätter oder Rinden in einem Liter Wasser kochen lassen. Drei Tassen hiervon pro Tag helfen bei Gicht und wirken fiebertreibend. Dieses Präparat ist auch nützlich zur Bekämpfung von hohem Blutdruck.

Jungfernöl:
Einen Eßlöffel hiervon am Morgen auf nüchternen Magen nehmen. Dieses Mittel ist sehr wirksam bei chronischer Verstopfung, bei Gallensteinen und um die Leber anzuregen.

Äußerliche Anwendung

Umschlag:
Eine schwarze Olive zerstoßen und als Umschlag auf Abszesse, Furunkel oder Nagelgeschwüre auflegen, damit diese reif werden.

Balsam:
Gleich viel Rotwein und Olivenöl vermischen. Ein Eiweiß hinzugeben und das Ganze verschlagen. Diesen Balsam trägt man auf Verbrennungen, Wunden und Geschwüre auf.

Schönheitspflege

Ein einfaches Rezept, um schneller braun zu werden, besteht darin, sich vor dem Sonnenbad mit Olivenöl einzureiben. Es wird allerdings empfohlen, sich nicht zu lange in der Sonne aufzuhalten, da das Olivenöl kein besonders gutes Sonnenschutzmittel ist.

Orangenbaum

CITRUS SINENSIS –
FAMILIE DER RAUTENGEWÄCHSE

Siehe Farbtafel Seite 213

Süße Orange
Apfelsine

Der Orangenbaum ist ein anmutiger, immergrüner Baum, der ursprünglich aus Ostindien oder China stammt. Er kann eine Höhe von 8–10 Metern erreichen. In Frankreich wird er an Küstenstreifen entlang des Mittelmeers angebaut. Die lanzettförmigen Blätter sind oval und glänzend. Sie sind dunkelgrün, und ihr Stiel ist leicht geflügelt.

Die weißen, wohlriechenden Blüten stehen am Ende der Äste zusammen. Sie bestehen aus je fünf Kelch- und Kronblättern sowie 20 Staubblättern. Die Blütezeit des Orangenbaums erstreckt sich über einen großen Teil des Jahres. Verwendet werden die Blüten, die Blätter und die Frucht (Schale).

Zusammensetzung

ätherisches Öl
Diastasen
harzhaltige Substanzen
Pektinstoffe
Vitamine A, B und C
Apfel- und
   Zitronensäure
Traubenzucker

Eigenschaften

krampflösend
magenstärkend
fiebertreibend
windtreibend
stärkend
antiskorbutisch
leicht schmerzlindernd
antiseptisch

Anwendungen

Verdauungsstörungen
Rekonvaleszenz
Nervosität
Beklemmungen
Schlaflosigkeit

Ein Blick in die Geschichte

Littré schrieb über den Orangenbaum: »Die Krone aus Orangenblütenknospen und -blüten ist ein Symbol der Heirat, aber zugleich auch ein Symbol der Jungfräulichkeit.«

Die Orange ist eine allseits beliebte Frucht, die vor allem im Winter gegessen wird. Sie hat einer Farbe (Orange bzw. orangefarben) ihren Namen gegeben, und die »Orangerie« von Versailles ist genauso berühmt wie die Orangenpflanzungen von Blida oder Coléa in Algerien.

Der französische Dichter Jean de la Fontaine hat den Orangenbaum mit folgenden Zeilen gerühmt:

»Orangenbäume, die ich euch verehre, eure Düfte erscheinen mir so lieblich! Gibt es im ganzen Pflanzenreich etwas Angenehmeres als euch?«

Jean de la Fontaine

Beim Orangenbaum gehen von allen Teilen Heilwirkungen aus: von den Blättern, den Blüten, dem Saft, der Frucht und auch von der Schale.

Mit den Blüten oder den Blättern läßt sich ein Aufguß zubereiten, den man zur Appetitanregung, zur Regulierung der Verdauungsfunktionen oder als krampflösendes Mittel verwenden kann. Dieser Aufguß hilft auch bei Störungen mit nervösem Hintergrund, wie z. B. Herzklopfen, gewissen Arten von Husten, Migräne, Beklemmungen, Neurasthenie oder Schlaflosigkeit.

Aus den Blüten gewinnt man eine in der Parfümindustrie gebrauchte Essenz, das sogenannte »Neroliöl« (benannt nach einer italienischen Prinzessin, die im Rufe stand, es zu verwenden), sowie das Orangenblütenwasser, das die gleichen Eigenschaften wie der Aufguß besitzt.

Aus dem mit Zuckerwasser verdünnten Fruchtsaft stellt man ein Orangengetränk her, das man Kindern und Greisen, Genesenden, an Verdauungsschwäche leidenden sowie von Verstopfung und Durchfall geplagten Menschen empfehlen kann. Ißt man eine in Scheiben geteilte Orange, so wirkt dies auf genau die gleiche Weise. Da die Orange nur recht wenig assimilierbaren Zucker enthält, ist ihr Verzehr auch bei Diabetes erlaubt.

Ich spreche nicht gern von der Schale der Orange, weil es ja stimmt, daß sie sehr oft durch Konservierungs- oder verschiedene Insektenmittel verunreinigt ist. Dennoch sei es gesagt: sie regt die Produktion von Magensäften an, fördert die

Verdauung und wirkt windtreibend. Der gelbe, flüchtige Saft, den man durch Pressen der Schale erhält, ist eine Essenz, die sowohl gallefördernd als auch galletreibend wirkt.

Die Orange wird nicht nur zu Heilzwecken verwendet. Viele um ihre Schönheit besorgte Frauen (wie z. B. im 17. Jahrhundert die Salondame Ninon de Lenclos) hatten und haben einen bedeutenden Orangenkonsum aufzuweisen; sie verwenden auch das Fruchtfleisch als Gesichtsmaske, um hierdurch ihre Gesichtshaut frisch und entspannt zu erhalten.

Die Bergamotte, die auch von einer Art Orangenbaum stammt, liefert ein wertvolles antiseptisches Öl, mit dem man Wunden und Abszesse behandeln kann. Dieses Bergamotteöl wird auch häufig zur Parfümherstellung verwendet.

Innerliche Anwendung

Aufgüsse:
Eine Prise Blätter in einem halben Liter kochendem Wasser ziehen lassen. Filtrieren und mit Honig süßen. Eine Tasse hiervon vor dem Schlafengehen getrunken, beruhigt Störungen nervösen Ursprungs und sorgt für einen guten Schlaf.

Zwei Prisen Blüten (denen man gleich viel Lindenblüten oder Kamille beigeben kann) in einem Liter kochendem Wasser ziehen lassen. Bei Herzklopfen, Beklemmungen oder Verdauungsbeschwerden trinkt man hiervon 2–3 Tassen am Tag.

Tinktur:
50 Gramm Orangenschalen in einem Viertelliter Branntwein weichen lassen. Von diesem Präparat nimmt man einen Eßlöffel vor den Mahlzeiten. Das wirkt appetitanregend und hilft bei Verdauungsstörungen und Verstopfung.

Orangensaft:
Orangensaft (pur oder mit Wasser verdünnt) wirkt stärkend.

Äußerliche Anwendung

Ungeschälte Orangenscheiben kochen und auf Wunden, Quetschungen oder Abszesse auflegen.

Schönheitspflege

Um die offenen Poren zusammenzuziehen und die Haut geschmeidig zu machen, kann man bei fettiger Haut dünne Orangenscheiben auflegen. Diese Maske ungefähr eine halbe Stunde lang einwirken lassen, wobei man sich in völliger Ruhe entspannen sollte. Fügt man dem Orangensaft ein Drittel seines Volumens an Rosenwasser hinzu, so erhält man eine Lotion, die zusammenziehend wirkt.

Garten-Petersilie

PETROSELINUM CRISPUM
PETROSELINUM HORTENSE HOFFM. –
FAMILIE DER DOLDENGEWÄCHSE

Peterling
Peterlein

Die Gartenpetersilie ist eine krautige, zweijährige Pflanze. Man findet sie manchmal wild wachsend, zumeist aber wird sie in Gärten angebaut.
Die Stengel erscheinen im zweiten Lebensjahr. Sie sind geriefelt und können bis zu 70 Zentimeter hoch werden.
Die Blätter sind im Umriß dreieckig. Während die unteren stark gefiedert sind, sind die oberen einfach gelappt und leuchtend grün.
Die grünlichgelben Blüten stehen in Dolden zusammen. Die Gartenpetersilie blüht von Juni bis August.
Verwendet werden die Wurzeln, die Blätter und manchmal auch die Samen-körner.

203

Zusammensetzung

ätherisches Öl
  (vor allem Apiol, und
  zwar unterschiedlich
  viel, je nach Sorte)
Palmitinsäure
Zucker
Pflanzenschleim
Pektinstoffe
Spuren von Tannin
gelber Farbstoff
Vitamin C

Eigenschaften

emmenagog
harntreibend
galletreibend
anregend
blutreinigend
schmerzstillend
fiebertreibend
auflösend

Anwendungen

Rheuma
Luftschlucken
Leberleiden
Verdauungsstörungen
viele Arten von
  Schmerzen

Ein Blick in die Geschichte

Der lateinische Name der Petersilie, »Petroselinum«, leitet sich von dem griechischen Ausdruck »petros selimon« (»Felsen-Sellerie«) her.
Die Gartenpetersilie war in der Antike wohlbekannt. Auch wenn man sie damals noch nicht als Küchengewürz verwendete, flocht man aus ihr doch Kränze für die Sieger und Meister und verwendete sie bereits als harntreibendes Mittel. Zahlreiche Autoren empfehlen sie zur Schmerzbekämpfung in bezug auf Nieren und Harnblase. Seit Beginn unserer Zeitrechnung hat man der Gartenpetersilie emmenagoge Wirkung zugeschrieben.

* *Die Gartenpetersilie darf man auf keinen Fall mit der Hundspetersilie bzw. dem Gartenschierling, einem ähnlich aussehenden Doldengewächs, verwechseln: letzteres ist nämlich äußerst giftig. Die Hundspetersilie besitzt einen Stengel, der fast immer rot gesprenkelt ist, und sehr stark geteilte Blätter. Wenn man sie zerreibt, verströmt sie einen unangenehmen Geruch.*

Zusammen mit dem Eppich, dem Spargel, dem Fenchel und dem Mäusedorn gehört die Wurzel der Gartenpetersilie zu den »fünf appetitanregenden Wurzeln«. Da sie viel Vitamin C enthält, kann sie genesenden oder überanstrengten Personen sowie Kindern mit Wachstumsschwierigkeiten empfohlen werden. Ein Absud aus der ganzen Pflanze und ihrer Wurzel wird verwendet bei Steinen, Gelbsucht, Stauungen von Leber und Milz, Wassersucht sowie bei Schmerzen oder Unregelmäßigkeiten bei den Monatsblutungen.
Die Samenkörner und der Saft haben die gleichen Eigenschaften wie die ganze Pflanze; sie werden aber speziell zur Behandlung der Malaria eingesetzt. Das ätherische Öl ist bei Reizungen der Harnwege zu empfehlen.
Die Blätter und der Saft können auch äußerlich angewendet werden: sie helfen bei Augenentzündungen und nützen bei Quetschungen, Blutergüssen und Schwellungen. Sie stehen daneben auch im Ruf, die Milchabsonderung zu stoppen. Bei Zahnweh empfiehlt die Hausmedizin folgendes: ein wenig Peter-

silie in der hohlen Hand zerreiben, Salz dazugeben und diese Mischung in das den Schmerzen entsprechende Ohr hineingeben.

Man erzählt auch, daß ein Petersilie-Absud den Teint aufzuhellen vermag.

Innerliche Anwendung

Aufgüsse:

30–35 Gramm Petersilie 10 Minuten lang in einem Liter kochendem Wasser ziehen lassen. 2–3 Tassen hiervon pro Tag wirken harntreibend und rheumalindernd.

5–10 Gramm Samenkörner in einem Liter kochendem Wasser ziehen lassen. Jeweils eine Tasse hiervon nach den beiden Hauptmahlzeiten trinken. Das wirkt emmenagog und harntreibend; es hilft auch bei Luftschlucken und Blähungen.

Absud:

20 Gramm Petersilienwurzel in einem Liter Wasser kochen. Von diesem appetitanregenden und harntreibenden Präparat trinkt man täglich 2–3 Tassen. Dieser Absud wird auch bei Leiden der Leber oder der Gallenblase sowie als emmenagoges Mittel empfohlen.

Saft:

Täglich 100 Gramm Saft, am besten zusammen mit gekochter Milch, trinken. Diese Dosis sollte man auf mehrere Schlucke (davon einen vor dem Schlafengehen) verteilen. Dies hilft bei Leiden der Atemwege.

Äußerliche Anwendung

Umschlag:

Petersilienblätter zerhacken und auf Quetschungen, schmerzende Stellen, Schwellungen oder Insektenstiche auflegen. Diesen Umschlag kann man auch dazu verwenden, die Milchabsonderung zu unterdrücken.

Kompresse:

Bei Bindehautentzündung oder Entzündungen der Augenlider bereitet man einen Blätteraufguß und legt diesen mittels Kompresse auf die Augen auf.

Schönheitspflege

Läßt man 10–15 Gramm Petersilie etwa 10 Minuten lang in einem halben Liter kochendem Wasser ziehen, so erhält man eine Lotion mit stärkender Wirkung. Filtrieren und als Kompresse auf das Gesicht auflegen.

Mit dieser Lotion, der man noch etwas Zitronensaft hinzufügt, läßt sich auch die sogenannte Schwangerschaftspigmentierung abschwächen.

Pfirsichbaum

PRUNUS PERSICA L. –
FAMILIE DER ROSENGEWÄCHSE

Siehe Farbtafel Seite 214

Der Pfirsichbaum ist ein relativ kleiner Obstbaum, der wahrscheinlich aus China stammt und nur recht kurze Zeit lebt (etwa zwanzig Jahre). Seine Rinde ist rötlichbraun. Zahlreiche Abarten werden kultiviert.
Die lanzettförmigen Blätter werden zwischen 8 und 10 Zentimeter lang und sind nur leicht gezähnt.
Die Blüten, die sehr früh erscheinen, sind einzeln oder zu Paaren auf den Blütenästen angeordnet. Sie haben keinen Stiel. Ihre Blütenkrone besteht aus fünf Kronblättern, die im allgemeinen rosafarben sind (es gibt eine weiße Abart, die allerdings viel seltener ist). Blütezeit ist der Frühling.
Bei der Frucht handelt es sich um eine dicke, kugelige Steinfrucht. Sie ist samtig rot, gelb oder rosa, enthält saftiges Fruchtfleisch und ist sehr schmackhaft.
Verwendet werden die Blätter, die Blüten und die Frucht.

Zusammensetzung

verschiedene Zuckerarten
Zitronen- und
    Apfelsäure
gummöse Substanzen
Pektinstoffe
Öl
Tannin (wenig)
Vitamine A, B und C
Amygdalin

Eigenschaften

erweichend
krampflösend
beruhigend
harntreibend
abführend
erfrischend
geschmeidigmachend

Anwendungen

Verstopfung
Darmkrämpfe
Leiden der Harnwege

Ein Blick in die Geschichte

Pfirsich (mittelhochdeutsch: »pfersich«) ist ein Lehnwort aus dem Lateinischen: »persicum pomum«, was soviel wie »persische Frucht« bedeutet. Es sieht nämlich danach aus, als ob dieser Obstbaum, der schon vor 4200 Jahren in China bekannt war, von den Persern in unsere Gegenden gebracht worden sei.

Im Mittelalter wurden die Blätter, die Rinde und der Kern als wurmtreibend, harntreibend und beruhigend wirkende Mittel eingesetzt. Aber schon bald bekam die Frucht einen schlechten Ruf, und im Gefolge der Araber empfahlen die hl. Hildegard und die Ärzteschule von Salerno, größte Vorsicht im Umgang mit dem Pfirsich walten zu lassen: dieser sollte nur noch zusammen mit Wein genossen werden! Das aber hieße ein bißchen zuviel des Guten tun, handelt es sich doch beim Pfirsich um eine überaus schmackhafte Frucht, die reich an Vitaminen ist. Im allgemeinen wird sie auch vom empfindlichsten Magen sehr gut vertragen, sofern man sie in vernünftigen Mengen zu sich nimmt.

Heute empfiehlt man, den Saft des Pfirsichs am Morgen auf nüchternen Magen einzunehmen: so wirkt er harntreibend und leicht abführend. Die Frucht ist nahrhaft und erfrischend; dem ausgepreßten Kernöl sagt man die Fähigkeit nach, Ohrensausen vertreiben zu können.

Wegen ihrer abführenden Eigenschaften verdienen die Blätter und die Blüten des Pfirsichs wohl eine größere Umsicht bei ihrer Verwendung. Aber immerhin ist bekannt, daß sich Ludwig XIV. lieber auf diesen Blütensirup als auf die von Molière verewigten Klistiere verlassen hat.

Die Blätter haben die gleichen abführenden Eigenschaften wie die Blüten. Darüber hinaus werden sie als Absud auch bei der Behandlung von Leiden der Harnwege (Steine, Blasenentzündungen, Nierenkoliken), bei Asthma und bei Keuchhusten eingesetzt. Der Rinde werden wurm- und fiebertreibende Eigenschaften nachgesagt.

Bei der äußerlichen Anwendung werden die zerhackten Blätter oder die zerstoßenen Kerne auf Brandwunden, Flechten und verschiedene Entzündungen aufgelegt.

Hinweis

Es wird wärmstens angeraten, bei innerlicher Anwendung des Pfirsichs die unten aufgeführten Dosierungen von Blättern oder Blüten nicht zu überschreiten!

Innerliche Anwendung

Aufgüsse:

20−25 Gramm getrocknete Blätter (bei Kindern auf keinen Fall mehr als 5 Gramm) 10 Minuten lang in einem Liter kochendem Wasser ziehen lassen. Bei Verstopfung und um die Darmfunktion zu regulieren, trinkt man nach jeder Mahlzeit eine Tasse von diesem Aufguß.

20−25 Gramm (bei Kindern höchstens 5 Gramm) frische Blätter in einem Liter kochendem Wasser ziehen lassen. Von diesem Abführmittel trinkt man eine Tasse pro Tag.

Saft:

Einen Pfirsich häuten, den Kern entfernen und auspressen. Eine Woche lang am Morgen auf nüchternen Magen nehmen. Dieser Saft wirkt harntreibend, kräftigend und verdauungsfördernd.

Wein:

30 Pfirsichblätter zusammen mit 30 Gramm Zucker einen Monat lang in einer Mischung aus einem Liter gutem Rotwein und einem Glas Branntwein weichen lassen. Filtrieren. Ein kleines Glas hiervon pro Tag wirkt stärkend und verdauungsfördernd.

Schönheitspflege

Das folgende einfache, natürliche und wirkungsvolle Rezept hilft mit, einen hübschen, samtigen Teint zu erhalten: Zwei gut ausgereifte Pfirsiche zerdrücken und das Fruchtfleisch auf das Gesicht auflegen. Sich hinlegen und in Ruhe entspannen. Diese Maske läßt man gut 20 Minuten lang einwirken. Danach reinigt man das Gesicht sorgfältig, und zwar entweder mit Regenwasser oder mit Mineralwasser.

Quitte

CYDONIA OBLONGA MILL. –
FAMILIE DER ROSENGEWÄCHSE

Dieser kleine, ursprünglich aus Persien stammende Baum wird gewöhnlich 6−7 Meter hoch. Er kommt fast nur kultiviert vor, im Süden auch verwildert. Die ungeteilten Blätter sind weich und besitzen einen kurzen Stiel. Sie sind oval und auf der Unterseite leicht flaumig.
Die großen Blüten, die weiß oder leicht rosafarben angehaucht sind, sitzen am Ende der Äste. Die Blütezeit der Quitte ist April und Mai, zur gleichen Zeit, da auch die Blätter erscheinen.
Verwendet werden die Frucht (Saft), die Blätter und die Samenkörner.

Genauso wie die Weinrebe und der Ölbaum wurde auch die Quitte von Kreta aus auf dem griechischen Festland eingeführt. Ihr wissenschaftlicher Name leitet sich von »Kudonia« (der Stadt Kydon) ab.

Hippokrates empfahl die Quitte bei Fieber und Durchfall. Seit dem 8. Jahrhundert gab es in Frankreich eine Verordnung, nach der in den königlichen Gärten Quitten angebaut werden sollten. Im Mittelalter wurden die Früchte als zusammenziehendes Mittel verwendet. Wegen dieser Wirkung gebraucht man auch heute noch das Fruchtfleisch und die Blätter dieser Pflanze; die Samenkörner (Obstkerne) werden als erweichendes und milderndes Mittel angesehen.

Obwohl die Quitte nur wenig Tannin enthält, macht man auf dem Land aus ihr hervorragende Gelees, Kompotte oder Liköre, mit denen man Durchfall bekämpft und die Darmfunktionen reguliert. Eine entfernte Verwandte von mir hat es sich zur Gewohnheit gemacht, jedes Jahr allen Familienmitgliedern einen Topf Quittenmarmelade zu schenken. Dieses Geschenk wird allseits hochgeschätzt, weil es sowohl nützlich als auch wohlschmeckend ist. Aus Quittensaft läßt sich auch ein Sirup herstellen, der bei Darmentzündungen wirksam hilft.

Früher weichten die Frauen zerstoßene Quittenkerne in ein wenig Wasser ein; den so gewonnenen Pflanzenschleim verwendeten sie zur Erstellung traditioneller weiblicher Haartrachten. Auch diente er, mit gleich viel Schmalz vermischt, zur Behandlung von Brandwunden, aufgesprungener Haut, Frostbeulen sowie bei Augenentzündungen. Innerlich wendete man dieses Präparat bei Husten und Entzündungen der Atemwege an.

Der Blätteraufguß ist bekannt für seine hustenstillende Wirkung. Mit Orangenblütenwasser vermischt, sorgt er für einen guten Schlaf.

Die Quitte ist eine der ganz wenigen Früchte, die man nicht roh essen sollte. Dennoch hat sie – wie man sieht – die Bezeichnung »goldener Apfel« aufgrund ihrer wertvollen Zusammensetzung reichlich verdient.

Zusammensetzung

Traubenzucker
Rohrzucker
Pektinstoffe
Apfelsäure
Öl
Tannin
Farbstoff
Pflanzenschleim

Eigenschaften

stopfend
ruhrbekämpfend
zusammenziehend
erweichend
beruhigend

Anwendungen

Darmentzündung
Durchfall
Halsleiden
Hautrisse
Frostbeulen

Ein Blick in die Geschichte

Die griechische Mythologie erzählt uns, daß in dem berühmten Garten der Hesperiden, wo die drei Töchter des Hesperos Schafe mit goldenem Vlies hüteten, »goldene Äpfel« wuchsen, die von einem Drachen bewacht wurden. Auch wird berichtet, daß Atalante ihren Wettlauf gegen Hippomenes verlor, weil dieser während des Laufes »goldene Äpfel« fallen ließ, die sie dann aufsammelte. Diese »goldene Äpfel« waren nichts anderes als Quitten. Dies beweist, daß – jenseits aller Legenden – der Quittenbaum schon in längst vergangenen Zeiten blühte und gedieh.

Innerliche Anwendung

Aufguß:
25−30 Gramm frische oder trockene Blätter in einem Liter kochendem Wasser ziehen lassen. Filtrieren. Drei Tassen hiervon täglich (davon eine vor dem Schlafengehen) getrunken, helfen gegen Husten. Zusammen mit Orangenblütenwasser trägt dieser Aufguß zu einem guten Schlaf bei.

Sirup:
Ganze Quitten kochen. Sie fest in einem Leinenfleck ausdrücken, um so den Saft herauszupressen. Diesen Saft mit seinem doppelten Gewicht an Zucker einkochen, bis man eine sirupartige Masse erhält. Gegen Durchfall nimmt man drei Löffel Sirup am Tag.

Gelee:
Aus den zuvor gekochten Quitten preßt man genauso wie beim Sirup den Saft heraus. Diesem Saft das gleiche Gewicht Zucker beigeben. Ungefähr 40 Minuten lang auf kleiner Flamme kochen lassen. In Gläser füllen. Bei Durchfall nimmt man mehrere Löffel Gelee täglich, entweder pur oder als Brotaufstrich.

Äußerliche Anwendung

Gurgelwasser:
Bei Halsweh hilft Gurgeln mit einem in einem Glas lauem Wasser verdünnten Löffel Sirup.

Kompresse:
Eine Handvoll Quittenkerne mit zwei Glas Wasser kochen. Filtrieren und erkalten lassen. Als Kompresse auf Brandwunden, Hautrisse und Frostbeulen auflegen.

Schönheitspflege

Um Blutandrang in den Augenlidern zu stoppen oder müde Augen zu erfrischen, kann man Scheiben von frischen, vorher sorgfältigst gewaschenen Quitten direkt auflegen. Das Entstehen von Hautfältchen bekämpft man erfolgreich mit einer Lotion, die man dadurch erhält, daß man Quittenschalen etwa zwei Wochen lang in leicht mit Alkohol angereichertem Wasser weichen läßt.

Ringelblume

CALENDULA OFFICINALIS L. –
FAMILIE DER KORBBLÜTLER

Totenblume
Sonnwendblume

Die Ringelblume ist eine 30–40 Zentimeter hohe Pflanze, die die ganze schöne Jahreszeit hindurch blüht. In den Mittelmeergegenden wächst sie wild, überall sonst wird sie kultiviert.
Der Stengel ist recht kräftig und rauh behaart.
Die sitzenden Blätter sind länglich und sehen spatelig aus. Sie sind wechselständig und leicht gezähnt.
Die gleichmäßig orangegelben Blüten bilden einzelstehende Köpfchen, die 5–6 Zentimeter groß werden können. Die Blütezeit der Ringelblume erstreckt sich von Juni bis September.
Verwendet werden die Blüten.

Orangenbaum

CITRUS SINENSIS

Pfirsichbaum

PRUNUS PERSICA L.

Scharbockskraut

FICARIA VERNA HUDS.

Deutsche
Schwertlilie

IRIS GERMANICA L.

216

Zusammensetzung

ätherisches Öl
Saponin
Pflanzenschleim
verschiedene Zuckerarten
Salicylsäure

Eigenschaften

anregend
blutreinigend
schweißtreibend
vernarbungfördernd

Anwendungen

Blutarmut
Grippe
Ohrenfluß
Windpocken
Röteln
Wunden

Ein Blick in die Geschichte

Es ist nicht klar, wodurch die Ringelblume zu einem derart pessimistischen Namen wie »Totenblume« gekommen ist. Ihren anderen Bedeutungsnamen »Sonnwendblume« verdankt sie offensichtlich der Tatsache, daß sie in starkem Maße von der Sonneneinstrahlung abhängig ist: genauso wie bei der Zichorie und dem Löwenzahn öffnen sich auch bei der Ringelblume die Blüten beim Auftreffen der ersten Sonnenstrahlen. Im 12. Jahrhundert empfahl die hl. Hildegard die Verwendung der Ringelblume zur Behandlung der Kopfhaut bei Grindflechte. Ein Jahrhundert später ist sie von Albertus Magnus bei Schlangenbissen und Stauungen im Darm empfohlen worden.

Aufgrund der bekannten Korrespondenztheorie des Paracelsus (die wir an anderer Stelle bereits erwähnten) haben unsere Vorfahren die Ringelblume als zur Heilung von Leberleiden geeignet erkannt – und in der Tat erinnert die Farbe ihrer Blüten an die Gesichtsfarbe von an Gelbsucht leidenden Personen. Nach zahlreichen entsprechenden Versuchen wird diese Verwendung der Ringelblume heute von allen Pflanzenheilpraktikern anerkannt.

Es wird erzählt, daß eine Hebamme (die zwar offiziell nicht zugelassen, aber dennoch sehr beschlagen war) einst eine Art Ringelblumentinktur derart verfeinerte, daß sich die Schmerzen ihrer Patientinnen damit auf wunderbare Weise dämpfen ließen; anscheinend vermochte dieses Präparat auch den Geburtsvorgang zu beschleunigen. Heute wird die wohltuende Wirkung der Ringelblume in bezug auf spezielle Frauenprobleme allgemein anerkannt: sie wirkt regulierend bei übermäßig starken Monatsblutungen, sie lindert Regelschmerzen und vermag einen unterbrochenen Zyklus wieder in Gang zu setzen. Um in den Genuß all dieser Wirkungen zu kommen, sollte man in der Woche, bevor die Blutungen einsetzen, tagtäglich einen Aufguß oder eine Tinktur aus Ringelblumen einnehmen.

In gewissen Gegenden wird auch eine Salbe aus Ringelblumen äußerlich angewendet, und zwar bei Frostbeulen, Geschwüren, Brandwunden, Ekzemen und Nervenschmerzen in der Gesichtspartie.

Innerliche Anwendung

Aufgüsse:
10 Gramm Blüten in einem halben Liter kochendem Wasser ziehen lassen. Von diesem blutreinigenden und abführenden Aufguß trinkt man täglich 4−5 Tassen.
Der sogenannte »Fünf-Blüten-Tee« (pro Liter Wasser je 10 Gramm Blüten der Ringelblume, des Borretsch, des Lavendels, der Malve und des schwarzen Holunders nehmen) hilft nach den Angaben von Leclerc bei Fieberausbrüchen.

Äußerliche Anwendung

Tinktur:
50 Gramm frische Blütenblätter in einem Viertelliter Alkohol weichen lassen. Diese Tinktur wird zur Zubereitung von Kompressen (je etwa 20 Tropfen) verwendet. Man legt sie auf Geschwüre, Hühneraugen, Furunkel, Warzen und einige Arten von Hautausschlägen auf. Die Wirkung dieses Mittels läßt sich noch dadurch verstärken, daß man zusätzlich jeden Tag 3−4 Tassen Aufguß trinkt.

Schönheitspflege

Personen mit spröder Haut können sich die Eigenschaften der Ringelblume mittels folgender Lotion zunutze machen: eine Handvoll Blüten und Stengel eine Viertelstunde lang in sehr heißem (nicht aber kochendem) Wasser ziehen lassen. Lauwarme Kompressen auf Gesicht und Hals auflegen.

Rosmarin

ROSMARINUS OFFICINALIS L. –
FAMILIE DER LIPPENBLÜTLER

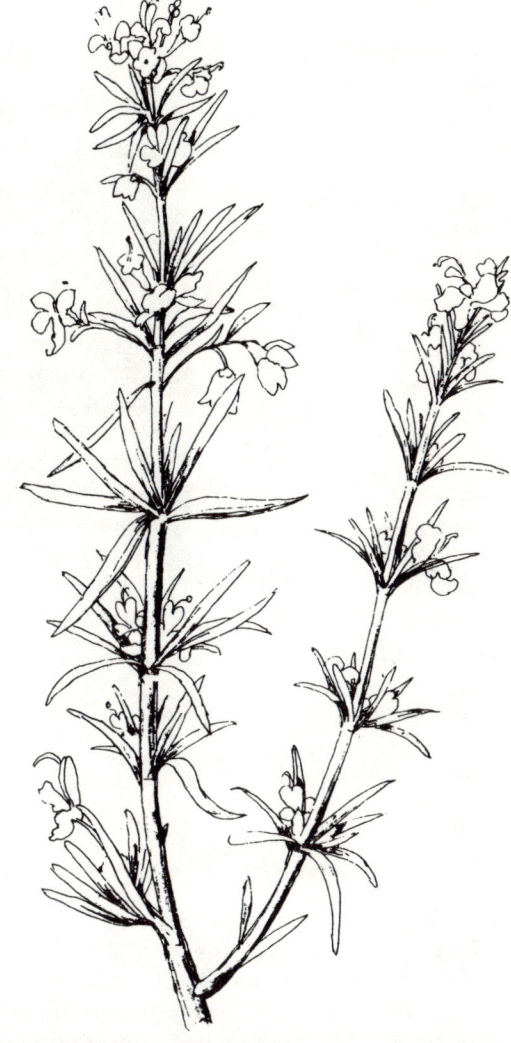

Kranzenkraut

Der Rosmarin ist ein Strauch mit ausdauernden Blättern, den man besonders in Südfrankreich und auf den dürren Böden der Mittelmeergegenden antreffen kann.

Der Stengel ist holzig und kann anderthalb bis zwei Meter hoch werden.

Die gegenständigen Blätter sind schmal, dick und lederhart. Auf der Oberseite sind sie gräulichgrün, auf der Unterseite weißfilzig.

Die Blüten, die so ziemlich am Ende der Seitenachsen stehen, sind blaßblau (manchmal auch weiß) und mit violetten Tupfen versehen. Unter den klimatischen Bedingungen der Mittelmeergegend erstreckt sich die Blütezeit des Rosmarins über einen großen Teil des Jahres; in den anderen Gegenden reicht sie von Mai bis Juli.

Die Pflanze verströmt einen angenehmen Duft, der ein wenig an Kampfer erinnert.

Verwendet werden die Blätter und die Blütenspitzen.

219

Zusammensetzung

ätherisches Öl
Harz
Bitterstoff
Saponin
organische Säuren
Tannin
Heteroside

Eigenschaften

krampfstillend
anregend
verdauungsfördernd
rheumalindernd
antineuralgisch
stärkend
wundenheilend
auflösend
antiseptisch

Anwendungen

Verdauungsstörungen
Hustenkrämpfe
Fieberzustände
Niedergeschlagenheit
Rheuma
Gelenksschmerzen

Ein Blick in die Geschichte

»Rosmarin« und »Kranzenkraut« erinnern beide daran, daß diese vielgepriesene aromatische Pflanze früher angeblich der hl. Muttergottes geweiht war. Sie war der Mittelpunkt heidnischer und religiöser Feste und spielte bei Hochzeiten wie bei Begräbnissen eine Rolle. Auch verwendete man den Rosmarin dazu, um daraus Kränze zu flechten; ferner wurde er als Weihrauch benutzt. Im 16. Jahrhundert entdeckte man einen Rosmarinzweig in einem altägyptischen Grab. Und in dem bekannten Lied über Marlborough heißt es: »Um sein Grab herum pflanzte man Rosmarinsträucher.«

* Bei zu hoher Dosierung kann der Rosmarin Krämpfe und Schwindelanfälle verursachen.

Den Rosmarin kann man speziell genesenden, überanstrengten und niedergeschlagenen Personen empfehlen; des weiteren hilft er bei Herzklopfen, Migräne, Beklemmungen und bei Schlaflosigkeit.
Bei Asthma helfen Beräucherungen mit getrockneten Blättern. Es gibt mehrere Formen der äußerlichen Anwendung. In Wein gekochte Blätter verwendet man als Umschlag bei von Verrenkungen herstammenden schmerzhaften Schwellungen, bei Quetschungen und bei rheumatischen Gelenksschmerzen. Ein Blätterabsud, zur Mundspülung oder als Gurgelwasser verwendet, hilft bei Mundfäule sowie bei Mandelentzündungen und stärkt das Zahnfleisch. Fügt man diesen Absud dem Badewasser hinzu, so stärkt er schwächliche Kinder und lindert rheumatische Schmerzen.

Innerliche Anwendung

Wein:

Etwa 25 Gramm Rosmarinblätter 24 Stunden lang in einem Liter gutem Wein weichen lassen. Filtrieren. Nach jeder Mahlzeit einen Eßlöffel davon zu sich nehmen; dieses Mittel wirkt harntreibend.

Absud:
Eine Handvoll frische Blätter zwei Minuten kochen und dann eine Viertelstunde lang ruhig stehen lassen. Filtrieren und zuckern (besser noch: mit Honig süßen). Bei Fieberzuständen trinkt man täglich drei Tassen von diesem Präparat.

Aufguß:
25 Gramm getrocknete Blätter eine Viertelstunde lang in einem Liter kochendem Wasser ziehen lassen. Filtrieren und zuckern. Dieses Getränk im Laufe des Tages auf mehrere Portionen verteilt trinken. Das Mittel hilft bei Kopfweh und wirkt hustenstillend (Keuchhusten, Asthma etc.).

Tinktur:
40 Gramm Rosmarinblätter eine Woche lang in einem Viertelliter Alkohol weichen lassen. Filtrieren. Bei Verdauungsschwierigkeiten nimmt man 10–15 Tropfen hiervon, die man mit ein wenig Wasser verdünnt.

Äußerliche Anwendung

Absud:
Eine Handvoll Blätter in einem Liter Wasser kochen lassen. Kompressen hieraus machen und diese auf die von Rheumaschmerzen betroffenen Körperpartien auflegen.

Umschlag:
Rosmarinblätter in Wein kochen. Die gekochten Blätter als Umschlag auf Schwellungen, die von einer Verrenkung oder einem Schlag herrühren, auflegen.

Gurgelwasser:
Bei Angina und Mandelentzündungen kann man den Absud als Gurgelwasser verwenden.

Schönheitspflege

Um wieder zu Kräften zu kommen, empfiehlt sich ein stärkendes Duftbad mit Rosmarin. Dazu gibt man 200–250 Gramm getrocknete Pflanzen in einen Beutel mit Gazestoff oder – was noch einfacher ist – in einen Waschlappen, den man auf den Grund der Badewanne legt oder direkt unter den Warmwasserhahn hängt.
Läßt man 50 Gramm Rosmarin (man kann, wenn man will, auch noch 50 Gramm Orangenschalen dazugeben) in einem Liter kochendem Wasser ziehen, so erhält man eine gute, stärkende Gesichtslotion.

Echter Salbei

SALVIA OFFICINALIS L. –
FAMILIE DER LIPPENBLÜTLER

Königssalbei
Gartensalbei

Der echte Salbei ist ein Halbstrauch, der 20−60 Zentimeter hoch werden kann; manchmal wird er sogar noch höher. Auf den kahlen Hügeln Südfrankreichs wächst diese Pflanze wild, aber auch in den Départements Cantal und Lot kann man sie noch antreffen. In Deutschland und Österreich erscheint der Salbei kultiviert, selten verwildert.

Der holzige Stengel ist vierkantig und leicht behaart.

Die ungeteilten Blätter sind weißlichgrün und sehen wollig aus. Sie sind gegenständig, oval und lanzettförmig. Sie verströmen einen sehr charakteristischen, angenehmen Duft und bleiben auch wintersüber grün.

Die Blüten, die zu dritt oder zu viert in endständigen Scheinquirlen zusammenstehen, sind veilchenblau, selten rosa. Sie sind ziemlich groß (3−4 cm). Der echte Salbei blüht im Juni und Juli.

Verwendet werden die Blätter (ohne die Blattstiele) und die Blütenspitzen.

Zusammensetzung

Bitterstoff
ätherisches Öl
Tannin
Pflanzenschleim
Saponinderivate
Asparagin
organische Säuren
Glykosid
gummöse Substanzen

Eigenschaften

harntreibend
blutstillend
stärkend
zusammenziehend
anregend
kräftigend
erweichend
blutzuckersenkend

Anwendungen

Erkrankungen der
 Atemwege
Verdauungsstörungen
Überanstrengung

Ein Blick in die Geschichte

Der echte Salbei ist ein Lippenblütler und besitzt damit alle Eigenschaften, die man dieser Pflanzenfamilie normalerweise zuschreibt. In einem alten Sprichwort hieß es früher einmal: »Wer ewig leben will, der ißt den Salbei im Mai.«

Diese Pflanze, die seit den Zeiten des Hippokrates bekannt ist, hat bis auf den heutigen Tag immerfort einen guten Ruf besessen. Im Mittelalter wurde sie in den Klostergärten angebaut. Um zu ermessen, wie fest die Pflanzenheilpraktiker des 14. Jahrhunderts an die Heilwirkungen des echten Salbeis glaubten, genügt es wohl, den folgenden bekannten Satz der Schule von Salerno zu zitieren: »Cur moriatur homo cui salvia crescit in horto?« (»Warum sollte ein Mensch, in dessen Garten Salbei wächst, sterben?«) Und folgerichtig leitet sich ja auch der wissenschaftliche Name des Salbeis, »Salvia«, vom lateinischen Zeitwort »salvare« (»retten«) ab.

Es ist ein Ding der Unmöglichkeit, alle jene Eigenschaften aufzuzählen, die man im Laufe der Jahrhunderte überall dort, wo der Salbei angebaut worden ist (angefangen in Griechenland, dann Italien), dieser Pflanze zugeschrieben hat. Wir möchten an dieser Stelle nur daran erinnern, daß der Salbei-Aufguß nächtliche Schweißausbrüche, die mit länger andauerndem Fieber und Rheuma einhergehen, zu stoppen vermag.

Der Salbei belebt die Magenfunktion, hilft bei der Verdauung und wirkt kreislaufstärkend – mit einem Wort: er regt sämtliche Körperaktivitäten an. Diese Pflanze ist ebenso genesenden oder überanstrengten wie nervenschwachen oder nervösen Personen zu empfehlen. Ihrer Eigenschaften wegen wird sie auch bei Gicht, Rheuma, Kopfschmerzen jeder Art, bei Ödemen und bei Malaria eingesetzt. Zahlreiche Ärzte haben ihre wirkungsvollen Heilkräfte in bezug auf die Regulierung des weiblichen Monatszyklus und die Dämpfung der damit verbundenen Schmerzen anerkannt. Schließlich schreibt man dem Salbei-Absud die Fähigkeit zu, den Blutzuckerspiegel bei Diabetikern senken zu können.

In äußerlicher Anwendung gebraucht man den Salbei als wundenheilendes und antiseptisches Mittel, und zwar vornehmlich zur Mundspülung und als Gurgelwasser (bei Entzündungen des Zahnfleischs oder der Mandeln sowie bei Mundfäule).

Heiße Salbeilotionen werden auch bei Verletzungen, Geschwüren, Frostbeulen usw. angewendet. Getrocknete Salbeiblätter sind Asthmatikern als Tabakersatz zu empfehlen.

Abschließend sei noch erwähnt, daß die Blätter des echten Salbeis von den Chinesen besonders hochgeschätzt werden: sie kochen damit einen köstlichen Tee. In Frankreich wird der Salbei ferner unter anderem dazu verwendet, Fleischwaren, Soßen und Essig eine besondere Geschmacksnote zu verleihen.

Innerliche Anwendung

Aufguß:

30–40 Gramm getrocknete Salbeiblätter in einem Liter kochendem Wasser ziehen lassen. Filtrieren. Nach jeder Mahlzeit eine Tasse von diesem Aufguß trinken. Dieses Mittel wirkt stärkend und hilft bei Verdauungsbeschwerden.

Absud:

40 Gramm frische Blätter 1–2 Minuten lang in einem Liter Wasser kochen lassen. Filtrieren und mit Honig süßen. Einige Autoren raten dazu, diesem Absud die Hälfte des Gewichts an Kartoffelblättern beizugeben. Bei Keuchhusten trinkt man alle 3–4 Stunden eine Tasse von diesem Präparat.

Stärkungswein:

70–80 Gramm Salbeiblätter in einen Liter guten, gezuckerten, kochenden Wein geben. Ungefähr eine halbe Stunde lang ziehen lassen. Filtrieren. Zwischen den Mahlzeiten trinkt man je zwei Schnapsgläschen hiervon. Dieses kräftigende Mittel hilft bei Schwäche und Überanstrengung.

Äußerliche Anwendung

Umschlag:

Einen halben Liter kochendes Wasser auf frische oder getrocknete Blätter gießen. Eine gute Viertelstunde lang weichen lassen und als Umschlag auf Wunden und Hautabschürfungen auflegen.

Gurgelwasser:

10–15 Gramm Salbeiblätter in einen halben Liter kochendes Wasser geben. Eine halbe Stunde lang ziehen lassen. Filtrieren. Das Präparat kann man dadurch versüßen, daß man 20 Gramm Honig hinzufügt. Dieses Mittel, das sich auch zur Mundspülung eignet, hilft bei Angina und Mandelentzündung.

Schönheitspflege

Zur Lösung der mit starkem Fußschweiß verbundenen Probleme trägt folgendes einfache Mittel bei: in jeden Schuh einen Teelöffel Salbeipulver streuen.

Acker-Schachtelhalm

EQUISETUM ARVENSE L. –
FAMILIE DER SCHACHTELHALMGEWÄCHSE

Zinnkraut

Der Ackerschachtelhalm ist eine ausdauernde, krautige Pflanze, die 20−25 Zentimeter hoch wird und keine Blüten trägt. Sie ist als Kulturfolger recht häufig anzutreffen, und zwar in feuchten Wiesen und an Wegrändern.
Es gibt zwei Arten von Stengeln:
– die fertilen Triebe: sie sind rötlich und in regelmäßigen Abständen umhüllt; sie tragen je eine endständige Ähre und verschwinden wieder, nachdem sie Sporen gebildet haben;
– die sterilen Triebe: diese erscheinen nach dem Verschwinden der fertilen Triebe; sie sind grün, verzweigt und bestehen aus mehreren Segmenten. In regelmäßigen Abständen tragen sie dünne Seitenachsen, die ihrerseits wiederum segmentiert sind.
Die kleinen, linealischen Blätter stehen in Quirlen am Grund der einzelnen Knoten zusammen; sie sind umhüllend. Die Sporen entwickeln sich im März/April.
Verwendet wird die ganze Pflanze (d. h. die sterilen Triebe und die Blätter).

225

Zusammensetzung

Kieselsäure
Kalzium
Eisen
Tannin
Pektinstoffe
Öl- und Linolsäure
Equisetin
flavonähnliche
    Heteroside
Karotinoide
Vitamin C

Eigenschaften

harntreibend
blutstillend
remineralisierend
zusammenziehend
blutreinigend
auflösend

Anwendungen

Erkrankungen der
    Harnwege
Halsweh
Nagelgeschwüre
Furunkel
Wunden
Augenentzündung
Nasenbluten

Ein Blick in die Geschichte

Der botanische Name des Schachtelhalms, »Equisetum«, leitet sich von den beiden lateinischen Wörtern »equus« (»Pferd«) und »setum« (»Roßhaar«) ab; er erinnert somit an die Form der sehr feinen, langen Blätter der Pflanze, die eine Art Mähne bilden. In einigen Gegenden Frankreichs wird der Ackerschachtelhalm denn auch tatsächlich »queue-de-cheval« (»Pferdeschweif«) genannt.

Ab dem 16. Jahrhundert haben die vielfältigen Eigenschaften dieser Pflanze aus ihr eine der meistgenutzten Heilpflanzen gemacht. Ihre harntreibende Wirkung wird vor allem bei Erkrankungen der Nieren, der Harnwege und der Prostata eingesetzt.

Die mineralisierenden und blutstillenden Wirkungen des Ackerschachtelhalms hat man auf seine kieselsäurehaltigen Bestandteile zurückgeführt. Einigen Autoren zufolge wirkt diese Pflanze sowohl bei innerlicher als auch bei äußerlicher Anwendung vernarbungsfördernd und gewebebildend.

Einen Absud dieser Pflanze hat man bei Blutspucken, Blutungen, übermäßig starken Monatsblutungen, Geschwüren und Warzen sowie bei Durchfall empfohlen. Äußerlich setzt man diesen Absud als Gurgelwasser (bei Halsleiden), als Lotion (bei Augenentzündungen) oder als Kompresse (bei Wunden und Hautkrankheiten) ein. Bei Nasenbluten kann man auch Pflanzenpulver schnupfen.

Innerliche Anwendung

Absud oder Aufguß:
50—60 Gramm getrocknete Pflanzen pro Liter Wasser nehmen. Täglich drei bis vier Tassen von diesem Präparat trinken. Dies wirkt blutreinigend und harntreibend.

Pulver:
Eine getrocknete Pflanze zu Pulver zerstoßen. Zweimal pro Tag, und zwar vor dem Essen, einen kleinen Teelöffel von diesem Pulver mit Honig zusammen einnehmen. Dieses Mittel wirkt remineralisierend.

Äußerliche Anwendung

Kompresse:
Einen Absud zubereiten. Als Kompresse auf Nagelgeschwüre, Furunkel oder Wunden auflegen.

Gurgelwasser:
Den Absud mit Wasser verdünnen. Als Gurgelwasser hilft dieses Mittel bei Halsweh.

Augenbad:
Bei Augenentzündungen die Augen mit einem verdünnten Absud befeuchten.

Schnupfen:
Bei argem Nasenbluten zieht man Pulver durch die Nase ein.

Schönheitspflege

Zur Vorbeugung gegen Karies kann man ein Pulver verwenden, das man leicht erhält, indem man eine getrocknete Pflanze möglichst fein zerstößt. Mit diesem Pulver die Zähne morgens und abends einreiben; keine Flüssigkeit verwenden. Folgende Lotion benützt man dazu, die Haut samtig und geschmeidig zu erhalten: 20—25 Gramm sterile Triebe vom Ackerschachtelhalm mehrere Stunden in kaltem Wasser einweichen. Herausnehmen und 10 Minuten lang in Wasser kochen lassen. Diesen Absud trägt man mit Kompressen auf das Gesicht auf.

Gemeine Schafgarbe

ACHILLEA MILLEFOLIUM L. –
FAMILIE DER KORBBLÜTLER

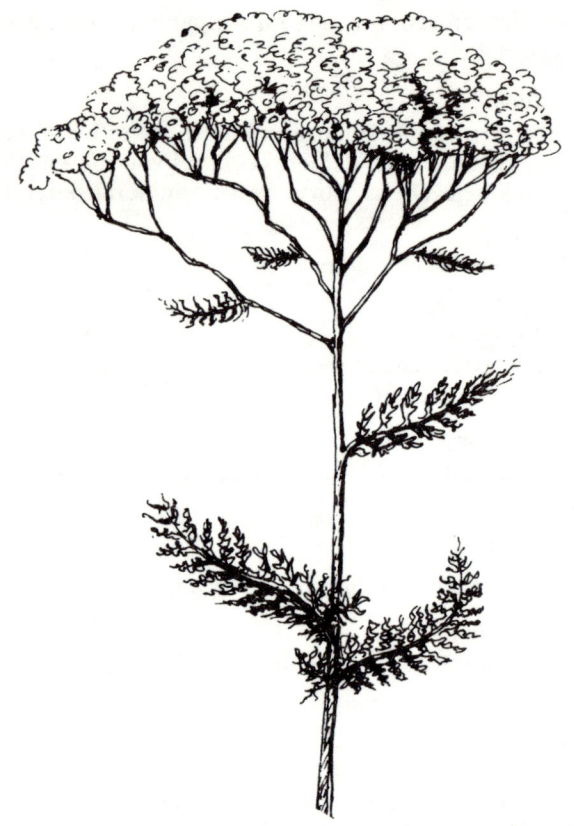

Die gemeine Schafgarbe ist eine krautige, aromatisch duftende Pflanze, die man in Europa häufig antrifft. Sie wächst am Straßenrand, längs der Bahndämme, auf unbebauten Böden, auf Brachland und auch mitten auf den Wiesen. Die Schafgarbe wird 10–80 Zentimeter hoch.
Der aufrechte Stengel ist der Länge nach gerillt.
Die schmalen Blätter, deren Ränder fast parallel verlaufen, bestehen aus 35–50 Blättchen. Diese sind in zwei Reihen angeordnet und sehr fein gefiedert.
Die weißen oder rosafarbenen Blüten stehen als kleine Köpfchen in Rispen zusammen. Sie gleichen einer einfachen Blume, da man die zungenähnlichen Blüten für Kronblätter halten könnte. Die gemeine Schafgarbe blüht von Mai bis Oktober.
Verwendet werden die Blütenspitzen.

Zusammensetzung

ätherisches Öl
Terpenverbindungen
    (oder Mischung)
Azulen
ölhaltige Substanz
Bitterglykosid
    (Achillein)

Eigenschaften

wundenheilend
harntreibend
windtreibend
stärkend
magenstärkend
blutstillend
zusammenziehend
blutandrangstillend
vernarbungfördernd
entzündungshemmend

Anwendungen

Durchfall
Hämorrhoiden

Ein Blick in die Geschichte

Die gemeine Schafgarbe ist schon seit der Antike bekannt. Manche Leute behaupten, Achilles habe auf Anraten der Venus den König von Mysien, Telephos, mit dieser Pflanze gesundgepflegt, nachdem er ihn durch einen Lanzenstich verletzt hatte. Andere wiederum sind der Auffassung, der berühmte Held der »Ilias« habe die Schafgarbe dazu verwendet, seine Schmerzen zu lindern, nachdem er vom Pfeil des Paris an der Ferse getroffen worden war.

* Um jedes Risiko einer unnötigen Hautreizung zu vermeiden, sollte man die Schafgarbensalbe bei blutenden Wunden lieber nicht verwenden.

Seit uralten Zeiten hat die gemeine Schafgarbe wohltuende Wirkung gezeigt, und zwar sowohl in bezug auf Blutspucken, Nasenbluten, Hämorrhoidenblutungen als auch bei der Behandlung von Wunden, Geschwüren, Schrunden in der Mutterbrust, Frostbeulen und Quetschungen.
Auch heutzutage wird die gemeine Schafgarbe in gewissen Gegenden noch immer als Heilpflanze verwendet. Die gesäuberte Pflanze vermischt man mit Schmalz und erhält somit eine Salbe. Diese wird auf Geschwüre, Nagelgeschwüre und selbst auf Wunden aufgetragen, um deren Vernarbung zu beschleunigen. Die gemeine Schafgarbe wird auch als appetitanregendes Mittel verwendet. Weiters wirkt sie emmenagog, krampfstillend, blutreinigend und eignet sich zur Behandlung von Flechten und Akne.
Laut Cazin können sich durch Schafgarbenaufguß die Monatsblutungen einer Frau wieder einpendeln, falls diese im Gefolge einer Erkältung oder eines großen Schocks aussetzen sollten.
Auch bei Nervenleiden hat man diesem Aufguß sehr gute Ergebnisse zuschreiben können.

Innerliche Anwendung

Aufgüsse:

20−30 Gramm Wurzeln in einem Liter kochendem Wasser ziehen lassen. Filtrieren und zuckern. Bei Durchfall trinkt man täglich 5−6 Tassen von diesem Aufguß.

15−20 Gramm Blätter zusammen mit gleich viel Blüten in einem Liter kochendem Wasser ziehen lassen. Bei Juckreiz und Hämorrhoidenschmerzen trinkt man nach jeder Mahlzeit eine Tasse hiervon.

Äußerliche Anwendung

Lotion:

50 Gramm Blätter und Blüten in einem Liter Wasser kochen lassen. Filtrieren und diese Lotion als Kompresse auf Geschwüre und Hämorrhoiden auflegen.

Schönheitspflege

Die gemeine Schafgarbe hat blutandrangstillende Eigenschaften. Aus diesem Grunde verwendet man sie (z. B. zusammen mit Sesamöl) zur Herstellung von Sonnencremes mit hoher Schutzwirkung.

Scharbockskraut

FICARIA VERNA HUDS. –
FAMILIE DER HAHNENFUSSGEWÄCHSE

Siehe Farbtafel Seite 215

Feigwurz

Das Scharbockskraut ist eine krautige Pflanze, die man gewöhnlich auf Feldern, in Wäldern, an Hecken und auf feuchten Böden findet.
Die glatten Stengel können 20 Zentimeter hoch werden.
Die Blätter, die rundlich-herzförmig aussehen und einen langen Stiel besitzen, sind leuchtend grün und reichlich von Adern durchzogen.
Die hübschen goldgelben Blüten haben zumeist drei Kelchblätter und 6–12 sternförmig angeordnete Kronblätter. Das Scharbockskraut blüht in der Zeit von März bis Mai. Die Wurzeln sind sehr charakteristisch: sie sind aufgeschwollen und erinnern an kleine Keulen.
Verwendet werden die Wurzeln und die Blätter.

Wenn auch früher das Scharbockskraut gegen Skorbut oder als Wurmmittel eingesetzt worden ist, so möchte man heute seine Heilwirkung eigentlich nur noch bei Hämorrhoiden anerkennen. Diese seine Wirkung wird nicht nur durch den französischen Volksmund belegt, der die Pflanze »herbe aux hémorroides« (»Hämorrhoidenkraut«) nennt, sondern auch durch Tausende und aber Tausende Personen, die durch das Scharbockskraut von ihrem Leiden befreit wurden. Die Zahl der von dieser so hinderlichen Krankheit betroffenen Personen ist sehr groß; sie ist sogar doppelt schmerzhaft, weil die meisten Leute sich dieser Krankheit schämen und sie deswegen verheimlichen.
Die Entdeckung der Heilwirkung des Scharbockskrauts bei Hämorrhoiden verdanken wir den Schülern des Paracelsus. Es ist merkwürdig, festzustellen, daß sehr viele Arzneien, die heute von den Ärzten anerkannt werden, im Erfahrungsschatz des einfachen Volkes ihren Ursprung haben. Auch wenn dieser

ab und zu auf Zufallsentdeckungen beruht, so geht er doch viel öfter auf Beobachtungen und Überlegungen zurück, zu denen sich der unbestreitbare Wert der bis dato gemachten Erfahrungen gesellt.

Seit dem 17. Jahrhundert haben zahlreiche Praktiker die Wirksamkeit des Scharbockskrauts bei der Behandlung von Hämorrhoiden feststellen können.

Anstelle des Aufgusses oder des Absuds möchte ich Ihnen eine – noch wirksamere – Salbe empfehlen.

Zusammensetzung

ätherisches Öl
Ficarinsäure
Ficarin (dem
  Saponin ähnlich)
Vitamin C

Eigenschaften

hämorrhoidenheilend
entzündungshemmend

Anwendungen

Hämorrhoiden
Krampfadern

Ein Blick in die Geschiche

Der wissenschaftliche Name des Scharbockskrauts, »Ficaria«, leitet sich von »ficus« (»Feigwarze«) ab, womit man eine bestimmte Art von Hautwucherung bezeichnet. Es ist nicht sicher, ob das Scharbockskraut seinen Namen dank der Form seiner Höcker bekommen hat oder aufgrund dessen, daß man es zur Behandlung dieser Art von Geschwüren einsetzte. In verschiedenen Gegenden, vor allem im Norden Frankreichs, ißt man die Blätter gekocht oder als Salat.

* Wie viele andere Hahnenfußgewächse besitzt auch das Scharbockskraut einen gewissen Grad an Giftigkeit.

Äußerliche Anwendung

Wasserbad:
Zwei- bis dreimal am Tag den Dampf eines Aufgusses aus 80–100 Gramm Blättern und Wurzeln pro Liter kochendem Wasser auf die Hämorrhoiden einwirken lassen.

Salbe:
Aus trockenem und vorher gewaschenem Scharbockskraut (wenn möglich zwei Jahre alte Pflanzen nehmen!) den Saft herauspressen. Diesen in seinem fünffachen Volumen an Schmalz kochen. Zweimal pro Tag auftragen. Diese Salbe ist sehr wirkungsvoll bei Hämorrhoiden. Verdoppelt man die Dosierung der Wurzeln, so erhält man eine Salbe, die bei Beinschwere hilft.

Frühlings-Schlüsselblume

PRIMULA VERIS –
PRIMULA OFFICINALIS JACQ.
FAMILIE DER PRIMELGEWÄCHSE

Arzneiprimel

Die Frühlingsschlüsselblume ist eine ausdauernde, krautige Pflanze, die 10–20 Zentimeter hoch wird. Sie ist in Wiesen, auf Hügeln und im Unterholz verbreitet.
Die Blätter, die in einer grundständigen Rosette zusammenstehen, sind nicht geteilt. Sie sind oval und erinnern vom Aussehen her an Honigwaben; sie sind flaumig und an ihrer Unterseite weißlich.
Die fünfzähligen Blüten verströmen einen äußerst angenehmen Duft und sind von einer schönen goldgelben Farbe (manchmal auch orange gefleckt). Sie stehen am Ende eines jeden Blütenschafts in Dolden zusammen, die sich zu einer Seite hin neigen. Die Frühlingsschlüsselblume blüht von März bis Mai. Verwendet werden die Wurzeln, die Blüten und die Blätter.

Zusammensetzung

Saponine (darunter:
    Primulin)
ätherisches Öl
    (mit Anisgeruch)
verschiedene
    Reduktionszucker
Flavonverbindungen
Vitamin C
gelber Farbstoff

Eigenschaften

brustreinigend
leicht harntreibend
beruhigend
krampfstillend

Anwendungen

Erkrankungen der
    Atemwege
Leiden der Harnwege
rheumatische Schmerzen
Quetschungen

Ein Blick in die Geschichte

Der Name »Primel« geht auf die lateinische Bezeichnung »primula veris« (»erste Blume des Frühlings«) zurück. Während die Ärzte der Antike die Frühlingsschlüsselblume nicht kannten, erfreute sie sich im 12. Jahrhundert eines guten Rufs; zu dieser Zeit taufte sie der französische Volksmund »herbe à la paralysie« (»Lähmungskraut«). Nachdem diese Pflanze eine Zeitlang in Vergessenheit geraten war, gewann sie zu Anfang unseres 20. Jahrhunderts wieder an Popularität, als man harntreibende und vor allem bruststärkende Eigenschaften an ihr entdeckte.

Heute verwendet man die Frühlingsschlüsselblume vornehmlich dazu, die Atemwege freizumachen. Sie wird bei trockenem Husten, Schnupfen, Bronchitis, ersten Anzeichen von Grippe sowie bei Erkältungen und damit verbundenen Komplikationen empfohlen.

Einigen Autoren zufolge eignet sich die Frühlingsschlüsselblume auch vorzüglich dazu, die Harnsäure aufzulösen sowie Gelenksrheumatismus und Entzündungen der Harnwege zu bekämpfen.

Von der Volksmedizin werden Umschläge aus gekochten Blättern empfohlen, die man auf die von der Gicht betroffenen Gelenke oder Muskeln auflegen soll. Aus dieser Pflanze werden auch Lotionen zubereitet, mit denen man Wunden auswaschen oder kleinere Blutungen stillen kann.

Innerliche Anwendung

Aufguß:

20–30 Gramm Blüten oder Blätter 10 Minuten lang in einem Liter kochendem Wasser ziehen lassen. Täglich drei Tassen hiervon trinken. Dieses Mittel ist zur Linderung von rheumatischen Schmerzen zu empfehlen.

Absud:

30 Gramm Wurzeln pro Liter Wasser nehmen. Dieses Mittel, von dem man täglich drei Tassen trinken sollte, wirkt harntreibend und hilft bei Erkrankungen der Atemwege.

Äußerliche Anwendung

Kompresse:

Einen Absud aus 100 Gramm Wurzeln pro Liter Wasser zubereiten. Einkochen lassen und filtrieren. Diese Kompressen auf Quetschungen, Blutergüsse und Schwellungen auflegen.

Umschlag:

Mit den warmen Wurzeln des obigen Absuds Umschläge anfertigen und diese bei Gicht oder Rheuma auf die schmerzenden Stellen auflegen.

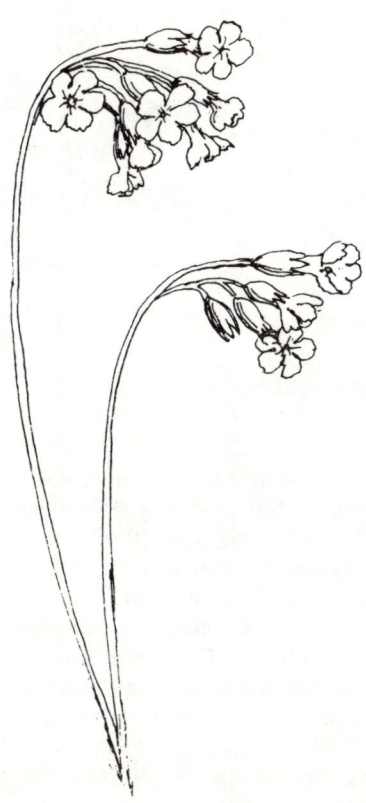

Schöllkraut

CHELIDONIUM MAJUS L. –
FAMILIE DER MOHNGEWÄCHSE

Schellkraut

Das Schöllkraut ist eine ausdauernde Pflanze, die eine Vorliebe für feuchte Plätze, Hecken und Mauern hat, aber niemals in Berggegenden wächst.
Die aufrechten Stengel sind haarig und 30–70 Zentimeter hoch.
Die Blätter sind wechselständig angeordnet. Während sie an der Unterseite meergrün sind, sind sie an der Oberseite blaßgrün. Sie sitzen dort, wo sich der Stengel verzweigt, und sind stark geteilt (5-, 6- oder 7fach gefiedert).
Die Blüten stehen in 2–7 kleinen Dolden zusammen. Sie bestehen aus zwei gelben Kelchblättern, vier leuchtend gelben Kronblättern, die kreuzförmig angeordnet sind, und zahlreichen Staubblättern. Die Blütezeit reicht von April bis Oktober.
Verwendet werden die ganze Pflanze, die Blätter, die Wurzel und der Milchsaft (Latex).

236

Zusammensetzung

zwei Alkaloide
  (Chelidonin,
  Sanguinarin)
Chelidonsäure
Chelidoxanthin
  (Farbstoff)
ätherisches Öl
Vitamin C (relativ wenig)

Eigenschaften

harntreibend
abführend
blutreinigend
beruhigend

Anwendungen

hoher Blutdruck
Verstopfung der Drüsen
Schlaflosigkeit
Augenentzündungen
gutartige, warzen-
  ähnliche Wucherungen
Entzündungen der
  Augenlider

Ein Blick in die Geschichte

Der wissenschaftliche Name des Schöllkrauts, »Chelidonium«, leitet sich von dem griechischen Wort »chélidon« (Schwalbe) her. Tatsächlich beginnt das Schöllkraut zu Anfang des Frühlings zu blühen, wenn die Schwalben zurückkehren. Es wird sogar erzählt, daß diese den Milchsaft des Schöllkrauts dazu benutzen, die Augen ihrer Brut zu pflegen. Also braucht es einen nicht zu wundern, daß unsere Vorfahren überraschende Erfolge verzeichnen konnten, als sie das Schöllkraut zur Behandlung von Augenentzündungen verwendeten. Im Mittelalter glaubte man sogar daran, im Schöllkraut den »Stein der Weisen« gefunden zu haben, mit dem sich Metalle in Gold verwandeln lassen sollen.

Frisch gepflückt, kann das Schöllkraut bei starker Dosierung zu Vergiftungserscheinungen führen.

Die Berühmtheit des Schöllkrauts erreichte ihren Höhepunkt im 16. Jahrhundert durch den schweizerischen Arzt Paracelsus (eigentlich: Philippus Aureolus Theophrastus Bombastus von Hohenheim). Dieser propagierte eine Theorie, die auf der alchimistischen Idee von Korrespondenzen zwischen den verschiedenen Teilen des gesamten Universums gründete. Anders gesagt: demzufolge besäßen Pflanzen bestimmte Form- oder Farbmerkmale, die sie als Heilmittel für diese oder jene Krankheit geeignet erscheinen ließen.
Der springende Punkt hierbei war also, die Verbindung zwischen dem Aussehen und den Wirkungen einer Pflanze zu finden.
In diesem Zusammenhang wurde das Schöllkraut, das einen orangegelben Milchsaft liefert, der einen an Blut denken lassen kann, als besonders günstig für die Behandlung von Kreislaufstörungen angesehen. Die gelbe Farbe seiner Blüten und seines Saftes prädestinierten das Schöllkraut ganz natürlich dazu, bei Gelbsucht und allen Leberkrankheiten helfen zu können.

Innerliche Anwendung

Aufguß:
20−25 Gramm trockene Blätter in einem Liter kochendem Wasser ziehen lassen. Filtrieren. Eine Tasse hiervon vor jeder Mahlzeit getrunken, hilft als Beruhigungsmittel bei Beklemmungen und bei Schlaflosigkeit.

Absud:
Einen Absud aus 10−15 Gramm trockenen Wurzeln pro Liter Wasser zubereiten. Mehrmals am Tag eingenommen, wirkt dieses Mittel harntreibend und ist so bei Gicht und Arthritis angezeigt.

Wein:
30 Gramm trockene Wurzeln in einem Liter Weißwein ziehen lassen. Ein Glas hiervon, am Morgen auf nüchternen Magen genommen, wirkt blutreinigend.

Äußerliche Anwendung

Saft:
Nachdem man Hühneraugen und Schwielen vorher abgerieben hat, pinselt man sie dreimal pro Tag mit dem Saft der Pflanze ein. Die umliegende Haut dabei abdecken.

Lotion für die Augen:
5 Gramm Milchsaft in 100 Gramm Wasser auflösen. Dies hilft bei gutartigen Augen- und Augenlidentzündungen.

Deutsche Schwertlilie

IRIS GERMANICA L. –
FAMILIE DER SCHWERTLILIENGEWÄCHSE

Siehe Farbtafel Seite 216

Die deutsche Schwertlilie ist eine krautige, ausdauernde Pflanze, die bis zu einem Meter hoch werden kann. Sie besitzt einen dicken, kriechenden Wurzelstock. In ihrer mittelmeerischen Heimat besiedelt sie stellenweise sonnige Hügel und Felsenhänge; sie wird oft in Gärten kultiviert.
Der aufrechte Stengel ist zylindrisch.
Die meergrünen Blätter, die die Form eines Schwertes oder einer Klinge besitzen, sind umhüllend.
Die Blüten bestehen aus drei kronblattähnlichen Kelchblättern, drei violetten Kronblättern und drei Staubblättern. Sie sitzen zu zweit oder zu dritt in den Achseln der Hochblätter beisammen. Blütezeit der deutschen Schwertlilie ist von April bis Juni.
Verwendet wird der Wurzelstock.

Im Gegensatz zum frischen Wurzelstock ist der getrocknete Wurzelstock ungefährlich. In Frankreich auf dem Lande haben zahllose Kleinkinder ihre Zähne bekommen, während sie getrocknete Wurzelstöcke kauten.
Das Wurzelstockpulver hingegen ist als Niesmittel bekannt.

Zusammensetzung

Tannin
Harz
ätherisches Öl
Rohrzucker
Stärke
Terpene
Alkoholverbindungen
Pflanzenschleim
Glykosid

Eigenschaften

harntreibend
abführend
brustreinigend

Anwendungen

Leiden der Atemwege
Purgation
Erbrechen

Ein Blick in die Geschichte

»Iris« (der wissenschaftliche Name dieser Pflanze) ist ein griechisches Wort und bedeutet »Regenbogen«. Dieser Name ist wegen der Verschiedenartigkeit der Kronblätter sehr wohl gerechtfertigt.
Schon Plinius der Ältere und Theophrastus kannten die Eigenschaften des ätherischen Öls der Schwertlilie; dieses Öl wurde bereits im Mittelalter von Likörherstellern verwendet. Heute noch wird der getrocknete Wurzelstock wegen seines Wohlgeruchs (der an das Märzveilchen erinnert) in der Parfümindustrie verwendet.

In größeren Dosen genommen, stellt der frische Wurzelstock der Schwertlilie ein äußerst starkes Abführmittel dar. Zugleich ist er ein Brechmittel, das nur mit großer Vorsicht verwendet werden sollte.

Innerliche Anwendung

Aufguß:

30 Gramm vom getrockneten Wurzelstock eine Viertelstunde lang in einem Liter kochendem Wasser ziehen lassen. Filtrieren und mit Honig süßen. Drei Tassen pro Tag getrunken, wirken harntreibend und bruststärkend; sie helfen bei Schnupfen, Husten und Bronchitis.

Absud:

25 Gramm Wurzelstock 10–15 Minuten lang in einem halben Liter Wasser kochen lassen. Bei Erbrechen und Brechreiz trinkt man zwei Tassen täglich hiervon.

Pulver:

1/4 Gramm Wurzelstockpulver wirkt, auf einmal genommen, stark abführend.

Schönheitspflege

Mit Pulver aus getrockneten Schwertlilienwurzeln eingerieben, werden die Zähne von Rauchern ihren weißen Glanz zurückgewinnen. Dieses Pulver kann bei fettigem, hellem Haar auch als Trockenshampoo verwendet werden. Dazu streut man das Pulver über den Kopf und läßt es etwa 10 Minuten lang einwirken; danach muß man das Haar sorgfältig und kräftig ausbürsten.

Weiße Seerose

NYMPHAEA ALBA L. –
FAMILIE DER SEEROSENGEWÄCHSE

Die weiße Seerose ist eine hübsche, ausdauernde Wasserpflanze, deren Blüten sich auf Weihern und Teichen entfalten. Man kann sie fast in ganz Europa auf stehenden und langsam fließenden Gewässern antreffen.
Die Blätter, die ihren Ursprung in einem robusten Wurzelstock haben, besitzen einen sehr langen, zylindrischen Stiel. Sie sind breit, leicht abgerundet, herzförmig und lederhart.
Die großen, einzelstehenden Blüten sind weiß und können einen Durchmesser von bis zu 15 Zentimetern erreichen. Sie schwimmen auf dem Wasser und scheinen von den Blättern »getragen« zu werden. Sie bestehen aus vier Kelch- und zahlreichen Kronblättern. Die weiße Seerose blüht von Juni bis August/September.
Verwendet werden der Wurzelstock und die Blüten.
Wegen ihrer zusammenziehenden Wirkung wird die Seerose vor allem zur Behandlung von Durchfall und Darmentzündungen eingesetzt. Einige Autoren empfehlen sie auch bei Erkrankungen der Nieren und der Harnblase.

Zusammensetzung

Tanninstoffe
  (in großen Mengen)
Stärke
Gallussäure
Traubenzucker
Alkaloid
Ascorbinsäure
Vitamin

Eigenschaften

krampflösend
schmerzstillend
krampflindernd

Anwendungen

Reizungen der
  Atemwege
Durchfall
Darmentzündung
Wunden

Ein Blick in die Geschichte

Weshalb sollte man diese zauberhafte Zierpflanze, die die Bäche und Teiche bevölkert, nicht der Schönheit widmen? Dies muß sich Linné wohl gedacht haben, als er ihr den lateinischen Namen »Nymphaea alba« gab, der sich vom griechischen Wort »nymphaia« (»Nymphe«) herleitet.
Ein großer Zwist hat lange Zeit hindurch ältere und modernere Autoren in bezug auf die anaphrodisischen Rezepte von Seerosenblättern entzweit:
»Freund, den man an feuchtem Orte trifft, Freudentöter und Liebesgift.«
Auch ohne so weit zu gehen, muß man sagen, daß der Aufguß aus getrockneten Blättern (der bei vernünftiger Dosierung betäubend wirkt) die Schlaflosigkeit bekämpft, aber auch den Geschlechtstrieb durch Ausschalten der erotischen Phantasien dämpfen kann.

Diese herrliche Wasserpflanze ist nicht nur eine Zierde der Seen und Teiche, sondern ihre Wurzeln und Blüten können darüber hinaus wegen der darin enthaltenen Wirksubstanzen als hustenstillendes, zusammenziehendes, krampflösendes und schmerzstillendes Mittel verwendet werden.

Innerliche Anwendung

Aufguß:

30–35 Gramm Blüten 10 Minuten lang in einem Liter kochendem Wasser ziehen lassen. Diesen Aufguß auf kleine Tassen über den Tag verteilt trinken. Das Getränk wirkt bei Leiden der Atemwege hustenstillend, bei Durchfall und Darmentzündungen zusammenziehend oder auch einfach krampflösend. Der Aufguß ist leicht einschläfernd. Er kann bei Erkrankungen der Nieren und der Harnblase nützlich sein.

Äußerliche Anwendung

Umschlag:

Frische Blätter der weißen Seerose auf Wunden auflegen: sie fördern deren Vernarbung.

Sesam

SESAMUM INDICUM L. –
FAMILIE DER SESAMGEWÄCHSE

Den Sesam, der eine tropische Pflanze ist, wollen wir nur recht kurz behandeln, und auch das hauptsächlich wegen seines besonderen und nahrhaften Öls (Sesamöl). Dieses Öl besitzt interessante Eigenschaften, die von der Kosmetologie genutzt werden.
Der Sesam ist eine große, einjährige Pflanze, deren ursprüngliches Heimatland nicht eindeutig feststeht. Er wird normalerweise ungefähr einen Meter hoch. Die einfachen Blätter sind lanzettförmig, oval und langgestielt.
Bei der Frucht handelt es sich um eine Kapsel mit vier Bälgen.
Die Samenkörner liefern ein hervorragendes und leicht verdauliches Öl. In gewissen afrikanischen und asiatischen Ländern werden die Samenkörner, genau wie Erdnüsse auch, gebrannt und dann gegessen.
Interessanterweise vermag das Sesamöl – wie viele andere pflanzliche Öle – ultraviolettes Sonnenlicht zu filtern. Es gehört sogar zu jenen Ölen, die mit den größten Absorptionskoeffizienten besitzen.

Die Heilwirkungen des Sesams, die kaum bekannt sind und fast nie genutzt werden, sind wohl keine längere Abhandlung wert. Hingegen wird das aus dieser Pflanze gewonnene Öl sehr reichlich in der Kosmetikbranche eingesetzt.

Sonnenblume

HELIANTHUS ANNUUS L. –
FAMILIE DER KORBBLÜTLER

Siehe Farbtafel Seite 249

Sonnenrose

Die Sonnenblume ist eine große, einjährige Pflanze, die bis zu zwei Meter hoch werden kann. Sie stammt ursprünglich aus Mexiko und Peru. Man findet sie zwar manchmal wildwachsend, aber zumeist wird sie doch angebaut.

Der aufrechte, starke Stengel ist leicht behaart.

Die breiten Blätter sind fast immer gegenständig angeordnet. Sie sind gestielt, oval und gezähnt und fühlen sich rauh an.

Die Blüten bilden einzelstehende, riesig große Körbe, die einen Durchmesser von bis zu 50 Zentimetern erreichen können. Sie sind von grellgelber Farbe.

Die Blütezeit der Sonnenblume reicht von Juli bis September/Oktober.

Verwendet werden die Blüten, die Blätter und die Samenkörner, manchmal auch die Stengel.

Zusammensetzung

Glykosid
Querzetin
Solanthinsäure
Harz
gelber Farbstoff
Saponinderivate
Öl
verschiedene Zuckerarten

Eigenschaften

beruhigend
fiebertreibend
magenstärkend

Anwendungen

Fieberzustände
nervöse Leiden
Verdauungsbeschwerden

Ein Blick in die Geschichte

Der wissenschaftliche Name der Sonnenblume, »Helianthus«, leitet sich von den
zwei griechischen Wörtern »helios« (»Sonne«) und »anthos« (»Blume«) ab. Diesen
Namen hat die Pflanze aufgrund der Tatsache erhalten, daß sie sich, sobald die Sonne
erscheint, nach dieser ausrichtet: am Morgen gen Osten, am Abend gen Westen hin.

Die Sonnenblume, die früher einmal nur als Zierpflanze gezogen wurde, wird
heute ihres Öls wegen intensiv angebaut. Das durch Kaltpressen gewonnene Öl
ist solchen Personen zu empfehlen, die zu Arterienverkalkung neigen, während
die minderwertigen Öle in der Industrie Verwendung finden.
Eine Tinktur aus frischen Blättern und zerstoßenen Stengeln ist oftmals – und
mit Erfolg – gegen alle Arten von Fieber eingesetzt worden. Die Volksmedizin
empfiehlt ein Präparat aus zerstoßenen Samenkörnern, die mit Wasser ver-
mengt werden. Bei knapper Dosierung wirkt dieses Getränk harntreibend, bei
stärkerer Dosierung hingegen erweichend und mildernd.

Innerliche Anwendung

Aufguß:

Zerstoßene Samenkörner 10 Minuten lang in kochendem Wasser ziehen lassen. Von diesem Aufguß trinkt man täglich 2–3 Tassen. Dieses Mittel wirkt
harntreibend und erweichend, bei nervösen Leiden dämpfend.

Wein:

50 Gramm trockene Stengel drei Wochen lang in einem Deziliter hochprozen-
tigem Alkohol weichen lassen. Ruhigstellen. Einen halben Liter Weißwein dazugeben. Täglich drei Löffel hiervon zwischen den Mahlzeiten einnehmen.
Dieses Mittel hilft bei Bronchitis und Lungenkrankheiten; es wirkt ebenfalls
fiebertreibend.

Speierling

SORBUS DOMESTICA L. –
FAMILIE DER ROSENGEWÄCHSE

Sperbe
Zahmer Sperberbaum

Der Speierling ist ein Baum, der bis zu 15 Meter hoch werden kann. Er ist praktisch in ganz Frankreich und im südlichen Europa anzutreffen; im Raum Westösterreich, Mittel- und Süddeutschland nur verwildert vorkommend. Der gerade Stamm ist dunkelbraun. Seine Äste sind grau getönt.
Die wechselständigen Blätter setzen sich aus je 11–17 länglichen, gezähnten Blättchen zusammen.
Die weißen Blüten besitzen Honigdrüsen (Nektarien) und stehen im Normalfall in Rispen zusammen. Der Speierling blüht im Mai und im Juni.
Bei der Frucht handelt es sich um eine kugelige Steinfrucht. Sie hat die Form einer Birne und ist grünlichgelb, mit roten Tupfen besetzt.
Verwendet wird die Frucht.

246

Zusammensetzung

Zitronensäure
Apfelsäure
Tannin (sehr viel)
Pektinstoffe
gummöse Substanzen
Sorbose
Vitamin C

Eigenschaften

stark zusammenziehend
blutstillend
stopfend
vernarbend
ruhrlindernd

Anwendungen

verschiedene Arten
    von Durchfall

Ein Blick in die Geschichte

Bereits den Römern war der Speierling bekannt: sie verwendeten seine Frucht zur Behandlung von Schwindelanfällen sowie bei Erbrechen und Durchfall. Im Westen Frankreichs soll es nach wie vor Leute geben, die aus den Früchten des Speierlings einen Tresterwein (»cormé breton«) herstellen. Das Rezept hierzu geht vermutlich auf die alten Gallier zurück.

In der Volksmedizin wird die Frucht des Speierlings – sei es als Sirup, sei es als Likör oder auch als Konfitüre – zur Behandlung von Darmentzündungen sowie bei Durchfall und Ruhr angewandt. Diese Mittel üben auch eine regulierende Wirkung auf die Darmfunktionen aus.

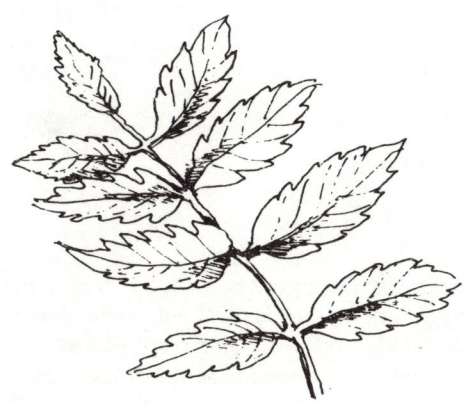

Stechginster

ULEX EUROPAEUS –
FAMILIE DER SCHMETTERLINGSBLÜTLER

Siehe Farbtafel Seite 250

Gaspeldorn
Englischer Ginster

Den Stechginster möchten wir nur kurz behandeln. Vor allem erwähnen wir ihn deshalb, weil er eine der schönsten Zierden westlicher Heidelandschaften darstellt und weil er auch zur Herstellung von Kosmetika verwendet werden kann. Normalerweise werden mehrere verschiedene Strauchgewächse aus der Familie der Schmetterlingsblütler als »Ginster« bezeichnet: sie haben alle die gleiche Form und gelbe Blüten. Dennoch handelt es sich hierbei um botanisch unterschiedliche Pflanzen. Während nämlich der »richtige« Ginster (Gattung: Genista) oft keine Dornen hat und einfache Blätter besitzt, hat der Stechginster (Gattung: Ulex) Dornen und seine Blüte einen andersartigen Kelch.

Sonnenblume

HELIANTHUS ANNUUS L.

Stechginster

ULEX EUROPAEUS

250

Echter Steinklee

MELILOTUS OFFICINALIS L.

Stiefmütterchen

VIOLA TRICOLOR L.

Mit Stechginster parfümierte Duftwässer für Herren sind erfrischend und diskret zugleich.

Ein Blick in die Geschichte

Die Zeiten der Futtertröge, in denen man dem Vieh Heidepflanzen zu fressen gab, um dadurch reinere Milch mit einem »wilden« Naturduft zu erhalten, sind endgültig vorbei. Nur ein bretonischer Tanz erinnert noch an diesen alten Brauch: »ar piler lan«, der »Heideverwerter«. Heutzutage wird der Stechginster nicht mehr als Heilmittel verwendet. Die Einnahme von Stechginstersamen kann nämlich aufgrund des darin enthaltenen Zytisins zu einer äußerst gefährlichen Angelegenheit werden. Dennoch bleibt diese Pflanze das Symbol von Derbheit und Poesie zugleich.

Der Stechginster ist ein ausdauerndes Strauchgewächs, das Böden aus Kieselerde bevorzugt. Man findet ihn in mehreren Gegenden Westeuropas, vor allem in der Bretagne.
Die Stengel können zweieinhalb bis drei Meter hoch werden. Sie sind mit Dornen besetzt, die entweder aus Ästchen oder umgebildeten Blättern bestehen. Die goldgelben Blüten haben – deutlich erkennbar – einen zweilippigen Kelch, der fast identisch mit der Blütenkrone ist. Die Blütezeit des Stechginsters erstreckt sich über einen großen Teil des Jahres.
Bei der Frucht handelt es sich um eine charakteristische Schote.

Echter
Steinklee

**MELILOTUS OFFICINALIS L. –
FAMILIE DER HÜLSENFRÜCHTLER**

Siehe Farbtafel Seite 251

Gelber Steinklee
Hoher Steinklee

Der echte Steinklee ist eine krautige, zweijährige Pflanze, die zwischen 30 Zentimeter und einem Meter hoch wird. Man findet sie für gewöhnlich auf Feldern und unbebauten Böden, vor allem auf Sandböden.
Der aufrechte Stengel ist hohl.
Die wechselständigen, dreigefiederten Blätter sind leicht gezähnt und haben an ihrem unteren Ende lanzettförmige Nebenblätter.
Die kleinen Blüten sind gelb (manchmal, aber nur sehr selten, weiß) und geruchsintensiv. Sie stehen in länglichen Trauben zusammen. Ihr Duft erinnert ein bißchen an Honig. Der Steinklee blüht von Mai bis September.
Verwendet werden die Blütenspitzen und die Samenkörner.

Zusammensetzung

Cumarin
Glykosid
Tannin
Harz
ätherisches Öl
Vitamin C

Eigenschaften

beruhigend
krampfstillend
zusammenziehend
windtreibend
harntreibend

Anwendungen

Schlaflosigkeit
Beklemmungen
Migräne
Husten
Koliken
Verdauungsbeschwerden
Reizungen der Augen

Ein Blick in die Geschichte

Der wissenschaftliche Name des Steinklees, »Melilotus«, leitet sich von den zwei griechischen Wörtern »meli« (»Honig«) und »lotos« (»Lotosblume«) her.

Vom hohen Steinklee (»Melilotus altissimus«) und vom weißen Steinklee (»Melilotus albus«) wird behauptet, daß sie ziemlich genau die gleichen Eigenschaften hätten wie der hier beschriebene echte Steinklee.

* Der Steinklee enthält Cumarin, einen Duftstoff, dessen harntreibende und krampfstillende Eigenschaften sich sehr nützlich bei Geschwülsten oder Entzündungen zeigen. In schwachen Dosen sorgt Cumarin für guten Schlaf. Bei zu starker Dosierung hingegen wirkt es wie ein Rauschmittel und führt zu Schwindelgefühl, Erbrechen und Herzbeschwerden.

Der Steinklee muß mit Vorsicht angewendet werden. Dies ist zu unterstreichen, weil schon im 18. Jahrhundert die Ärzte den Steinklee, je nach der Dosierung, die sie gebrauchten, zu den wirkungsvollsten oder aber auch zu den dubiosesten Heilpflanzen überhaupt zählten. Andere hingegen hüteten sich davor, eine Stellungnahme abzugeben. Bei normaler Dosierung läßt sich der Aufguß durchaus empfehlen. Allerdings wird der echte Steinklee vor allem äußerlich, besonders bei Augenleiden verwendet.

»Vom Steinklee wollen wir die Blüte nehmen,
um aus den Augen Wärme und Tränen zu nehmen«,

schrieb schon Thibault de Leispleigney.
In einigen Gegenden benutzt man Steinkleeblätter dazu, dem Hauskaninchen den Geschmack und den Duft eines wohlgehegten Kaninchens zu geben. Dazu nimmt man das Tier unmittelbar nach dem Schlachten aus, füllt es mit Steinkleeblättern, wickelt es ein und läßt es einige Stunden so liegen.

Innerliche Anwendung

Aufgüsse:
50 Gramm Blütenspitzen 10 Minuten lang in einem Liter kochendem Wasser ziehen lassen. Filtrieren und zuckern. Gegen Schlaflosigkeit und Beklemmungen trinkt man täglich 4—5 Tassen, davon eine vor dem Schlafengehen.
25 Gramm Blütenspitzen 10 Minuten lang in einem Viertelliter Wasser ziehen lassen. Dieses Mittel wirkt harntreibend und hilft bei Verdauungsbeschwerden.

Äußerliche Anwendung

Gurgelwasser und Mundspülung:
Einen Aufguß aus 5—6 Gramm Steinklee pro halbem Liter Wasser zubereiten. Bei Entzündungen der Mandeln oder des Zahnfleischs benutzt man dieses Mittel mehrmals am Tag zum Gurgeln oder zur Mundspülung.

Kompresse:
Einen Aufguß aus 30--50 Gramm getrocknetem Steinklee pro Liter Wasser zubereiten. Die Kompressen häufig erneuern. Dieses Mittel hilft bei Bindehautentzündung und Entzündungen der Augenlider.

Umschlag:
30—50 Gramm Blütenspitzen in Milch kochen. Die Blüten als Umschlag auf Abszesse oder Furunkel auflegen, damit diese abheilen.

Echter Steinsame

LITHOSPERMUM OFFICINALE L. –
FAMILIE DER RAUHBLATTGEWÄCHSE

Meergrieß
Steinhirse

Der echte Steinsame ist eine ausdauernde Pflanze, die kalkhaltige Böden bevorzugt. Man trifft sie gewöhnlich an kühlen Plätzen, in lockerstehenden Wäldern und auf kahlen Hügeln.

Der steife, aufrechte Stengel, der zwischen 30 Zentimeter und einem Meter hoch wird, ist mit rauhen Haaren besetzt.

Die grünen Blätter sind sitzend. Sie sind an ihrer Unterseite etwas blasser als an der Oberseite und besitzen stark ausgeprägte Adern. Die Blätter sind ebenfalls mit Haaren bewachsen.

Die kleinen Blüten stehen einzeln in den Blattachseln; sie sind blaßgelb oder weiß. Der Steinsame blüht von Mai bis Juli.

Die Frucht ist perlmuttweiß und sehr hart.

Verwendet wird die Frucht.

Zusammensetzung

rotes Pigment
Kalk
Fettsubstanzen
Rutin
Querzetin

Eigenschaften

harntreibend

Anwendungen

Erkrankungen der
    Harnwege
Steine
Gicht

Ein Blick in die Geschichte

Der wissenschaftliche Name der Pflanze, der aus den zwei griechischen Wörtern »lithos« (»Stein«) und »sperma« (»Samenkorn«) gebildet wurde, erinnert wie die verschiedenen deutschen Namen daran, daß diese Pflanze schon vor sehr langer Zeit bei Harngrieß und ähnlichem verwendet worden ist.

Auch wenn dem Steinsamen heute nicht mehr alle Wirkungsweisen zugebilligt werden, die ihm früher nachgesagt worden sind, so wird er doch noch bei Leiden der Harnwege und als harntreibendes Mittel eingesetzt.

Innerliche Anwendung

Absud:

35–40 Gramm Körner und Blätter des echten Steinsamens in einem Liter Wasser kochen lassen. Drei Tassen hiervon, die man zwischen den Mahlzeiten einnimmt, wirken harntreibend; sie helfen bei Gicht, Steinen und Reizungen der Harnwege.

Samenkorn:

Eine Art »Trick«, der in der »Revue de phytothérapie« (Zeitschrift für Pflanzenheilkunde) vom Dezember 1949 veröffentlicht worden ist, verdient erwähnt zu werden: Um das Ausschwemmen eines Fremdkörpers aus dem Auge zu erleichtern, gibt man ein trockenes Korn unter das Augenlid. Die Tränen, die hierdurch entstehen, sorgen für ein bestimmtes Sekret, das den Fremdkörper zuerst fixiert und ihn dann zusammen mit dem Samenkorn hinausschwemmt.

Stiefmütterchen

VIOLA TRICOLOR L. –
FAMILIE DER VEILCHENGEWÄCHSE

Siehe Farbtafel Seite 252

Freisamkraut
Dreifaltigkeitsblume

Das Stiefmütterchen ist eine einjährige, krautige Pflanze, deren Hauptwurzel ausdauernd ist. Man findet sie gewöhnlich auf Feldern, an Wegrändern und im Brachland.
Der mehr oder weniger verästelte Stengel ist kantig und wird 10–30 Zentimeter hoch.
Die Blätter sind gekerbt und mit langen Stielen versehen. Die unteren Blätter sind oval.
Die Blüten bestehen aus je fünf Kelch-, Kron- und Staubblättern; das unterste Kronblatt trägt einen Sporn. Sie sind gelb, gelblichweiß oder veilchenblau. Die Blütezeit des Stiefmütterchens reicht von April bis September/Oktober.
Verwendet werden die Blüten sowie die in Blüte stehende Pflanze.

Schönheitspflege

Damen mit empfindlicher Haut werden die folgende Lotion besonders zu schätzen wissen: 30 Gramm frische Pflanzen ungefähr eine Viertelstunde lang in einem Liter kochendem Wasser ziehen lassen. Filtrieren, abkühlen lassen und als laue Kompresse auf das Gesicht auflegen.

Zusammensetzung

Tanninstoffe
verschiedene Zuckerarten
Saponin
Pflanzenschleim
gelber Farbstoff
ätherisches Öl
Vitamin C
Farbpigmente

Eigenschaften

stärkend
abführend
harntreibend
blutreinigend
hustenstillend
beruhigend
vernarbungfördernd

Anwendungen

Hautkrankheiten

Ein Blick in die Geschichte

Woher das Stiefmütterchen seinen romantischen Namen hat? Es verdankt ihn seinem Aussehen: das große untere Kronblatt »trägt« zwei kleinere Blätter, die Töchter, und diesen folgen zwei noch kleinere, die Stieftöchter. Dennoch gilt das Stiefmütterchen im Volksmund als Symbol der Schüchternheit.

Vom 17. Jahrhundert bis in unsere Tage hat es nur sehr wenige Pflanzenheilpraktiker gegeben, die das Stiefmütterchen wenn schon nicht als Allheilmittel, so doch als eine der empfehlenswertesten Pflanzen bei Hautkrankheiten betrachtet haben. Dies gilt sowohl in bezug auf Flechten, Ekzeme oder Schuppenflechte als auch – und vor allem – bei Milchschorf. Einige von ihnen haben das Stiefmütterchen weiters zur Behandlung von Lungenkrankheiten und Gelenksrheumatismus empfohlen.

Innerliche Anwendung

Aufguß:

15–20 Gramm getrocknete Blüten und Blätter einige Stunden in einem halben Liter Wasser weichen lassen und dann kochen. Filtrieren und reichlich zuckern. Während 2–3 Wochen jeden Morgen eine Tasse hiervon auf nüchternen Magen trinken. Das wirkt blutreinigend und hilft bei Flechten und Milchschorf.

Absud:

30 Gramm frische (oder 50 Gramm getrocknete) Pflanzen 10 Minuten lang in einem Liter Wasser kochen lassen. Drei Tassen hiervon pro Tag, zwischen den Mahlzeiten getrunken, wirken harntreibend und leicht abführend.

Äußerliche Anwendung

Umschlag:

Frische Blüten und Blätter in kalter Milch zerstoßen. Als Umschlag auf Wunden auflegen, um deren Vernarbung zu fördern. Auf die Kopfhaut aufgelegt, hilft dieser Umschlag bei Milchschorf.

Stockrose

**ALTHAEA ROSEA CAV. –
FAMILIE DER MALVENGEWÄCHSE**

Bauernmalve

Die Stockrose ist eine zweijährige Pflanze, die 2 – 3 Meter hoch werden kann und sehr stark dem Eibisch ähnelt. Wenn sie auch in den Wäldern und Bergen gewisser Gegenden Frankreichs wild wachsen mag, so wird sie doch meist kultiviert.

Der hohe, feste Stengel ist holzig.

Die wechselständigen Blätter sind gelappt, herzförmig und gestielt.

Die allein (oder zu zweit) auf dem Stengel sitzenden Blüten bilden eine lange endständige Traube. Sie können weiß, purpurfarben, rosa oder gelb, manchmal sogar veilchenblau sein. Die Blütezeit der Stockrose reicht von Juli bis September.

Verwendet werden die Blüten, die Blätter und die Wurzel.

Zusammensetzung

Pflanzenschleim
Asparagin
roter Farbstoff
Fettstoffe
proteinähnliche
    Substanzen
Öl

Eigenschaften

erweichend
entzündungshemmend
erfrischend

Anwendungen

Husten
Angina
Bronchitis
Entzündungen

Ein Blick in die Geschichte

Die wissenschaftliche Bezeichnung dieser Pflanze, »Althaea«, stammt vom griechischen Wort »althainô« (»ich heile«) ab. Die Stockrose hat also bereits eine Jahrhunderte während Geschichte hinter sich. Ihre allzeit geschätzten Eigenschaften machen sie zu einer oft und viel begehrten Pflanze.

Innerliche Anwendung

Aufguß:

20–30 Gramm Blüten 10 Minuten lang in einem Liter kochendem Wasser ziehen lassen. Täglich 2–3 Tassen hiervon trinken. Dieses Mittel hilft bei Husten, Bronchitis und Angina.

Sirup:

25 Gramm Wurzeln 6 Stunden lang in ebensoviel Wasser und Branntwein weichen lassen. Jede Stunde umrühren. Filtrieren und 200 Gramm Zucker hinzugeben. Einige Minuten kochen lassen, bis man eine sirupartige Masse erhält. Drei Eßlöffel Sirup pro Tag wirken hustenstillend.

Äußerliche Anwendung

Umschläge:

Wurzeln, Blüten und Blätter zusammen zerstoßen und in einen Leinenstoff geben. Auf die entzündete Stelle (Abszeß, Nagelgeschwür) auflegen.
Zwei Löffel voll Blüten oder Blätter in Milch kochen, filtrieren und erkalten lassen. Die Milch verwendet man zum Auswaschen einer Wunde, die Blüten und die Blätter zur Eindämmung einer Entzündung.

Gurgelwasser:

Etwa 80 Gramm Blüten oder Blätter in einem Liter Wasser kochen lassen. Bei Halsweh verwendet man dieses Mittel mehrmals täglich als Gurgelwasser.

Tausendgüldenkraut

CENTAURIUM MINUS MOENCH
ERYTHRAEA CENTAURIUM PERS. –
FAMILIE DER ENZIANGEWÄCHSE

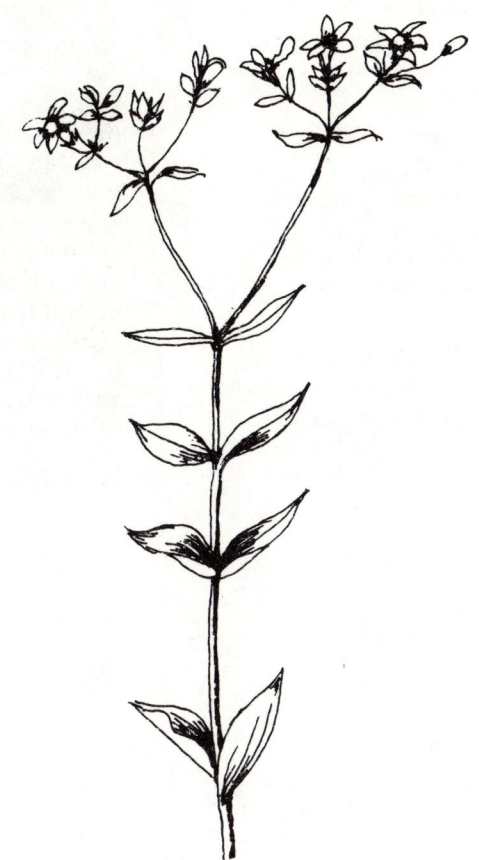

Das echte Tausendgüldenkraut ist eine hübsche, krautige Pflanze, die man vielerorts an brachliegenden oder grasbewachsenen Stellen finden kann; dabei bevorzugt sie vor allem kalkhaltige Böden in lichten Wäldern und an Waldrändern.
Der vierkantige, schmächtige Stengel, der 10–30 Zentimeter hoch wird, trägt aufrechte Verzweigungen.
Am unteren Ende stehen die ovalen, sitzenden Blätter in einer Rosette zusammen. Die Stengelblätter sind gegenständig und werden nach oben hin zunehmend schmäler.
Die zumeist rosafarbenen, nur sehr selten weißen Blüten setzen sich aus fünf Kron-, fünf Kelch- und fünf Staubblättern zusammen. Sie sind am Ende des Stengels so ähnlich wie die Arme eines Kerzenleuchters in Form einer Trugdolde angeordnet. Das echte Tausendgüldenkraut blüht von Mai/Juni bis September.
Verwendet werden die Blütenspitzen.

263

Zusammensetzung

Wachs
Harz
pflanzlicher Bitterstoff
Spuren von Alkaloiden

Eigenschaften

abführend
fiebertreibend
stärkend
magenstärkend
appetitanregend

Anwendungen

verschiedene Geschwüre
Überanstrengung
Verdauungsbeschwerden
Magenschmerzen

Ein Blick in die Geschichte

Seinen wissenschaftlichen Namen, »Centaurium«, verdankt das echte Tausendgüldenkraut dem griechischen Zentauren Chiron. Mit dieser von ihm entdeckten Pflanze pflegte Chiron seinen Schüler Achilles, der von einem Pfeil des Herkules an der Ferse getroffen worden war, wieder gesund. Seit der Zeit des griechischen Arztes Dioskurides (1. Jahrhundert nach Christus) bekannt, war das echte Tausendgüldenkraut bei den Galliern hochgeschätzt. Im Mittelalter gehörte es zu jenen Heilpflanzen, die in vielen Gärten angebaut wurden.

* Bei zu hoher Dosierung kann das Tausendgüldenkraut zu gewissen Verdauungsstörungen führen. Bei einer Entzündung des Verdauungsapparates sollte man es auf keinen Fall verwenden.

Als eine mit dem Enzian verwandte Pflanze besitzt auch das Tausendgüldenkraut appetitanregende, verdauungsfördernde und magenstärkende Eigenschaften.

Aufguß und Wein auf der Basis dieser Pflanze kann man Jugendlichen anraten, die durch ein zu schnelles Wachstum überfordert sind, aber auch rekonvaleszenten oder überanstrengten Personen; beide Getränke helfen darüber hinaus bei Verdauungsstörungen, Magenschmerzen und krankhaftem Luftschlucken.

Zusammen mit der Chinarinde verwendet, wirkt das Tausendgüldenkraut nach Ansicht einiger Praktiker fiebertreibend. Andere Praktiker wiederum haben mit dem Tausendgüldenkraut Erfolge bei der Behandlung von Diabetes erzielt. Früher empfahl man, den Stoff der Pflanze bei Augenentzündungen zu verwenden; die Volksmedizin verwendete frische, zerstoßene Blätter und Blüten, um Schnittwunden und andere Verletzungen zu bedecken.

Äußerlich angewendet wurde das Tausendgüldenkraut auch von den italienischen Frauen, die damit ihre Haare blond färbten.

Hinweis

Die Bitterstoffsubstanzen, die das Tausendgüldenkraut enthält, machen aus ihm ein Mittel, das die Verdauungsfunktion anregt.

Innerliche Anwendung

Wein:
50 Gramm getrocknete Pflanzen 10 Minuten lang in einem Liter Weißwein ziehen lassen. Zuckern. Ein Weinglas hiervon vor den zwei Hauptmahlzeiten getrunken, wirkt kräftigend und appetitanregend. Dieser Wein zeitigt auch gute Wirkungen bei Durchfall oder Verstopfung.

Bitteraufguß:
10–15 Gramm getrocknete Pflanzen 10 Minuten lang in einem Liter kochendem Wasser ziehen lassen. Filtrieren und zuckern. Um die Verdauung zu fördern oder Magenschmerzen zu bekämpfen, trinkt man eine Tasse hiervon zwischen den Mahlzeiten.

Schönheitspflege

Um ihr kostbares Gleichgewicht aufrechtzuerhalten, braucht eine gesunde Haut unter anderem die anregenden und stärkenden Substanzen des echten Tausendgüldenkrauts.

Echter Thymian

THYMUS VULGARIS L. –
FAMILIE DER LIPPENBLÜTLER

Gartenthymian
Hühnerkohl

Dieser kleine, graue Halbstrauch wird 10–30 Zentimeter hoch. An allen warmen und sonnenbeschienenen Orten der Mittelmeergegend wächst er wild, aber auch in den daran angrenzenden Gebirgszügen ist er ab und zu anzutreffen. Er wird auch in vielen Gärten angebaut.

Der dünne, aufrechte Stengel ist stark holzig und verzweigt.

Die Blätter sind am Rand eingerollt und auf ihrer Unterseite wollig. Sie sind klein und lanzettförmig bis linealisch.

Die kleinen Blüten stehen in den Achseln der größeren Blätter. Sie sind rosafarben, weiß oder veilchenblau. Der echte Thymian blüht von Mai/Juni bis Oktober.

Verwendet werden die Blütenspitzen und die Blätter.

Es wird angeraten, die Pflanze gleich zu Beginn ihrer Blütezeit zu ernten, da sie zu diesem Zeitpunkt besonders viele Wirksubstanzen enthält.

Zusammensetzung
Tannin
Bitterstoff
ätherisches Öl
 (inkl. Thymol)
Harze
Alkohole (Linalol,
 Geraniol)

Eigenschaften
allgemein anregend
krampfstillend
harntreibend
verdauungsfördernd
wurmtreibend
antiseptisch
rheumalindernd
brustreinigend
emmenagog

Anwendungen
Husten
Angina
Kehlkopfentzündung
Asthma
Verdauungsstörungen
Verdauungsschwäche
Schwindelanfälle
Migräne
Beklemmungen

Ein Blick in die Geschichte

Der Name »Thymian« leitet sich vom lateinischen Wort »thymum« (griechisch: »thumon«) her. Wahrscheinlich ist dieses Wort ägyptischen Ursprungs: mit »tham« bezeichneten die alten Ägypter diejenigen Pflanzen, die sie zur Einbalsamierung der Toten verwendeten. Seit der Antike genießt der Thymian einen sehr guten Ruf, und zwar sowohl als Heilpflanze wie auch als nicht wegzudenkendes Küchengewürz. Der Thymian erzielt bemerkenswerte Wirkungen bei Verdauungsstörungen und bei Erkrankungen der Atemwege. Dies liegt nicht zuletzt am darin enthaltenen Thymol, einer sehr stark antiseptisch wirkenden Substanz (Thymol ist sogar stärker als Phenol).

Abschließend sei noch vermerkt, daß der Quendel oder Feldthymian (»Thymus serpyllum«) die gleichen Eigenschaften besitzt wie der echte Thymian.

Innerliche Anwendung

Aufguß:
Etwa 10 Zweige mitsamt den Blättern in einen Liter kochendes Wasser geben. Nach jeder Mahlzeit eine Tasse hiervon trinken. Am besten süßt man diesen Aufguß mit Honig. Dieses Mittel hilft bei Asthma, Schnupfen, Bronchitis und Grippe; es erzielt auch gute Wirkungen bei Verdauungsbeschwerden, Blähungen und Durchfall.

Äußerliche Anwendung

Kompresse:
In Thymianaufguß getauchte Kompressen fördern die Vernarbung von Wunden.

Bad:

Einen Absud aus 300 Gramm Thymian und einem Liter Wasser zubereiten und in das Badewasser gießen. Dieses Mittel ist rheumakranken Personen und solchen Leuten, die sich nicht wohlfühlen, zu empfehlen.

Gurgelwasser und Mundspülung:

4−5 Gramm Thymian zwei Wochen lang in einer Schale Wasser weichen lassen. Dieses Präparat muß man mit Wasser verdünnen; dazu verwendet man eine Tasse Wasser pro Eßlöffel von diesem Mittel. Es ist sehr wirkungsvoll bei Mandelentzündungen sowie bei Zahnschmerzen.

Ein guter Tip: Sorgen Sie dafür, daß Sie immer, vor allem auch im Winter, etwas von diesem Mittel zur Hand haben!

Schönheitspflege

Gibt man eine Handvoll frischen Thymian und Rosmarin in einen Liter kochendes Wasser, so erhält man einen zusammenziehenden und wohlriechenden Aufguß, mit dem man sich das Gesicht waschen kann: das wirkt angenehm und erfrischend. Noch am selben Tag aufbrauchen!

Zedern-Wacholder

JUNIPERUS OXYCEDRUS L. –
FAMILIE DER ZYPRESSENGEWÄCHSE

Spanische Zeder

Der Zedernwacholder ist ein kleiner Baum, der 6 – 8 Meter hoch werden kann.
In Frankreich trifft man ihn auf den dürren Böden der Mittelmeergegend, nach
Norden bis fast nach Lyon hinauf.

Die in dreizähligen Quirlen angeordneten Blätter sind schlank und ungefähr
zwei Zentimeter lang. Sie laufen an ihrem Ende spitz zu und haben obenauf
zwei weißliche Streifen.

Die Blütenstände, die auf verschiedenen Seitenachsen aufsitzen, liefern eine
Art rote, kugelige Beere, die einen Durchmesser von ungefähr einem Zentimeter haben. Die Blüten erscheinen im Mai.

Verwendet wird das aus der Pflanze gewonnene Kadeöl (eine Art öligen
Teers).

Ein Blick in die Geschichte

Der botanische Name des Zedernwacholders, »Juniperus oxycedrus«,
leitet sich von den griechischen Wörtern »oxys« (»spitz«) und »cedios«
(»Zeder«) her. Früher scheint der Baum unter dem Namen »cedria«
verwendet worden zu sein.

Zusammensetzung	*Eigenschaften*	*Anwendungen*
Öl:	harntreibend	Hautkrankheiten
Phenole	anregend	
Harzstoffe	wurmtreibend	
Kohlenstoffverbindungen		
Alkohol		
Frucht:		
ätherisches Öl		
Rohrzucker		
Traubenzucker		

Der mit zerdrückten Beeren zubereitete Aufguß und der entsprechende Wein wirken anregend, magenstärkend und sehr stark harntreibend. Vor allem aber verwendet man das Kadeöl, das durch kräftiges Erhitzen der Pflanzenwurzeln gewonnen wird. Das Kadeöl ist rötlichbraun, von beißendem Geruch und nicht wasserlöslich. Es sind zumeist die alten Bäume, aus deren Wurzeln sich am meisten Öl gewinnen läßt.

Erst nach langwierigen Experimenten an Haustieren, die als Versuchskaninchen dienten, fing man im letzten Jahrhundert an, das Kadeöl auch in der Medizin zu gebrauchen. Bei innerlicher Anwendung stellen schon einige wenige Tropfen Öl ein gutes Wurmmittel dar.

Äußerlich angewendet zeitigt es besonders gute Erfolge bei Hautkrankheiten; mit einem Pinsel oder einem Wattebausch kann man es auf trockene Ekzeme, Flechten, Schuppenflechten und Hautausschläge auftragen.

Es bleibt anzumerken, daß die Beeren des Zedernwacholders (genau wie die des gemeinen Wacholders) nach Gärung und Destillation als Zusatz bei der Herstellung von Gin verwendet werden können. Das Holz wird auch dazu gebraucht, um verschiedene Wurstwaren zu räuchern.

Innerliche Anwendung

Aufguß:

20−25 Gramm zerdrückte Beeren in einem Liter kochendem Wasser ziehen lassen. Sorgfältig filtrieren und zuckern. Eine Tasse davon vor jeder Mahlzeit getrunken, wirkt harntreibend und anregend.

Wein:

Etwa 50 Gramm zerdrückte Beeren in einem Liter Weißwein kochen lassen. Ein Weinglas hiervon, als Aperitif getrunken, wirkt harntreibend und anregend.

Äußerliche Anwendung

Salbe:

Kadeöl mit Schweineschmalz (30%) vermischen. Bei Hautleiden (siehe oben) auftragen.

Waldgeißblatt

LONICERA PERICLYMENUM L. –
FAMILIE DER GEISSBLATTGEWÄCHSE

Siehe Farbtafel Seite 285

Deutsches Geißblatt
Windendes Geißblatt

Diese Kletterpflanze, die 3–4 Meter hoch wird, findet man zerstreut an Waldrändern, im Dickicht und in Hecken.
Die nicht geteilten Blätter sind gegenständig angeordnet und oval; während die
unteren einen kurzen Stiel haben, sind die oberen sitzend.
Die weißen bis weiß-rosafarbenen Blüten sind sehr wohlriechend. Sie stehen
am Ende des Stengels in Köpfen zusammen. Die Blütezeit des Waldgeißblattes
erstreckt sich von Juni bis September.
Verwendet werden die Blätter und die Blüten.

Der Name dieses Strauches erinnert an die besondere Anziehungskraft, die
seine Blätter auf Ziegen auszuüben vermögen. Seinen lateinischen Namen »lonicera« verdankt das Waldgeißblatt dem deutschen Botaniker Adam Lonitzer,
der im 16. Jahrhundert ein bahnbrechendes Werk über die Heilpflanzen veröffentlicht hat.
Obwohl diese Pflanze aufgrund ihrer Heilwirkungen früher häufig verwendet
wurde, wird sie heute fast nur noch wegen ihres Duftes und als Zierpflanze an-

gebaut. Der Sirup aus Waldgeißblattblüten – früher sogar im amtlichen Arzneibuch verzeichnet – war wegen seiner hustenstillenden Wirkung geschätzt. Daneben benutzte man einen Rindenabsud zur Behandlung von Galle- und Leberleiden. Bei Steinen verschrieb man einen Blätteraufguß. Äußerlich wurde das Waldgeißblatt als Gurgelwasser, als Augenbad und als wundenheilendes Mittel eingesetzt.

Die Beeren, die man früher als harntreibendes Mittel empfohlen hat, sind giftig.

Zusammensetzung	Eigenschaften	Anwendungen
Duftstoff	schweißtreibend	Husten
Invertin	harntreibend	Schnupfen
Rohrzucker	erfrischend	Asthma
Glykosid	wundenheilend	Migräne

Hinweis

Aufgrund der Giftigkeit, die das Waldgeißblatt bei hoher Dosierung besitzt, wird es praktisch nicht mehr verwendet. Nur unter den im folgenden beschriebenen Formen und mit genau diesen Dosierungen gebraucht man es auch heute noch.

Innerliche Anwendung

Aufguß:
10 Gramm Blüten des Waldgeißblatts in einem Liter kochendem Wasser ziehen lassen. Drei Tassen davon täglich helfen bei Husten, Schnupfen, Asthma und Migräne.

Sirup:
40 Gramm Blüten in einem halben Liter Wasser kochen lassen. Das gleiche Gewicht an Zucker hinzugeben und einkochen lassen, bis man eine sirupartige Masse erhält. Drei Löffel Sirup am Tag nehmen. Der Sirup hat die gleichen Wirkungen wie der Aufguß.

Äußerliche Anwendung

Mundspülung:
7–8 Gramm Blüten 10 Minuten lang in einer Tasse kochendem Wasser ziehen und erkalten lassen. Eine solche Mundspülung hilft bei Entzündungen der Mundhöhle.

Gurgeln:
Obiges Präparat mit gleich viel Wasser verdünnen. Dieses Gurgelwasser hilft bei Halsschmerzen.

Große Wallwurz

SYMPHYTUM OFFICINALE L. –
FAMILIE DER RAUHBLATTGEWÄCHSE

Beinwell
Schwarzwurzel
Beinheil

Diese wilde Pflanze wächst auf wasserdurchtränktem Boden, unter Pappeln, in Sumpfgebieten und in Straßengräben. An feuchten Stellen kann man sie ebenso wie an Waldrändern, Gräben, Ufern und Wegen antreffen. Die Wallwurz wird etwa 70 Zentimeter hoch.

Die festen Blätter fühlen sich rauh an. Die unteren Blätter, die bis zu einem halben Meter groß werden können, sind oval und gestielt; die mittleren Blätter sind sitzend. Die Wallwurz ist ganz mit rauhen Haaren besetzt.

Die Blüten sind rosafarben, violett oder gelblichweiß; sie stehen in kleinen Trauben zusammen. Blütezeit ist von Mai bis Juli.

Verwendet wird die braune Wurzel (1–2,5 Zentimeter dick), die man zwischen Herbst und Frühling ausgraben kann.

273

Zusammensetzung	*Eigenschaften*	*Anwendungen*
Allantoin (nach den Angaben von Thiterley und Coppin)	erweichend	Leiden der Atemwege
	beruhigend	Magenbeschwerden
	vernarbungfördernd	Darmleiden
Tannin		Wunden
Pflanzenschleim		Hautrisse

Ein Blick in die Geschichte

In Kriegszeiten machen die Chirurgie und die Medizin immer wieder große Fortschritte, weil dann alles mögliche versucht wird, um Menschenleben zu retten. Dabei werden manchmal durch Zufall Entdeckungen gemacht, deren Wirkungen fast an ein Wunder grenzen. So wurde auch die große Wallwurz, die schon zur Zeit des Dioskurides bekannt war, im Ersten Weltkrieg als Wundheilmittel wiederentdeckt. Auf Wunden oder sogar schlimme Verbrennungen aufgetragene Wurzelextrakte zeitigten oft unerwartet positive Ergebnisse. Tatsächlich wirkt die Wurzel der Wallwurz regenerierend und hautbildend.

Bis heute hat sich bei den einfachen Leuten die Verwendung der großen Wallwurz als Heilpflanze erhalten. So gibt es gewisse Gegenden, wo man die Wurzel zuerst abschabt und sie dann 2—3 Stunden lang in einem ortsüblichen Branntwein weichen läßt. Hieraus stellt man anschließend eine Paste her, die man auf Schnittwunden (Sense, Sichel u. ä.) aufträgt. Die Ränder der Wunde, die man vorher zusammendrückt, werden durch diese Paste, die schnell eine Kruste bildet, förmlich zusammengeschweißt. In dieser Wirkungsweise der Wallwurz dürfte auch der Ursprung ihres volkstümlichen Namens »Beinheil« zu suchen sein.

Die bekannte Geschichte einer lebenslustigen Magd, die es am Vorabend ihrer Hochzeit fertigbrachte, mit einem Wallwurzbad den Anschein der Jungfräulichkeit zurückzugewinnen, zeigt (falls dies noch nötig sein sollte), wie stark unsere Vorfahren an die Heilwirkungen der Wallwurz glaubten.

Innerliche Anwendung

Aufguß:
100 Gramm Wurzeln in einen Liter kochendes Wasser geben. Drei Stunden lang weichen lassen. Vier oder fünf Tassen am Tag hiervon sind gut bei Reizungen der Atemwege.

Absud:
20−25 Gramm Wurzeln pro Liter Wasser verwenden. Bei Ruhr oder Darmerkrankungen trinkt man tagsüber hiervon.

Äußerliche Anwendung

Wurzel:
Die Wurzel direkt auf Wunden, Hautrisse, aufgesprungene Haut oder Geschwülste auflegen.

Aufguß:
Ein Umschlag mit Wurzelaufguß erzielt hervorragende Ergebnisse bei Hautrissen in der Brust von stillenden Frauen.

Schönheitspflege

Durch ihre feuchtigkeitsspendende und mildernde Wirkung ist die große Wallwurz besonders bei trockener oder empfindlicher Haut anzuraten.
Eine stärkende Gesichtslotion erhält man, indem man 25 Gramm Wurzeln eine Viertelstunde lang in einem Liter kochendem Wasser ziehen läßt. Filtrieren, erkalten lassen und dann leicht massierend auftragen.

Walnußbaum

JUGLANS REGIA L. –
FAMILIE DER WALNUSSGEWÄCHSE

Der Walnußbaum ist ein sehr schöner Baum, der bis zu 20 Meter hoch werden und am Grund einen Umfang von dreieinhalb Metern erreichen kann. Er soll von den Römern aus Persien nach Europa gebracht worden sein. Heute wächst er überall in Europa, außer in dessen nördlichem Teil.

Der glatte, silbrige Stamm ist stark verzweigt. Er endet in einem weit ausladen-den und dicht bewachsenen Gipfel.

Die Blätter sind unpaarig gefiedert (5–7 Blättchen), spitz, lederhart und oval. Sie verbreiten einen ausgeprägten, aromatischen Geruch.

Die männlichen Blüten sind in hängenden, 8–10 Zentimeter langen Kätzchen angeordnet, die weiblichen Blüten in etwas kürzeren Ähren (jeweils 2–3 Blü-ten). Der Walnußbaum blüht im April und Mai, noch bevor die Blätter erschei-nen.

Medizinisch verwendet werden vor allem die Blätter und die grüne Nußschale.

Zusammensetzung

ätherisches Öl
Tannin (sehr viel)
harzige Substanzen
Pektinstoffe
kalziumhaltiges
  kleesaures Salz
Alkaloid (Juglandin)
Inosit

Eigenschaften

anthelmintisch
  (wurmtreibend)
magenstärkend
fiebertreibend
emmenagog
zusammenziehend
blutreinigend
stärkend

Anwendungen

Verdauungsbeschwerden
lymphatische
  Beschwerden
Entzündungen

Ein Blick in die Geschichte

Der botanische Name des Walnußbaums, »Juglans regia«, erinnert daran, daß dieser Baum Jupiter geweiht war. Charles Toubin berichtet, daß die Walnuß lange Zeit als eines der Symbole bei Hochzeitsfeiern gegolten hat. So erzählt er aus dem 17. Jahrhundert: »In der Ortschaft Salins-les-Bains (Jura) mußte jedes neuvermählte Paar in der Umgebung der Stadt einen Walnußbaum pflanzen.«

Seit vorgeschichtlichen Zeiten haben die Menschen die Frucht des Walnußbaums gegessen. Daneben haben im Anschluß an Hippokrates, dem die wurmtreibende Wirkung dieser Pflanze bekannt war, die meisten Botaniker auch ihre Heilwirkungen gerühmt.

Vom Walnußbaum werden, wie gesagt, die Blätter und die grüne Nußschale, aber auch die Kätzchen und die Rinde verwendet.

Vor allem die Blätter und die grüne Nußschale haben sich wegen der in ihnen enthaltenen Bitter- und Tanninstoffe als nützlich für die Behandlung der Skrofulose und der Tuberkulose erwiesen.

Auf dem Land setzen die älteren Leute, die sich bei Heilkräutern auskennen, großes Vertrauen in die Wirksamkeit des Blätteraufgusses bei Diabetes. Manche verwenden diesen Aufguß sogar als blutdrucksenkendes Mittel.

Genau wie die zu Pulver zerriebenen Kätzchen werden auch die Blätter und die grüne Nußschale bei Durchfall, bei Blutungen und bei Hämorrhoidenschmerzen empfohlen. Mit Schmalz gekocht, läßt sich aus ihnen eine kopfhautstärkende Salbe mit Antischuppenwirkung zubereiten.

Einigen Autoren zufolge wirken die Nuß sowie das Öl, das man aus ihr gewinnt, wurmtreibend und leicht abführend. Mit Hilfe der Rinde läßt sich die Gelbsucht behandeln.

In der Bretagne gehört der Walnußbaum zu den am häufigsten gebrauchten Naturheilmitteln. Es gibt ein von Generation zu Generation überliefertes Rezept, wie man einen angeblich magenstärkenden Likör herstellen kann; dazu läßt man die grüne Schale von mehreren Nüssen in Branntwein weichen. Als äußerliche Anwendungen sind das Nußöl (bei Flechten) und Blätterumschläge (bei Frostbeulen und Hautkrankheiten) zu erwähnen.

Innerliche Anwendung

Aufguß:
15–20 Gramm Blätter 10 Minuten lang in einem Liter kochendem Wasser ziehen lassen. Drei Tassen hiervon pro Tag helfen bei Magen- und Darmentzündungen und wirken wurmtreibend.

Absud:
25–30 Gramm getrocknete Blätter in einem Liter Wasser kochen lassen. Bei Fieber trinkt man pro Tag zwei Tassen hiervon.

Wein:
30–40 Gramm getrocknete Blätter zerreiben und 10 Tage lang in einem Liter Wein weichen lassen. Ein kleines Glas von diesem Wein, vor den Mahlzeiten genommen, wirkt stärkend, hilft bei unregelmäßigen Monatsblutungen und bei Gelbsucht.

Äußerliche Anwendung

Bad:
Badewasser einlaufen lassen. Einen Absud aus 50 Gramm Blättern des Walnußbaums pro Liter Wasser hinzugeben. Dieses stärkende Bad bekämpft Müdigkeit und Anschwellungen. Es wird ebenfalls zur Behandlung von Frostbeulen und Hautkrankheiten empfohlen.

Gurgelwasser und Mundspülung:
Den oben beschriebenen Absud mit dem gleichen Volumen Wasser verdünnen. Dieses Mittel hilft wirkungsvoll bei Entzündungen des Zahnfleischs und der Mandeln.

Kompresse:
Einen Absud aus 50 Gramm Blättern pro Liter Wasser zubereiten. Als Kompresse verwendet, hilft dieses Mittel bei Bindehautentzündung sowie bei schlimmen Wunden und Geschwüren.

Schönheitspflege

Mit der folgenden Zubereitung läßt sich das Entstehen von Schuppen und der vorzeitige Haarausfall bekämpfen: Man läßt 12–15 Gramm junge Walnußknospen in 300 Gramm Schmalz kochen. Diese Salbe, die man durch sorgfältiges Zerstoßen und Vermischen möglichst fein zubereiten sollte, kann mehrere Wochen lang in einem luftdicht abgeschlossenen Topf an einem kühlen Ort aufbewahrt werden. Man trägt sie am besten nach einer Haarwäsche mit leichten und anhaltenden Massierbewegungen auf.

Großer Wegerich

PLANTAGO MAJOR L. –
FAMILIE DER WEGERICHGEWÄCHSE

Breiter Wegerich

Es gibt mehrere Arten von Wegerich: »Plantago media«, »Plantago psyllium«, »Plantago lanceolata«, »Plantago arenaria«, jetzt »indica«. Diese meist ausdauernden, sehr häufig anzutreffenden Pflanzen werden 10–50 Zentimeter hoch. Sie wachsen hauptsächlich auf sandigen Böden, in salzhaltigen Sümpfen, im felsigen Gebirge sowie an Wegen und auf Schuttplätzen.
Die wenig gezähnten oder ganzrandigen Blätter gehen unvermittelt in einen platten Stiel über.
Die Blüten stehen am Ende der Achsen in dichten Ähren beisammen; ihre Blütenkreise sind vierzählig.
Verwendet werden die Blätter, die Wurzeln, die ganze Pflanze sowie die Samenkörner.

Zusammensetzung

Diastasen
Heterosid
mehrere Enzyme
Pektin
Tannin
Zitronensäure
Saponinderivate
    (Blätter)
Rohrzucker
Pflanzenschleim
    (Körner)

Eigenschaften

antibakteriell
zusammenziehend

Anwendungen

Leiden der Atemwege
Augenentzündungen
Durchfall

Ein Blick in die Geschichte

Der Wegerich ist allgemein bekannt, da man seine Körner ja als Vogelfutter verwendet.

Ein Autor, dem man Glauben schenken darf, berichtet, daß im 17. Jahrhundert nicht weniger als 22 Arten der Verwendung dieser Pflanze bekannt waren.

Auch heute macht man sich die zusammenziehenden und erweichenden Eigenschaften des Wegerichs zunutze. Der Aufguß oder der Absud (50 Gramm Blätter pro Liter Wasser) werden bei Durchfall und Ruhr, aber auch bei Asthma sowie bei Entzündungen der Bronchien angewendet.

Ehemals empfahl die Volksmedizin den Wegerich zur Behandlung von Blutspucken, Gelbsucht und Lungenblutungen. Die Popularität des großen Wegerichs beruht jedoch eher auf seiner Wirksamkeit bei äußerlicher Anwendung. Vor einigen Jahren hielt ich mich zufällig in einem kleinen Dorfladen auf, als ein sehr unglücklicher Bauer des Weges kam. Die Apotheke hatte zu der späten Stunde bereits geschlossen, dem Mann aber ging es schlecht. Er litt an einem dicken Milzkarbunkel in der Nackengegend, der ihm höllische Schmerzen bereitete und es ihm vor allem unmöglich machte zu arbeiten. Die Ladeninhaberin begab sich in den Garten und kam mit ein paar Wegerichblättern zurück. Nachdem sie sie gereinigt hatte, legte sie 2–3 Blätter auf die Wunde auf. Sie empfahl, die Blätter mehrmals am Tag zu wechseln (und zwar, bevor sie jeweils austrockneten) und die Wunde morgens und abends zu reinigen. »Man muß darauf achten«, fügte sie hinzu, »daß man immer die glatte Seite auflegt, denn die andere Blattseite, die mit den Adern, wird dazu verwendet, um Wunden, besonders Schnittwunden, vernarben zu lassen.«

Als ich unseren Freund ein paar Tage später wiedertraf, konnte ich mich mit eigenen Augen von der Wirksamkeit dieses Rezeptes überzeugen, das ich meinen Freunden guten Gewissens empfehlen kann.

Ich würde nur anraten, die Pflanze sorgfältig auszusuchen und genügend Blätter zu verwenden, um die ganze Wunde abzudecken. Den Spitzwegerich (»Plantago lanceolata«), den man auf Wiesen, Weiden, Äckern und an Wegrändern häufig findet, sollte man nicht verwenden, da er unwirksam ist.

Innerliche Anwendung

Aufguß:
Zwei Handvoll Wegerichblätter in einem Liter kochendem Wasser ziehen lassen. Täglich 4–5 Tassen von diesem Aufguß trinken. Dieses Mittel hilft bei Ruhr, Darmentzündung und Durchfall; es ist auch bei Asthma und Bronchitis zu empfehlen.

Saft:
Es wird empfohlen, zwei Löffel Saft in Milch oder Fleischbrühe zu geben. Dieses Mittel hilft in den gleichen Fällen wie der Aufguß.

Äußerliche Anwendung

Gurgelwasser:
Aus 100 Gramm Wurzeln und einem Liter Wasser einen Absud zubereiten. Diesen verwendet man als Gurgelwasser bei Heiserkeit und bei Entzündungen der Luftröhre.

Augenbad:
Zwei Handvoll Wegerichblätter und eine Handvoll Blüten der Kornblume nehmen und daraus einen Aufguß zubereiten. Filtrieren. Mit diesem Aufguß die Augen befeuchten. Zu empfehlen bei Bindehaut- und Lidentzündungen.

Umschlag:
Wegerichblätter mit gekochtem Wasser abwaschen. Bei oberflächlichen Nagelgeschwüren die glatte Seite, zur Förderung der Vernarbung von Wunden die geäderte Seite auflegen.

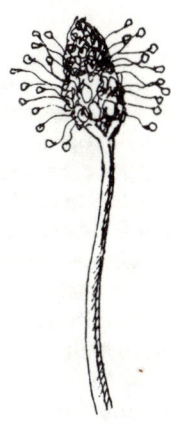

Weinrebe

VITIS VINIFERA L. –
FAMILIE DER REBENGEWÄCHSE

Die Weinrebe ist eine in Büschen lebende, rankentreibende Kletterpflanze, von der es zahllose Abarten gibt. Sie bevorzugt kalkhaltige Böden und ein mildes Klima. Der robuste Stamm trägt Zweige, die manchmal mehrere Dutzend Meter lang werden können; sie werden als »Ranken« bezeichnet.

Die herzförmigen, buchtig gelappten Blätter sind gezähnt und sitzen auf langen Stielen. Sie sind grün und an ihrer Unterseite flaumig.

Die kleinen, zwittrigen Blüten sind grünlich und wohlriechend. Sie stehen auf der Höhe der Knoten, aus denen die Seitenachsen entspringen, und zwar auf der den Blättern gegenüberliegenden Seite, in einer Art Traube zusammen. Die Weinrebe blüht in den Monaten Mai und Juni.

Bei der Frucht handelt es sich um eine Beere.

Verwendet werden die Früchte, die Blätter und die Wickelranken.

Zusammensetzung

Tannin
Zucker
Flavonverbindungen
Vitamin C

Eigenschaften

nährend
katarrhlindernd
erfrischend
entzündungshemmend

Anwendungen

Durchfall
Leiden der Atemwege
Fettleibigkeit
Gicht
Rheuma
Niedergeschlagenheit

Ein Blick in die Geschichte

Die Ursprünge der Kulturformen der Weinrebe verlieren sich im Dunkel der Zeiten. Ohne bis zum biblischen Urvater Noah, der diese Pflanze als erster angebaut haben soll, zurückgehen zu wollen, läßt doch einiges vermuten, daß die Weinrebe von Kleinasien aus zu uns gekommen ist. In Gallien wurde sie sechs oder sieben Jahrhunderte vor unserer Zeitrechnung von den Griechen eingeführt. Seit den alten Ägyptern hat die Mehrzahl der Pflanzenkundigen die Heilwirkungen der Weinrebe und ihrer Beeren, der Weintrauben, immer wieder gerühmt. Und in der Bibel kann man bereits lesen: »Bonum vinum laetificat cor hominum«, auf deutsch: »Der gute Wein erfreut das Herz der Menschen.«

Der Aufguß aus Weinrebenblättern ist empfehlenswert bei Gicht, Harnverhaltung, Gelbsucht, bei Durchfall und bei Blutungen. Die zerstoßenen Traubenkerne und der Saft aus grünen Ranken haben die gleichen zusammenziehenden Eigenschaften.
Bei Augenentzündungen empfiehlt man den Blätteraufguß oder, was noch besser ist, den Saft, der im Frühling aus den jungen Ranken tröpfelt. Dieser Pflanzensaft wird im französischen Volksmund »pleurs de la vigne« (»die Tränen der Rebe«) genannt.
Die Rebstockasche steht im Ruf, harntreibend zu wirken. Das Pulver aus getrockneten Blättern wirkt hingegen zusammenziehend und ist angeblich ein unübertreffliches Mittel gegen Nasenbluten.
Aus dem sogenannten »Krätzer«, dem Saft der unreifen Trauben, läßt sich ein Mittel herstellen, das bei Darmreizungen hilft und auch bei Gelbsucht und Fettleibigkeit genommen werden kann.
Die Weintraube, die sehr reich an Vitaminen ist (Vitamin A, B und C), ist ein vorzügliches Mittel, um dem Körper neue Mineralstoffe zuzuführen bzw. ihm den Aufbau von solchen Stoffen zu erleichtern. Da die Weintraube gleichzeitig harntreibend und abführend wirkt, kann man sie empfehlen bei Verstopfung, Durchfall, Rheuma, Gicht, Asthma, Lungenleiden, Niedergeschlagenheit und Überanstrengung. Des weiteren hilft sie auch bei Blutarmut nach einer Operation oder einer Entbindung. Traubensaftkuren erweisen sich als wohltuend bei

Fettleibigkeit, nervösen Krankheiten, Leberleiden, Rheuma, Herzinsuffizienz und bei Störungen im Zusammenhang mit den Wechseljahren.

Aus getrockneten Trauben läßt sich ein bruststärkender und mildernder Absud herstellen, der bei Leiden der Atemwege empfohlen werden kann.

Rotwein wirkt kräftigend und zusammenziehend, Weißwein dagegen vor allem stärkend (tonisierend) und harntreibend. Jeder kennt die wohltuende Wirkung eines Glühweins mit Zimt oder mit Zitrone: er wirkt schweißtreibend und dämmt einen Schnupfen oder eine Grippe schon im Ansatz ein. Da der Wein ein alkoholisches Getränk ist, sollte man es vermeiden, mehr davon zu trinken, als die Vernunft gebietet; ansonsten muß man sich auf Unannehmlichkeiten verschiedener Art, wie z. B. die für Autofahrer gefährlichen Alkoholtests (Atem- bzw. Blutprobe), gefaßt machen.

Innerliche Anwendung

Aufguß:
30—40 Gramm Weinrebenblätter 10 Minuten lang in einem Liter kochendem Wasser ziehen lassen. Täglich 2—3 Tassen hiervon trinken. Dieser Aufguß hilft bei Durchfall, Ruhr, Zellulitis, Warzenschmerzen, Harnverhaltung, Gelbsucht oder auch bei Gicht.

Absud:
30 Gramm getrocknete Trauben in Milch kochen lassen. Bei Angina, Bronchitis oder Asthma sollte man täglich 2—3 Tassen von diesem Präparat trinken.

Frucht oder Saft:
Beide wirken nährend und remineralisierend. Bei Fettleibigkeit empfiehlt sich eine Kur mit einem dieser Mittel.

Kerne:
Zerstoßene Traubenkerne mit Milch, Honig oder Marmelade vermischen. Dieses zusammenziehende Mittel hilft bei Durchfall und bei Blutungen.

Äußerliche Anwendung

Kompresse:
Den obigen Aufguß mit etwas Wasser verdünnen und daraus Kompressen anfertigen. Bei Entzündungen der Lider oder bei Bindehautentzündung legt man diese Kompressen auf die Augen auf.

Schönheitspflege

Aus einer Weintraube den Saft auspressen und als Kompresse morgens und abends auf das Gesicht auftragen. Dieses Mittel entspannt und stärkt die Haut, die davon auch aufgehellt wird. Selbstverständlich darf dieses Mittel erst kurz vor seiner Verwendung zubereitet werden. Nach etwa 10 Minuten ist dann eine sorgfältige Gesichtsreinigung mit Regen- oder Mineralwasser vorzunehmen.

Waldgeißblatt

LONICERA PERICLYMENUM L.

285

Ysop

HYSSOPUS OFFICINALIS L.

Zaubernuß

HAMAMELIS VIRGINIANA

287

Zitronenbaum

CITRUS LIMON BURM. fil.

288

Weißdorn

CRATAEGUS OXYACANTHA L. –
FAMILIE DER ROSENGEWÄCHSE

Gemeiner Weißdorn
Stumpfgelappter Weißdorn

Dieser Dornenstrauch, der etwa drei Meter hoch (und manchmal sogar höher) wird, ist als Gebüsch an Wegen, in Wäldern und an Steinriegeln anzutreffen. Verschiedene Exemplare davon sind mehrere hundert Jahre alt.
Die jungen Äste und Stengel besitzen eine gräuliche Rinde und sind glatt; sie sind mit starken Dornen besetzt.
Die gestielten Blätter sind gelappt und gezähnt. Sie sind auf der Oberseite leuchtend grün, auf der Unterseite etwas blasser.
Die weißen oder leicht rosafarbenen Blüten setzen sich aus fünf Kelchblättern, fünf Kronblättern und 15–20 Staubblättern zusammen. Sie verbreiten einen sehr intensiven, unangenehmen Geruch. Die Blütezeit beginnt mit dem Monat Mai.
Die Früchte (die eigentlich »Scheinfrüchte« sind) sind oval, fleischig und rot gefärbt.
Verwendet werden die Blütenspitzen, die Blätter und die Früchte.

Zusammensetzung

Amygdalin
Trimethylamin
Bitterstoff
aminohaltige Alkohole
Triterpenoide
Tannin
Öl
Derivate der blauen
    und gelben
    Pflanzenfarbstoffe
Zucker
Wein- und
    Zitronensäure

Eigenschaften

herzkräftigend
krampfstillend
schmerzstillend
beruhigend
zusammenziehend

Anwendungen

niedriger Blutdruck
Arrhythmie
    (=unregelmäßige
    Herztätigkeit)
Arterienverkalkung
Brust-Angina
Schwindelanfälle
Schlaflosigkeit
Beklemmungen

Ein Blick in die Geschichte

Die Früchte des Weißdorns sind schon von einigen vorgeschichtlichen Volksstämmen verzehrt worden; diese Pflanze wird also schon seit sehr langer Zeit aufgrund ihrer Eigenschaften hochgeschätzt. Der Hofarzt Heinrichs IV. und die Hebamme der Maria von Medici empfahlen den Genuß von Weißdornfrüchten, um Steine aufzulösen und so auf natürliche Weise aus dem Körper zu entfernen. Erst an der Schwelle unseres Jahrhunderts wurde die wichtigste Eigenschaft des Weißdorns, nämlich seine herzstärkende Wirkung, erkannt und klinisch getestet.

* Da der Weißdorn in der Behandlung von Herzleiden eingesetzt werden kann, ist seine Wirkung oft mit der des Fingerhuts verglichen worden. Allerdings ist der Weißdorn noch viel wirksamer, was die Behandlung von Gefäßkrankheiten anbelangt.

Hinweis

Aufgrund der von einigen Autoren beschriebenen Wirkungen des Weißdorns ist es unbedingt ratsam, von verschiedenen seiner Verwendungsarten nur unter ärztlicher Kontrolle Gebrauch zu machen.

Innerliche Anwendung

Aufguß:

15–20 Gramm Weißdornblüten in einem Liter kochendem Wasser ziehen lassen. Filtrieren und zuckern. Bei Herzklopfen und hohem Blutdruck trinkt man eine Tasse hiervon am Morgen, eine am Mittag und eine am Abend.

Tinktur:

3 Gramm getrocknete Beeren (»Früchte«) und Blüten während einer Woche in 60 Gramm Alkohol weichen lassen. 20 Tropfen von dieser Tinktur, morgens und abends eingenommen, helfen bei nervöser Schlaflosigkeit, Schwindelanfällen und Beklemmungen.

Äußerliche Anwendung

Umschlag:

Zur Bekämpfung von rheumatischen Schmerzen nimmt man getrocknete Blüten, gibt sie in ein feines Tuch und legt sie so auf die schmerzende Körperpartie auf.

Gurgeln:

Bei Halsschmerzen gibt man 20 Gramm »Früchte« in einen Liter lauwarmes Wasser, süßt mit Honig und gurgelt hiermit ein paarmal pro Tag.

Schönheitspflege

Die leicht zusammenziehende Wirkung des Weißdorns findet in der Kosmetologie vielfache Verwendung. So benützt man den Weißdorn vor allem bei der Herstellung von Cremes für fettige Haut.
Die Probleme einer fettigen Haut lassen sich mit einem Aufguß aus einer Prise Weißdornbeeren und einem halben Liter kochendem Wasser noch einfacher lösen. Auf das Gesicht aufgetragen, wirkt dies besonders, wenn es abends nach einer sorgfältigen Gesichtsreinigung geschieht.

Weizen

**TRITICUM VULGARE VILL. –
FAMILIE DER GRÄSER**

Gemeiner Weizen
Saatweizen

Der Weizen ist eine grasartige, einjährige Pflanze, die in Getreidebaugebieten angebaut wird. Sie wird im Durchschnitt 1 – 1,20 Meter hoch. Es gibt zahlreiche verschiedene Weizensorten.
Der aufrechte Halm ist hohl und dünn.
Die länglichen, wechselständigen Blätter umfassen den Halm und besitzen an ihrem unteren Ende zwei Haken.
Die grünen Blüten bestehen hauptsächlich aus zwei Hüllspelzen und drei Staubblättern. Der Blütenstand ist eine längliche, kompakte, aus Ährchen gebildete Ähre.
Verwendet werden die Frucht und die Keime.

Ein Blick in die Geschichte

Es gibt Hinweise darauf, daß schon in der Altsteinzeit Weizenanbau betrieben worden ist. Der Weizen ist in besonderem Maße eine großartige Pflanze, deren verschiedene Produkte tagtäglich gebraucht werden. So gehört das Brot, nahrhaft wie es ist, in vielen Haushalten zu den Grundnahrungsmitteln. Aber auch das Mehl, die Kleie, die Stärke und die Keime sind alle auf ihre Art und Weise sehr kostbar.
Weizenkeime eignen sich durch ihren Reichtum an Vitaminen und Mineralsalzen besonders gut dazu, den Organismus von Kindern und alten oder überarbeiteten Personen wieder ins Gleichgewicht zu bringen.

Zusammensetzung	Eigenschaften	Anwendungen
Frucht:	mildernd	Flechten
stickstoffhaltige	kräftigend	Reizungen der
Substanzen	erfrischend	Verdauungswege
Stärke	erweichend	Blutarmut
Fettsubstanzen		körperliche und geistige
verschiedene Zuckerarten		Überanstrengung
Keime:		
Öl		
Proteide		
Fette		
Stärke		
verschiedene Zuckerarten		
Vitamine A, B, PP, E, D		
Kalium		
Mangan		
Eisen		

Innerliche Anwendung

Absud:
10–12 Gramm Stärke in einem Liter Wasser kochen. Zur Behandlung von Entzündungen der Verdauungswege trinkt man nach jeder Mahlzeit eine Tasse hiervon.

Pulver:
Weizenkörner in einer Mühle zerkleinern. Um schwächliche Kinder zu stärken und alten Personen wieder mehr Spannung zu verleihen, läßt man sie vor der Hauptmahlzeit einen mit Milch verrührten Teelöffel von diesem Pulver nehmen.

Äußerliche Anwendung

Umschlag:
Weizenmehl in Wasser auflösen, bis man eine teigige Masse erhält. Wirkungsvoll bei Brandwunden und Abszessen. Die Umschläge öfters erneuern.

Schönheitspflege

Die nährenden und mildernden Eigenschaften des Weizens macht sich auch die Kosmetologie zunutze: sie verwendet ihn bei der Herstellung von Cremes für empfindliche Haut, die auf Wind und Wetter anspricht.
Ein altes Rezept für eine Gesichtsmaske kann für alle Hauttypen empfohlen werden: 10 Gramm Honig werden mit 50 Gramm Milch erwärmt und durch häufiges Umrühren darin aufgelöst. Danach gibt man 4 oder 5 Löffel Mehl (von einer guten Qualität) hinzu. Dieses Präparat trägt man auf das Gesicht auf und läßt es etwa 10 Minuten einwirken.

Wermut

ARTEMISIA ABSINTHIUM L. –
FAMILIE DER KORBBLÜTLER

Absinth
Alsem
Wiegenkraut

Der Wermut ist eine krautige Pflanze. Sie ist langlebig, sehr geruchsintensiv, von bitterem Geschmack und bevorzugt trockene und dürre Böden. Zu finden ist sie vor allem in Unkrautbeständen, an Wegen, an Bahndämmen, auf Schuttplätzen, an Waldrändern sowie in Gebüschen auf unterschiedlichen Böden. Die Stengel werden bis zu einem Meter hoch; sie sind holzig und aufrecht. Die Blätter, die keine Nebenblätter besitzen, sind wechselständig, flaumig und stark geteilt; oben sind sie von graugrünlicher, unten von fast weißer Farbe. Die röhrigen Blüten sind gelb, sehr klein und stehen in Köpfchen zusammen. Diese sind traubenförmig an den Astspitzen angeordnet. Die Blütezeit erstreckt sich von Juli bis September.
Verwendet werden die Blütenspitzen und die Blätter.

Äußerliche Anwendung

Kompressen:
20 Gramm Wermut während 48 Stunden in 40 Gramm Alkohol einweichen. Die hiermit getränkten Umschläge kann man auf Wunden und Verletzungen auflegen. Auf die Haut aufgetragen, hält der frische Pflanzensaft die Stechfliegen fern.

Zusammensetzung

Harz
ätherisches Öl
Apfel- und
    Bernsteinsäure
Tannin
Ascorbinsäure
gelbe Farbstoffe

Eigenschaften

bitterlich stärkend
magenstärkend
harntreibend
antiseptisch
fiebertreibend
wurmtreibend

Anwendungen

Blutarmut
Leberinsuffizienz
Überanstrengung

Ein Blick in die Geschichte

In der Antike wurde der Wermut als ein Allheilmittel angesehen, und sein (lateinischer) Name, der auf die Göttin Artemis zurückgeht, wurde ihm in Anerkennung seiner Wohltaten an den Menschen gegeben. Seit den Zeiten des Hippokrates genießt der Wermut (das Symbol des bitteren Geschmacks) einen großen Bekanntheitsgrad aufgrund seiner Heilwirkungen. In vernünftigen Mengen genommen, ist der Wermut eine der am meisten stärkenden Heilpflanzen überhaupt. Bleibt noch hinzuzufügen, daß sein Geruch die Insekten fernhält. So genügt es schon, einige wenige Sträucher in die Kleiderschränke zu geben, um die Motten zu vertilgen.

Bei Darmblutungen, bei Leiden der Verdauungswege sowie während der Schwangerschaft ist von der Verwendung des Wermuts abzuraten.

Innerliche Anwendung

Stärkungswein:
15—20 Gramm trockene Blätter während 24 Stunden in einem Liter Weißwein einweichen. Filtrieren. Um die Verdauung anzuregen genügt es, vor jeder Mahlzeit ein Gläschen von diesem Likör einzunehmen.

Aufguß:
8—10 Gramm Blütenspitzen in einen Liter kochendes Wasser geben; eine Stunde ziehen lassen. Reichlich zuckern, damit der bittere Geschmack verschwindet. Dieser Aufguß wirkt wurmtreibend und zeitigt auch in der Behandlung von Regelschmerzen gute Ergebnisse.

Pulver:
2 oder 3 Gramm getrocknete Blätter zerstoßen und mit Marmelade mischen. Das Wermutpulver wirkt stärkend und ist ein gutes Mittel gegen Darmwürmer.

Wundklee

ANTHYLLIS VULNERARIA L. –
FAMILIE DER SCHMETTERLINGSBLÜTLER

Wollblume

Der Wundklee ist eine krautige Pflanze mit einer Vorliebe für kalkhaltige Böden. Aber auch in Wäldern und auf Wiesen kann man ihn antreffen.
Der flaumhaarige Stengel, der entweder aufrecht oder aber am Boden liegend
wächst, kann bis zu 60 Zentimeter hoch bzw. lang werden.
Die wechselständigen Blätter sind gefiedert. Das letzte der drei Blätter besteht
aus jeweils neun Blättchen und ist etwas größer als die anderen. Die Blätter
sind alle hellgrün.
Die gelben, weißen oder manchmal auch veilchenblauen Blüten stehen in sehr
dichten, endständigen Köpfchen zusammen. Der Wundklee blüht von Mai bis
September.
Verwendet werden die Blüten, die Blätter und die Wurzeln.

Zusammensetzung

Fettsubstanzen
Rohrzucker
Proteide
Lipide
Saponine
Pflanzenschleim
Tannin

Eigenschaften

zusammenziehend
wundenheilend
vernarbungfördernd
erfrischend

Anwendungen

Verdauungsbeschwerden
Wunden
Quetschungen

Ein Blick in die Geschichte

Der Wundklee wird nicht nur als Viehfutter verwendet. Wenn auch die älteren Pflanzenkundler und die Mehrzahl der Ärzte dieser Pflanze kaum Beachtung geschenkt haben, so haben doch die Praktiker vom Lande (denen die Bestandteile dieser Pflanze ja gar nicht bekannt sein konnten) den Wundklee als Heilpflanze in die Volksmedizin eingeführt.

Wie der Name schon andeutet, wirkt diese Pflanze wundenheilend. Sie wird vor allem äußerlich angewendet, und zwar als Kompresse, als Umschlag oder auch als Lotion. In all diesen Formen hilft sie bei Geschwüren, Wunden und Verletzungen, bei Schwellungen, die auf einen Sturz zurückgehen, sowie bei Quetschungen.
Der Blütenaufguß wird jedoch innerlich angewandt, und zwar um die Verdauung zu erleichtern.

Innerliche Anwendung

Aufguß:
50 Gramm Blüten in einem Liter kochendem Wasser ziehen lassen. Je eine Tasse hiervon nach den beiden Hauptmahlzeiten trinken. Dieser Aufguß wirkt verdauungsfördernd.

Äußerliche Anwendung

Kompresse:
Eine gute Handvoll Blätter und Wurzeln in einem Liter Wasser kochen. Diesen Absud verwendet man als Kompresse oder als Lotion bei Wunden und Verletzungen.

Ysop

HYSSOPUS OFFICINALIS L. –
FAMILIE DER LIPPENBLÜTLER

Siehe Farbtafel Seite 286

Kloster-Ysop
Kirchen-Ysop

Der Ysop ist eine ausdauernde, dicht belaubte und geruchsintensive Pflanze.
Man findet sie in verschiedenen Gegenden Frankreichs und der Mittelmeer-
länder, wo sie vor allem Felsspalten sowie dürre und sonnenbeschienene Plätze
besiedelt. Der Ysop wird auch angebaut.
Der aufrechte Stengel ist holzig und kann 50–60 Zentimeter hoch werden.
Die zahlreichen Blätter sind klein, lanzettförmig und gegenständig.
Die Blüten sind blau oder malvenfarbig, nur selten weiß. Sie stehen in einseits-
wendigen Ähren zusammen. Die Staubblätter ragen deutlich aus der Krone
heraus. Die Blütezeit des Ysop reicht von Juni bis September.
Verwendet werden die Blätter und die Blütenspitzen.

Zusammensetzung

ätherisches Öl
Saponin
Tannin
Harz
Apfelsäure
Hyssopin
Cholin (sehr viel)
Pflanzenschleim
Pektinstoffe

Eigenschaften

hustenstillend
brustreinigend
zusammenziehend
magenstärkend
harntreibend
blutreinigend
wundenheilend
auflösend

Anwendungen

Leiden der Atemwege
Leiden der
   Verdauungswege

Ein Blick in die Geschichte

Die Mehrzahl der griechischen und römischen Naturforscher erwähnen die Pflanze »hyssopôs« bzw. »hyssopus«, wobei aber nichts weniger sicher ist, als daß es sich hierbei auch wirklich um den Ysop handelt. Die hl. Hildegard, Albertus Magnus und Mattiolus hingegen empfehlen den Ysop zur Behandlung von verschiedenen Leiden, vor allem Brust- und Lungenkrankheiten. Die Ärzteschule von Salerno sah darin ein Mittel, mit dem »lymphatisch erkrankte Personen« geheilt werden konnten.

* Verschiedene Autoren betonen die Giftwirkung (unter Umständen epileptische Anfälle), die vom ätherischen Öl des Ysop ausgehen kann. Es empfiehlt sich also, vorsichtig mit dieser Pflanze umzugehen!

Der Ysop besitzt annähernd die gleichen Eigenschaften wie der Salbei. Als Stärkungsmittel wird er zur Anregung des Verdauungsapparates, bei Leber- und Darmleiden, nächtlichen Schweißausbrüchen, Blähungen, Magenkrämpfen und Darmentzündung eingesetzt.
Am bekanntesten aber ist seine Verwendung als hustenstillendes und brustreinigendes Mittel bei Erkrankungen der Atemwege (Schnupfen, Bronchitis, Grippe, Heiserkeit, Asthma, Lungenkatarrh).
Daneben wird diese aromatische Pflanze reichlich von den Parfüm- und Likörherstellern gebraucht.

Innerliche Anwendung

Aufguß:

20–25 Gramm Ysopblätter oder -blütenspitzen eine halbe Stunde lang in einem Liter kochendem Wasser ziehen lassen. Gegen Leiden der Atemwege, zur Förderung der Verdauung und bei Blähungen trinkt man 4–5 Tassen des Aufgusses pro Tag.

Sirup:

100 Gramm Blätter und Blütenspitzen in einen Liter Wasser geben. Anderthalb Kilogramm Zucker hinzufügen und auf kleiner Flamme einkochen lassen, bis man eine sirupartige Masse erhält. Täglich 5—6 Eßlöffel Sirup einnehmen, davon einen am Morgen auf nüchternen Magen und einen vor dem Schlafengehen. Dieser Sirup ist bei Asthma, Bronchitis oder Emphysemen angezeigt.

Wein:

40—50 Gramm Blütenspitzen eine Woche lang in einem Liter gutem Wein weichen lassen. Filtrieren. Ein Gläschen hiervon vor und nach den Mahlzeiten getrunken, wirkt stärkend, appetitanregend und hilft bei Luftschlucken.

Äußerliche Anwendung

Gurgelwasser und Mundspülung:

40—50 Gramm Blütenspitzen 10 Minuten lang in einem Liter kochendem Wasser ziehen lassen. Filtrieren und erkalten lassen. Anzuwenden gegen Halsweh, Heiserkeit sowie Entzündungen des Zahnfleischs oder der Mandeln.

Kompresse:

Bei Entzündung Kompressen mit dem oben beschriebenen Aufguß auf die Augenlider auflegen. Kann auch dazu verwendet werden, Wunden und Geschwüre auszuwaschen.

Zaubernuß

HAMAMELIS VIRGINIANA –
FAMILIE DER HAMAMELISGEWÄCHSE

Siehe Farbtafel Seite 287

Hexenhasel

Die Zaubernuß ist ein kleiner Baum, der etwa 4 Meter hoch werden kann. Er stammt ursprünglich aus Nordamerika; vor allem in Virginia ist er recht häufig anzutreffen.

Die wechselständigen Blätter sind oval und gezähnt; sie sind an ihrem unteren Ende ungleichmäßig und verströmen einen angenehmen Geruch. Ihre Form erinnert an die Blätter des Haselstrauchs. Aus diesem Grund dürfte die Zaubernuß auch manchmal als Hexenhasel bezeichnet werden.

Die gelben Blüten sitzen zu zweit oder zu dritt in den Blattachseln. Sie erscheinen im Herbst, nachdem die Blätter abgefallen sind.

Verwendet werden die Blätter und die Rinde.

Zusammensetzung

Tanninstoffe
Gallussäure
Vitamin P (nach
    Meinung verschie-
    dener Autoren)

Eigenschaften

blutstillend
gefäßverengend
desinfizierend
blutandrangstillend
mildernd

Anwendungen

Brandwunden
Frostbeulen
Schürfwunden

Ein Blick in die Geschichte

Dieser kleine, exotische Baum findet in Nordamerika Boden- und Klimaverhältnisse vor, die seinem Anbau förderlich sind. Im großen und ganzen scheinen die Heilanwendungen der Zaubernuß im Abnehmen begriffen zu sein. Da sie im allgemeinen nur selten anzutreffen ist, lassen sich kaum Spuren ihrer Verwendung in der Volksmedizin finden.
Ihre blutandrangstillende Wirkung hat man sich aber dennoch bei Frostbeulen, Quetschungen, Warzen und Hämorrhoiden zunutze gemacht.

Für alle Arten der Zubereitung (Aufguß etc.) gilt, daß die Zaubernuß nur unter ärztlicher Aufsicht verwendet werden sollte.

Äußerliche Anwendung

Zaubernußwasser:
Kann man lokal auf Frostbeulen, Hautrisse und kleine Verletzungen auftragen, um den Blutandrang zu stillen und zu desinfizieren.

Schönheitspflege

Bei empfindlicher Haut macht sich ein Aufguß aus 20 Gramm Zaubernußblättern und einem halben Liter kochendem Wasser bezahlt. Nach einer Viertelstunde filtrieren und abkühlen lassen. Die Lotion wird eine Woche pro Monat, morgens und abends, lauwarm mit Kompressen auf das Gesicht aufgetragen. Dieses Mittel trägt dazu bei, das Gleichgewicht der Haut wiederherzustellen und das Entstehen von Fältchen zu bekämpfen.

Zitronenbaum

CITRUS LIMON BURM. FIL. –
FAMILIE DER RAUTENGEWÄCHSE

Siehe Farbtafel Seite 288

Der Zitronenbaum ist ein kleiner Baum von etwa 4 Meter Höhe, der nur in warmen Gegenden (Mittelmeergebiet) gepflanzt werden kann.

Die Äste des Zitronenbaums sind lang, sein Geäst ist unregelmäßiger als das des Orangenbaums.

Die Blätter sind nicht groß, blaßgrün und oval; sie besitzen einen Stiel und einen kleinen Flügel.

Die Blüten, die aus fünf Kron-, fünf Kelch- und zahllosen Staubblättern bestehen, sind innen weiß und außen purpurfarben. Sie verbreiten einen sehr intensiven Geruch. Die Blütezeit erstreckt sich praktisch über das ganze Jahr.

Der Zitronenbaum ist tatsächlich der einzige Baum, der fast durchgängig Früchte, Blüten und Blätter trägt. Bei der Frucht (Zitrone oder Limone) handelt es sich um eine eiförmige Beere.

Verwendet wird die Frucht.

Zusammensetzung	Eigenschaften	Anwendungen
Saft	bakterientötend	Furunkulose
Mineralsalze	antiseptisch	Flechten
gummöse Substanzen	stärkend	Warzen
Pflanzenschleim	fiebertreibend	Leberbeschwerden
Kohlenwasserstoff- verbindungen	harntreibend	Koliken
	blutreinigend	Dickleibigkeit
Vitamine A, C, PP und vor allem B	giftabbauend	Schnupfen
	vernarbungfördernd	Blutarmut
grünlichgelbes, sehr aromatisches und bitteres ätherisches Öl	antiskorbutisch zellstärkend	

Die Zitrone ist eine kostbare Frucht, die viel öfter gegessen werden sollte. Es kommt nicht von ungefähr, daß Schalentiere und Muscheln immer mit Zitrone serviert werden. Die Zitrone sorgt in der Tat für eine gute Verdauung, vor allem in jenen Fällen, wo diese Weichtiere weder vor Ort noch in den Monaten ohne »r« (Mai, Juni, Juli und August sind die Zeiten der Fortpflanzung) gegessen werden.

Ebenfalls um die Verdauung zu erleichtern, empfiehlt es sich, ein paar Tropfen Zitrone zu Soßen, fettigem Fleisch und Fischen dazuzugeben, vor allem, wenn diese nicht absolut frisch sind.
Die Zitrone verfügt über viele gutartige Wirkungen. Sie ist nicht nur ein gutes Vorbeugungsmittel, sondern kann auch bei Verdauungsstörungen sehr nützlich sein.

So gibt es bei Koliken oder Leberbeschwerden kaum ein besseres Mittel als guten Zitronensaft und anschließend ein Glas Mineralwasser. Eines der besten Mittel gegen die Dickleibigkeit besteht darin, jeden Morgen auf nüchternen Magen den Saft von drei oder vier Zitronen, mit Wasser und ein bißchen Zukker vermischt, zu trinken (eine Dreiwochenkur).

Um möglichst viel Saft zu erhalten, ist es ratsam, die Zitrone vor dem Auspressen einige Minuten lang in heißes Wasser zu legen. Es ist allgemein bekannt, daß die Frucht zu Ende oder Anfang des Jahres am meisten Saft enthält. Die Zitrone ist eine wirkungsvolle Waffe im Kampf gegen Rheuma und Gicht. Daran ist nichts Erstaunliches: Zitronensäure ist ein gutes Lösungsmittel für die Harnsäure, so daß die harntreibende Wirkung der Zitrone sie bei der Behandlung dieser Art von Leiden geradezu unentbehrlich macht.

Zum Schluß sei hier noch ein kleiner Kniff verraten, der ab und zu von Nutzen sein kann: um Kupfer- und Silbergegenstände, weißen Marmor oder Strohsitzmöbel zu säubern, reibt man diese zuerst mit einer Zitronenhälfte ein, danach wäscht man sie ab und reinigt sie.

Innerliche Anwendung

Aufguß:
Einige Zitronenscheiben mit der Schale in kochendem Wasser ziehen lassen. Bei Koliken und Leberbeschwerden nimmt man täglich mehrere Tassen hiervon zu sich.

Zitronat:
Den Saft einer Zitrone in ein halbgefülltes Glas Wasser geben oder eine frische, in Scheiben geschnittene Zitrone hierin weichen lassen. Dieses Getränk hilft bei Fieber und Erbrechen.

Wurmmittel:
Die ganze Frucht zerkleinern. Zwei Stunden lang in Wasser, dem man Honig beimengt, weichen lassen. Filtrieren und vor dem Schlafengehen trinken.

Sirup:
Eine Mischung aus 40% Zitronensaft und 60% Zucker zubereiten. Dieses Präparat ist ein bewährtes Antiskorbutmittel.

Bei Leberstauung:
Drei ausgereifte Zitronen in Scheiben schneiden. Vor dem Schlafengehen kochendes Wasser auf die Scheiben gießen. Am Morgen danach auf nüchternen Magen trinken.

Äußerliche Anwendung

Gurgelwasser:
Ein Glas laues Wasser zu frisch ausgepreßtem Zitronensaft dazugeben. Empfohlen bei Angina.

»Zitrone natur«:
Auf Verletzungen oder infizierte Wunden legt man Kompressen mit Zitronensaft (pur oder mit Wasser gestreckt) auf. Gegen übermäßiges Schwitzen oder bei Frostbeulen reibt man die Hände oder die Füße mit Zitronensaft ein. Bei Insektenstichen reibt man die Haut mit einer Zitronenscheibe ein. Bei Migräne sollte man einige Zitronenscheiben mittels eines Kopftuches in Kontakt zu den Schläfen bringen. Bei Schnupfen oder Nasenbluten taucht man ein Wattestäbchen in Zitronensaft (pur oder mit etwas Wasser verdünnt) und führt dieses in jedes der Nasenlöcher ein.

Schönheitspflege

Trägt man jeden Morgen mit einem Wattebausch Zitronensaft auf das Gesicht auf, so wird die Haut wirkungsvoll aufgehellt und gestärkt; auch erholt sie sich hierdurch. Man kann den Saft auch dazu verwenden, die Nägel zu stärken und die Hände geschmeidiger zu machen. Reibt man die Zähne mit einer Zitronenschale, so werden sie dadurch weißer.

Zwiebel

ALLIUM CEPA L. –
FAMILIE DER LILIENGEWÄCHSE

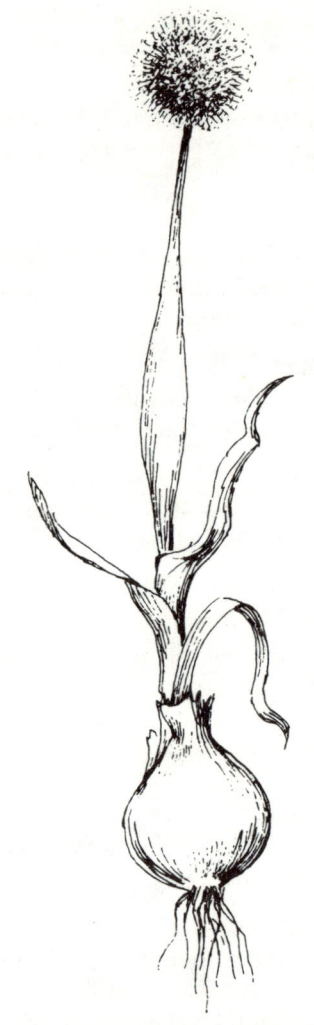

Küchenzwiebel
Hauszwiebel
Sommerzwiebel

Die Zwiebel ist eine krautige Pflanze, die 50–90 Zentimeter hoch wird. Während sie im Iran wild wächst, wird sie sonst meist angebaut. Die Zwiebel ist durch ihren dicken, normalerweise abgeplatteten Bulbus, der breiter als hoch ist, eine ausdauernde Pflanze. Von ihr gibt es zahlreiche Abarten: von der riesigen, milden spanischen Zwiebel bis hin zu den winzig kleinen Silberzwiebeln, die man zum Einlegen in Essig verwendet.
Der aufrechte Blütenstengel ist angeschwollen und bauchig, im unteren Teil sieht er spindelförmig aus.
Die zylindrischen Blätter sind innen hohl, umhüllend und grundständig.
Die grünlichen, weißlichen oder violetten Blüten bilden eine dicke, fast kugelige Dolde. Die Blüten bestehen aus je drei Kelch- und Kronblättern sowie sechs Staubblättern. Die Zwiebel blüht von Mai bis September.
Verwendet werden der Bulbus und das Fruchtfleisch.

Zusammensetzung

ätherisches Öl
Vitamine (vor allem
    Vitamin C)
pflanzliches Insulin
verschiedene Arten von
    Reduktionszucker
Pyrocatechin
Pyrocatechinsäure
Zitronensäure
Allylpropyldisulfide
Oxidasen
Diastasen

Eigenschaften

harntreibend
antiskorbutisch
wurmtreibend
diabeteslindernd
mikrobentötend
antiseptisch
schorfbildend
gewebeerneuernd

Anwendungen

Abszesse
Nagelgeschwüre
Brandwunden
Warzen
Nieren- und Blasenleiden
Darmstörungen
Niedergeschlagenheit

Ein Blick in die Geschichte

Die Zwiebel gehört zu der gleichen Pflanzenfamilie wie der Lauch und der Knoblauch. Früher sah man die Zwiebel als unerläßliches Mittel an, um sich seine Gesundheit lange bewahren zu können. So erscheint es bemerkenswert, daß es unter den Bulgaren, die sehr viele Zwiebeln verbrauchen, zahlreiche Hundertjährige gibt. In der Volksmedizin wird die Zwiebel genauso hochgeschätzt wie der Knoblauch. Verwendet wird sie vor allem wegen ihrer harntreibenden Eigenschaften und ihrer Wirkung in bezug auf die Harnsäure.

Auf dem Land verwendet man oft einen Umschlag mit einer zerstoßenen, rohen Zwiebel zur Behandlung von Migräne. Legt man diesen Umschlag auf die Nieren oder auf den Unterleib auf, so bewirkt dies eine reichliche Harnabsonderung. Die alten »Kräuterfrauen« wissen sehr wohl, daß es bei Insektenstichen, Bissen oder Brandwunden kaum ein besseres Mittel gibt, als eine rohe Zwiebel aufzulegen. Um eine Warze zum Verschwinden zu bringen, genügt es oft schon, sie mit einer sauberen Zwiebel einzureiben und morgens und abends die Krusten abzunehmen.
Eine andere Art der Verwendung von Zwiebeln ist Nachtschwärmern wohlbekannt: die Zwiebelsuppe. Nach überreichlichem Trinken oder Essen erleichtert sie die Verdauung und verhindert das unangenehme Katergefühl am darauffolgenden Morgen.

Hinweis

Die Zwiebel, die man zur Behandlung von Nieren- und Blasenleiden verwendet, ist auch ein vorzügliches Stärkungsmittel. So ist eine Zwiebelkur im Frühling oder in einer Periode der Niedergeschlagenheit eine durchaus empfehlenswerte Sache.

Innerliche Anwendung

Absud:
Etwa 200 Gramm Zwiebelbulbus in einen Liter Wasser geben und 10 Minuten lang kochen lassen. Einen oder zwei Löffel Honig hinzugeben. Je eine Tasse hiervon am Morgen und am Abend sowie zu den Hauptmahlzeiten trinken. Dieses Mittel bekämpft Müdigkeit und Niedergeschlagenheit.

Sirup:
Zwei rohe Zwiebeln in eine Mischung aus 300 Gramm Zucker und 3 Deziliter Wasser geben. Von diesem Stärkungsmittel nimmt man morgens und abends je einen Löffel zu sich.

Wein:
400 Gramm rohe, zerstoßene Zwiebeln in einen Liter Weißwein geben, etwa 150 Gramm Honig hinzufügen. Vor jeder der drei Hauptmahlzeiten nimmt man einen Eßlöffel von diesem Wein zu sich. Das hilft bei Darmstörungen und Erkrankungen der Harnwege. Der Wein ist ebenfalls ein gutes Stärkungsmittel.

Äußerliche Anwendung

Umschlag:
Eine oder mehrere Zwiebeln in Butterbrotpapier einwickeln und unter der Glutasche garen lassen. Auf Warzen, Frostbeulen und Nagelgeschwüre auflegen.

Mundspülung:
Im Fall einer Entzündung im Zahnbereich kann man mit dem oben beschriebenen Absud Mundspülungen machen.

Vaporisation:
Da ab und zu davon abgeraten wird, die Zwiebel in direkten Kontakt zu einer Wunde zu bringen, sollte erwähnt werden, daß sich mit Zwiebeldämpfen auch gute Ergebnisse erzielen lassen.

Schönheitspflege

Die wohltuenden Wirkungen der Zwiebel in bezug auf die Kopfhaut sind seit langem bekannt. Zu diesem Zweck schält man zwei Zwiebeln und läßt sie 10 Minuten lang in einem Liter Wasser kochen. Den Absud filtrieren und abkühlen lassen. Diese Lotion trägt man mit Massierbewegungen auf: sie wirkt kopfhautstärkend und hilft mit, den Haarausfall hintanzuhalten.

Kleines Lexikon

Einige botanische Fachausdrücke

Achäne (Nüßchen):
trockene, einsamige Frucht, die sich bei der Reife nicht öffnet.

Achsel:
Stelle, wo die Äste oder die Blätter am Stengel ansetzen.

Achselständig:
bezieht sich auf ein Organ, das sich unmittelbar neben einer Blatt- oder Astansatzstelle befindet (z. B. eine achselständige Knospe).

Adern (Blatt-), Nerven:
mehr oder weniger hervortretendes und verzweigtes Netzwerk, das den Blattstiel bis zum Blattrand verlängert.

Ähre:
Blütenstand, bei dem die Blüten entlang einer gemeinsamen, langgezogenen Achse sitzen (z. B. Wegerich).

Anthere:
köpfchenförmige Spitze des Staubblattes (Staubbeutel).

Ausdauernd:
bezeichnet eine Pflanze, deren Leben mehrere Jahre dauert und die meist zu wiederholten Malen blüht (im Gegensatz zu: einjährig).

Ausläufer:
kriechender Trieb, der sich bei jedem Knoten einwurzelt, um wieder eine neue Pflanze zu bilden (Erdbeere).

Beere:
im allgemeinen runde und fleischige Frucht, die mehrere Samen enthält (Johannisbeere, Weintraube etc.).

Blatt:
Atmungsorgan der Pflanze. Es besteht aus der Blattspreite (Lamina) und dem schmalen Blattstiel (Petiolus). Es kann viele verschiedene Formen annehmen: so gibt es u. a. ein einfaches Blatt, ein zusammengesetztes Blatt oder ein mehrfach geteiltes Blatt (Nachtschattengewächse). Die Anordnung der Blätter auf dem Stengel kann ebenfalls verschiedenartig sein: sie können gegenständig, wechselständig oder als Rosette etc. angeordnet sein.

Blättchen:
kleines Blatt, aus deren mehreren ein zusammengesetztes Blatt besteht (Walnußbaum, Bibernelle etc.).

Blattstiel:
verschmälerter Teil des Blattes, der dieses trägt.

Blütenstand:
Art, wie Blüten einer Pflanze angeordnet sind (Kätzchen, Traube, Dolde etc.).

Braktee:
kleines, oft verschiedenfarbiges Blatt, in dessen unmittelbarer Nähe eine Blüte oder ein Seitensproß entsteht.

Bulbus:
auch Knolle oder Zwiebel genannt. Zumeist unterirdisches Organ, das aus einem von mehr oder weniger dicken Schuppen umgebenen Schößling besteht und Adventivwurzeln trägt (Lilie, Hyazinthe, Knoblauch etc.).

Dolde:
Blütenstand (vor allem bei den Doldengewächsen anzutreffen), bei dem die Seitenachsen aus einem gleichen Punkt entspringen und sonnenschirmartig angeordnet sind (Mohrrübe, Koriander etc.).

Doldengewächse:
Pflanzenfamilie, deren meiste Arten folgende gemeinsame Merkmale besitzen: kleine Blüten, typischer Blütenstand (von dem sich der Name der Familie herleitet), stark geteilte Blätter und bei den höherwachsenden Arten oft ein hohler Stengel. Zu dieser Familie gehören einige Heilpflanzen (Engelwurz, Anis etc.) und zahlreiche Gemüsesorten (Mohrrübe, Sellerie etc.). Einige ihrer Vertreter, wie z. B. der Schierling, sind äußerst gefährlich, weil giftig.

Ei:
weibliche Zelle, die sich nach der Befruchtung in ein Samenkorn verwandelt.

Einfach:
bezeichnet ein nicht geteiltes Blatt, einen nicht verzweigten Stengel oder einen nicht verästelten Stamm.

Eingeschlechtig:
bezeichnet eine Pflanze, bei der die männlichen und die weiblichen Blüten an verschiedenen Stielen sitzen.

Einjährig:
bezeichnet eine Pflanze, deren Lebensdauer nur ein Jahr beträgt (Gegenteil: ausdauernd, langlebig).

Enziangewächse:
die Vertreter dieser Pflanzenfamilie sind vor allem in den Berglandschaften anzutreffen. Sie enthalten oft Bitterstoff. Zu dieser Familie gehören u. a. der gelbe Enzian und das Tausendgüldenkraut.

Flaumhaarig:
mit einer Art Flaum bedeckt.

Flügel:
manchmal, vor allem auf den Stengeln, anzutreffende häutige Ausbuchtung. Zugleich auch die Bezeichnung für die zwei Kronblätter, die bei den Schmetterlingsblütlern das Schiffchen umgeben.

Gefiedert:
sagt man von einem Blatt, dessen Aussehen an die Form einer Feder erinnert.

Gegenständig:
sagt man von Blättern, die sich paarweise immer auf genau der gleichen Höhe gegenüberstehen.

Gekerbt:
bezeichnet ein Blatt, das breite und abgerundete Zähne besitzt.

Glatt:
ohne irgendwelche Härchen.

Gräser:
diese Pflanzenfamilie (deren Name eigentlich nicht recht gut gewählt ist) ist mit mehreren tausend Arten in der ganzen Welt vertreten; mehrere hundert davon findet man auch in unseren Gegenden. Ihre Blüten stehen oft in Ähren zusammen, ihre Stengel sind oft hohl und zylin-

drisch. Zur Familie der Gräser gehören die nützlichsten und am häufigsten in der Ernährung (von Mensch und Tier) verwendeten Pflanzen, wie z. B. Weizen, Mais, Gerste, Reis, Roggen, Hafer etc.

Halm:
Bezeichnung für den Stengel bei Gräsern (Weizen, Gerste etc.).

Heidekrautgewächse:
Pflanzenfamilie, die in unseren Gegenden mit gut zwanzig Arten vertreten ist. Verschiedene davon tragen wesentlich zum Charakter einiger Landschaften bei. Neben Heidekräutern gehören zu dieser Familie auch Zierpflanzen (Rhododendron) und die köstliche Preiselbeere.

Hülle:
aus Brakteen bestehendes Gebilde; es befindet sich am untersten Ende einiger Blütenstände, die es umschließt (Dolde).

Immergrün:
sagt man von einem Blatt, das auch über den Winter hinweg grün bleibt (Buchsbaum, Efeu, Stechpalme etc.).

Kapsel:
von trockener und harter Haut umgebene Frucht, die die Samen enthält.

Karpell(um):
blattförmiges Element, das ein Teil des Blütenstempels (Pistillum) ist, womit man die Gesamtheit aller im Zentrum der Blüte befindlichen weiblichen Organe bezeichnet (Fruchtblätter).

Kätzchen:
hängender, ähriger Blütenstand (Birke).

Kelch (Blüten-):
der am weitesten außen stehende Teil der Blüte. Er besteht aus mehreren unabhängigen oder mehr oder weniger zusammengewachsenen Kelchblättern.

Kelchblatt:
jedes der Blättchen, die den Kelch bilden.

Köpfchen:
Blütenstand (vor allem bei den Korbblütlern), bei dem am Ende des Stiels die Blüten, eine neben der anderen, auf einem

gemeinsamen Blütenboden angeordnet sind.

Korbblütler:
sehr umfangreiche Pflanzenfamilie, die mehr als zehntausend verschiedene Arten umfaßt, von denen man in Mitteleuropa mehrere hundert antreffen kann. Die Korbblütler sind in drei Unterfamilien aufgeteilt, nämlich in die Strahlen-, Zungen- und Röhrenblütler. Die Korbblütler liefern uns u. a. den Bocksbart, die Artischocke, die Sonnenblume sowie – als Zierpflanzen – die Sammetblume, die Chrysantheme oder auch die Dahlie.

Krautig:
bezeichnet eine wenig widerstandsfeste Pflanze (bzw. den Stengel einer solchen Pflanze); dieser Ausdruck wird als Gegensatz zu »holzig« verstanden.

Kreuzblütler:
sehr charakteristische Pflanzenfamilie: die Blüten besitzen jeweils vier Kron- und vier Kelchblätter, die kreuzförmig angeordnet sind; die trockene, längliche Frucht wird Schote genannt. Die Kreuzblütler liefern uns den Senf, das Radieschen, den Kohl, die Kresse sowie die Levkoje, das Silberblatt und andere Zierpflanzen.

Kriechend:
bezeichnet einen Ast oder einen Stengel, der am Boden wächst (z. B. Gundelrebe).

Kronblatt:
Teil der Blütenkrone.

Krone (Blüten-):
der Teil der Blüte, der sich – wenn es einen Kelch gibt – am weitesten innen befindet. Er besteht aus Kronblättern, die entweder frei stehen oder mehr oder weniger zusammengewachsen sind und im allgemeinen verschiedene Farben haben. Blütenkrone und Blütenkelch bilden zusammen die Blütenhülle (Perianth).

Lanzettförmig:
bezeichnet ein ovales Blatt, das in eine langgestreckte, schmale Spitze ausläuft.

Liliengewächse:
diese artenreiche Familie (die ihren Namen von der Lilie bezieht) umfaßt Pflanzen, deren Blüten im allgemeinen drei Kron- und drei Kelchblätter besitzen. Der Wurzelstock hat zumeist die Form eines Bulbus. Nicht nur der Knoblauch und die Küchenzwiebel zählen zu dieser Familie, sondern auch viele Zierpflanzen wie Hyazinthe, Tulpe etc. gehören hierher.

Lineal(isch):
bezeichnet ein gerades, längliches Blatt, das überall gleich breit ist.

Lippenblütler:
in dieser Familie findet man viele Gewürz- und Heilpflanzen, aber nur sehr wenig Zierpflanzen. Der Stengel der Lippenblütler ist zumeist vierkantig. Die Blüten stehen in Scheinquirlen zusammen. Sie sind oft langlebig und in unseren Gegenden mit etwa 160 Arten vertreten (Lavendel, Salbei etc.).

Malvengewächse:
die Blüten dieser Pflanzenfamilie, meist violett oder rosafarben, sind oft von beachtlicher Größe. Zu den Malvengewächsen zählen mehrere Pflanzen mit unbestreitbarer Heilwirkung (Malve, Eibisch), industriell genutzte Pflanzen (Baumwolle) und einige sehr dekorative Zierpflanzen (Hibiskus).

Meergrün:
blasse und matte bläulichgrüne Farbe.

Mohngewächse:
Pflanzenfamilie, die durch ihre Blüten (sehr oft vier Kron- und zwei Kelchblätter), ihre wechselständigen Blätter sowie den weißen oder gelblichen Saft, den sie enthält, charakterisiert ist. Zu dieser Familie gehören u. a. der Schlafmohn (Gewinnung von Opium), dessen Heilwirkung allgemein bekannt ist, der hübsche Klatschmohn und Pflanzen, die – wie das Schöllkraut – in der Volksmedizin Verwendung finden.

Quirl:
Gruppe von wenigstens drei Organen, die ringförmig auf dem Stengel aufsitzen (Labkraut, Schachtelhalm).

Rachenblütler:
nicht ganz zusammenpassende Pflanzenfamilie, die zahlreiche krautige Pflanzen umfaßt. Hierzu gehören die Königskerze

oder der Ehrenpreis mit ihren Heilwirkungen genausogut wie der äußerst gefährliche Fingerhut.

Rispe:
Blütenstand, bei dem die Blüten auf unterschiedlich langen Doldenspindeln sitzen, die an verschiedenen Punkten des Stengels ansetzen; so befinden sie sich alle ungefähr auf der gleichen Höhe (Schafgarbe).

Rosengewächse:
bedeutende Pflanzenfamilie, zu der krautige Pflanzen, Sträucher und Bäume gehören. Die Blüten besitzen im allgemeinen fünf Kron- und fünf Kelchblätter sowie zahlreiche Staubblätter. Zu den Rosengewächsen gehören die meisten Früchte unserer Breiten: Erdbeere, Kirsche, Pfirsich, Birne, Aprikose etc. Auch viele Heilpflanzen, wie z. B. Brombeere, Mädesüß, Weißdorn, zählen hierzu.

Rosette:
Blattanordnung, bei der die Blätter am unteren Teil des Stengels in einem Kreis um diesen herum stehen (Gänseblümchen, Primel).

Samtig:
bezeichnet eine Pflanze (oder einen Pflanzenteil), die ganz mit feinen, dicht zusammenstehenden Härchen besetzt ist und bei deren Berührung man sich an Samt erinnert fühlt.

Schmetterlingsblütler:
Unterfamilie der Hülsenfrüchtler, die man sehr gut an ihrer typischen Blüte erkennt: diese besteht aus einem sehr breiten Kronblatt (Fahne) und zwei seitlichen, weniger entwickelten Flügeln (jeweils aus zwei Blättern gestaltet), die an einen schmalen Schiffsbug erinnern (daher auch Schiffchen genannt). Die ebenfalls charakteristische Frucht ist eine Hülse (Bohne). Zu dieser Familie gehören Stechginster, Lupine, Erbse etc.

Schuppen:
grasartige oder harte Blättchen, die verschiedene Organe umhüllen und dachziegelartig angeordnet sind (z. B. beim Huflattich).

Sessil:
auch: sitzend; sagt man von einem Organ, das direkt auf dem Stengel aufsitzt (Blüte oder Blatt ohne Stiel).

Spontan:
im Naturzustand; sagt man von einer Pflanzenart, die in unseren Gegenden (auch) wild wächst.

Sporn:
langausgezogene, röhrenförmige Verlängerung eines Kelch- oder Kronblattes.

Staubblatt:
männliches Organ einer Pflanze. Es besteht aus einem dünnen Teil (Staubfaden), auf dem ein köpfchenförmiger Teil (Anthere) aufsitzt. Die Gesamtheit der Staubblätter wird Andrözeum genannt.

Steinfrucht:
fleischige Frucht, die von einer dünnen äußeren Haut umgeben ist und einen zentralen Kern besitzt (Olive, Aprikose, Kirsche, Pfirsich etc.).

Stengellos:
beschreibt eine Pflanze, die entweder keinen Stengel hat oder deren Stengel nicht sichtbar ist.

Strauch:
kleines Holzgewächs (häufig in Büschen zusammenstehend), bei dem sich die Äste gleich über dem Boden verzweigen.

Taxonomie:
wissenschaftliche Klassifikation der verschiedenen Vertreter des Pflanzenreiches.

Traube:
Blütenstand, bei dem die Blüten oder die Früchte (die gestielt sind) an einer gemeinsamen Achse übereinandersitzen.

Wechselständig:
sagt man von Blättern, deren Ansatzpunkte am Stengel einzel schraubig jeweils auf einer anderen Höhe stehen.

Wurzelstock:
auch Rhizom genannt. Unterirdisches Organ, das entweder schräg oder horizontal wächst, Sprosse treibt und an seiner Unterseite Wurzeln besitzt.

Einige medizinische Fachausdrücke

Abführend:
wirkt leicht darmreinigend.

Ableitend, heftig:
führt zu einem vorübergehenden lokalen Blutandrang; hierdurch wird eine entzündete Stelle freigemacht oder das Nervensystem angeregt.

Analgetisch:
macht schmerzunempfindlich.

Anthelmintisch (wurmtreibend):
treibt die Darmwürmer aus dem Körper.

Antidot(on):
Gegengift.

Antiseptisch:
desinfiziert durch Abtötung der Mikroben.

Aphrodisisch:
regt den Geschlechtstrieb an oder verstärkt ihn.

Appetitanregend:
was den Appetit vergrößert.

Appetitlosigkeit:
Verlust oder Minderung des Appetits (Anorexie).

Auflösend:
führt zur Auflösung einer Verschleimung.

Augenentzündung:
auch Ophthalmie genannt; Entzündung eines Auges.

Bandwurmtreibend:
treibt den Bandwurm aus dem Körper hinaus.

Betäubend:
bewirkt einen künstlichen Schlaf.

Blähung:
Produktion von Gas im Verdauungsapparat; meist mit einem Gefühl von Schwere und Aufgeblähtsein verbunden.

Blasenziehend:
führt zu Blasenbildung auf der Haut.

Blutdrucksenkend:
bewirkt eine Senkung des Blutdrucks.

Blutreinigend:
reinigt das Blut und den Organismus durch Eliminierung der Giftstoffe.

Blutstillend:
stoppt oder verlangsamt Blutungen.

Blutzuckersenkend:
führt zu einer Senkung des Zuckerspiegels im Blut.

Brechmittel:
führt zum Erbrechen.

Brustreinigend:
führt zum Auswurf des Schleims, der die Atemwege versperrt.

Bruststärkend:
bekämpft Reizungen der Brust (Bronchien, Lungen).

Emmenagog:
leitet die Monatsblutung ein oder reguliert diese.

Entzündungshemmend:
bekämpft Entzündungen.

Erweichend:
macht das Gewebe weich und bekämpft damit Entzündungen.

Fiebertreibend:
bekämpft das Fieber und läßt es fallen.

Gallefördernd:
was die Absonderung von Galle anregt.

Galletreibend:
was den Abfluß der in Gallenblase und Gallenwegen enthaltenen Galle anregt und erleichtert.

Gefäßerweiternd:
erweitert die Blutgefäße durch Erschlaffung der Muskelfasern.

Gefäßverengend:
verengt die Blutgefäße durch Zusammenziehen der Muskelfasern.

Haarausfall, krankhafter:
auch Alopezie genannt; Ausfallen der Haarbälge.

Harntreibend:
aktiviert die Harnabsonderung.

Hepatisch:
die Leber betreffend (z. B. hepatische Koliken = Leberkoliken, Leiden der Gallenwege).

Hustenstillend:
bekämpft Reizungen der Atemwege (Bronchien) und stillt den Husten.

Krampfstillend:
bekämpft Krämpfe und Zuckungen, sofern sie allgemein nervösen Ursprungs sind.

Magenstärkend:
wirkt auf den Magen und fördert die Verdauung.

Milchtreibend:
regt die Milchabsonderung bei Wöchnerinnen an.

Mitwirkend:
Mittel, das man einem Medikament (bzw. einer Behandlung) beigibt, um die Wirkung desselben zu verstärken.

Nephrotisch:
die Nieren betreffend.

Reinigend:
reinigt durch Eliminierung von Unreinheiten.

Schmerzstillend:
Mittel, das den Schmerz lindert bzw. ausschaltet.

Schnellwirkend:
schnell und wirkungsvoll abführend.

Schweißtreibend:
regt die Schweißabsonderung an bzw. vergrößert diese.

Steine:
auch als Steinleiden oder Lithiasis bekannt. Bildung von Steinen im Organismus: Beispiele sind Harngrieß, Nierensteine, Gallensteine etc.

Verdauungsstörung:
auch: Dyspepsie; schwierige Verdauung.

Windtreibend:
bewirkt den Abgang der Blähungen.

Wundenheilend:
heilt Wunden und Verletzungen.

Wurmtreibend:
treibt die Darmwürmer aus dem Körper hinaus.

Zusammenziehend:
zieht das Gewebe zusammen.

Inhaltsverzeichnis